国家社科基金
后期资助项目
GUOJIA SHEKE JIJIN HOUQI ZIZHU XIANGMU

# 体认翻译学

## （下）

Embodied-Cognitive
Translatology

王 寅 著

北京大学出版社
PEKING UNIVERSITY PRESS

图书在版编目 (CIP) 数据

体认翻译学 . 下 / 王寅著 . —北京：北京大学出版社，2021.7
ISBN 978-7-301-31547-7

Ⅰ . ①体… Ⅱ . ①王… Ⅲ . ①翻译学 Ⅳ . ① H059

中国版本图书馆 CIP 数据核字 (2020) 第 153277 号

| 书　　　名 | 体认翻译学（下） |
| --- | --- |
| | TIREN FANYIXUE（XIA） |
| 著作责任者 | 王　寅　著 |
| 组稿编辑 | 刘文静 |
| 责任编辑 | 刘　虹 |
| 标准书号 | ISBN 978-7-301-31547-7 |
| 出版发行 | 北京大学出版社 |
| 地　　　址 | 北京市海淀区成府路 205 号　100871 |
| 网　　　址 | http://www. pup. cn　　新浪微博：@ 北京大学出版社 |
| 电子信箱 | zpup@ pup. cn |
| 电　　　话 | 邮购部 010-62752015　发行部 010-62750672　编辑部 010-62759634 |
| 印　刷　者 | 北京虎彩文化传播有限公司 |
| 经　销　者 | 新华书店 |
| | 720 毫米 ×1020 毫米　16 开本　20.5 印张　410 千字 |
| | 2021 年 7 月第 1 版　2024 年 5 月第 2 次印刷 |
| 定　　　价 | 97.00 元 |

# 《国家社科基金后期资助项目》
# 出版说明

后期资助项目是国家社科基金设立的一类重要项目，旨在鼓励广大社科研究者潜心治学，支持基础研究多出优秀成果。它是经过严格评审，从接近完成的科研成果中遴选立项的。为扩大后期资助项目的影响，更好地推动学术发展，促进成果转化，全国哲学社会科学工作办公室按照"统一设计、统一标识、统一版式、形成系列"的总体要求，组织出版国家社科基金后期资助项目成果。

全国哲学社会科学工作办公室

# 内容提要

翻译理论经过"作者、文本、读者、解构、文化、生态"等转向之后亦已出现"认知"转向,认知翻译学和体认翻译学应运而生,虽有国外学者提及,但尚未建成系统的、连贯的学科。笔者努力打通语言学与翻译学、后现代哲学(含体验哲学)、认知科学等之间的通道,尝试将国外的 CL 本土化为"体认语言学",拟构我国的"体认翻译学",率先提出了"体认原则"以统一解释翻译现象,用"体"来说明翻译中的"同",用"认(十数种体认方式)"来论述翻译中的"异"。这既为我国译学界输送了一个全新理论,也为 CL、体认语言学拓宽了视野,算是对世界范围内的语言学研究开拓了一个新方向。

# 总目录

# 目　录

# 序　一

谢天振

常有圈内同行和青年学者问我："谢老师，据你看翻译研究文化转向之后会再转向哪里？"这个问题的实质也就是问当前的翻译研究最新趋势是什么，会向何处发展。对此我的回答就是三个字："跨学科。"

在我看来，决定当代翻译研究发展趋势的因素主要来自三个方面：

一是语言产业本身的快速发展带动了语言服务行业的发展，从而让翻译这个语言服务中的主业不再仅仅是译者书桌上的"孤芳自赏"，而是成为当今社会上的一门新兴职业。而进入职业化市场以后的翻译，其受到的制约因素除了传统的文本内的因素外，还受到了"客户"要求等的制约，这样对它的审视和研究自然也就不可能仅仅局限于传统的文本以内语言文字之间的转换层面，因此翻译研究也必然要超越语言，超越文本。

二是科技的最新发展，尤其是人工智能技术的最新发展在翻译实践中的应用，极大地改变了翻译中口笔译的实践形态，如果只是停留在两千年以来关于翻译的想象之中，仍然只是运用传统的翻译研究方法和视角，那是无法解释和回答当今这个科学技术大变革时代背景下翻译实践中出现的新问题的，譬如众包（crowdsourcing）、粉丝字幕（fansubbing）这样一些现象。

三是不同学科背景的学者参与翻译研究，不光是翻译学科以外的哲学、社会科学、人文科学背景的学者，还有自然科学背景的学者，他们运用各种高端前沿的科学仪器，捕捉译员在翻译时眼线的移动轨迹、脑电波的起伏变化等，以解开翻译中的"黑匣子"。正是有鉴于此，当今国际翻译界的有识之士正在大力呼吁翻译研究要突破自身的局限，加强与其他学科学者的合作，利用其他学科的优秀成果，对翻译进行更加全面、深入的研究。当代国际著名翻译理论家铁木钦科（Maria Tymoczko）甚至预言："未来翻译研究最令人兴奋的进展将来自于它与神经科学的合作，神经科学领域大量的相关研究将对翻译培训产生重要影响。"(Brems et al, *The Known Unknowns of Translation Studies*, John Benjamins , 2014:25)

　　从以上所述种种不难让我们窥见当代翻译研究的一个发展新趋势,那就是跨学科研究。译学界动辄喜欢用一个词——"转向",也许有人会把当前这种翻译研究的最新发展趋势称之为"跨学科转向",这虽然也未尝不可,但我对此不是很赞同。因为在我看来,发端于20世纪70年代末、80年代初的当代翻译研究的文化转向实际上已经包含着跨学科的意味了:当我们超越文本、以开阔的文化视野审视翻译时,跨越学科岂不就是其中的应有之义? 事实上,翻译学本身的学科边缘性、交叉性等跨学科性质也已经决定了对翻译的研究必然会借鉴其他学科的视角。所以严格而言,当前的这种发展新趋势似不必专门名之为"跨学科转向",从而引发读者对它与文化转向关系的误解,以为跨学科转向取代了文化转向。中西译学史表明,历史上确有相当长时期人们对翻译的研究仅仅着眼于语言文本以内,且多停留在翻译的经验层面,但进入当代翻译研究阶段(具体也许可以定在20世纪50年代末60年代初)后,研究者开始越来越多地借助其他学科,尤其是与翻译密切相关的相邻学科,如语言学、哲学阐释学、比较文学等对翻译进行审视、考察与思考,从而把翻译研究引向深入。事实上,当代译学也正是借助于奈达、纽马克、卡特福德等一群具有语言理论背景的专家学者对翻译研究的介入才开启了当代翻译研究的新局面,实现了当代翻译研究的第一次大的实质性突破。

　　至于当代翻译研究的第二次大的实质性突破,那就是上面已经提到过的西方译学界发生于20世纪70年代末、80年代初,并于90年代全面完成的"文化转向"。所谓"文化转向",也许说成"转向文化"意思来得更为直接明白:指研究者把翻译放在跨文化交际这个大平台上对其进行考察、审视,并广泛借用多元系统论、女性主义、解构主义、目的论等当代各种文化理论,对翻译进行新的阐释,以确立并深化对翻译的新认识。

　　说到翻译研究的"文化转向",这里有必要顺便提一下国内翻译界对它的一个认识误区,即以为翻译研究的"文化转向"都是文化学派的事,与语言学派无关,其实不然。我在2008年出版的《当代国外翻译理论导读》一书的"前言"中就指出过:"翻译研究的文化转向其实并不仅仅局限于我们所说的文化学派。最近二三十年来一批从语言学立场出发研究翻译的学者,像哈蒂姆(Basil Hatim)、梅森(Ian Mason)、豪斯(Julian House)、斯奈尔-霍恩比(Snell-Hornby)、莫娜·贝克(Mona Baker)等,也正在尝试借鉴语言学的特定分支或特定的语言理论,如批评话语分析、系统功能语法、社会语言学、语用学、认知语言学(Cognitive Linguistics,简称 CL)等,将非语言因素纳入他们的研究视野,创建关于翻译的描写、评估或教学的模式,在探讨翻译语篇问题的同时也揭示世界观、意识形态或权力运作对翻译过程和行为的影响。他们的研究在一定程度上也同样透露出向文化转向的迹象和特征。他们不再像以往的语言学派那样把翻译仅仅看成是语言转换的过程,而是同样意识到翻译是体现和推动社会的力量。在他们的理论框架和具体分析中,我们可以发现现代语言学以及翻译的语言学派对语言和社会关系的新认识。这些迹象表明,也许在当前西方的翻译研究界正在形成一支有别于以奈达等为代表的老一代语言学派的新一代语言学派,也许我们可以把他们称为当代西方翻译研究中的"第二代语言学派"?①

最近十余年来国内外翻译研究的最新进展似乎也印证了我的这个预言和推测,而摆在我们面前的王寅教授的这本新作《体认翻译学》一书也正是在这样一个翻译研究最新发展趋势大背景下,一位中国学者对翻译的最新思考和研究,同时也是我们中国语言学家在当代翻译研究前沿领域的最新探索。从某种意义上讲,本书也可以视作我们中国学者对当前国际翻译研究最新发展所作出的一个回应和贡献。尽管近年来国内学界也已经有较多的专家学者开始注意到体认翻译学的价值、意义和发展前景,如广东外语外贸大学的卢植教授在前两年给《东方翻译》(2015 年第三期)的《认知科学视野中的翻译过程研究》一文中就曾经指出:"认知翻译学代表了翻译科学研究的新趋势和新方向,专注于探索译者的认知特点、翻译能力,尤其是译者的认知神经机制,开辟了'译者研究'新思路和新领域,从微观层次上探讨译者的智力结构、语言能力和翻译质量之间的关系。作为新的研究方向的认知翻译研究,融合语言学、认知科学,尤其是神经科学的方法论和具体研究方法,具有十分强烈的多学科和跨学科的特质,将对翻译学科的学科建构做出新的贡献。"不过论到这方面的专门著述,则似乎至今尚未见到。更为值得称道的是王寅教授的这部新著已在 CL 的基础上将其推进到体认语言学的新视野,当认知翻译学还未普及之时他已引领我们进入了体认翻译学新领域,从这个意义上而言,我以为王寅教授的这部新著也为我们国家当前最新的翻译研究增添了一株鲜艳的亮色。

我于 CL 一无所知,对体认语言学更是毫无研究,所以当王寅教授拿着他的《体认翻译学》的打印书稿来看我并要我为他写一篇序言时,我感到非常

---

① 《当代国外翻译理论导读》,谢天振主编,天津:南开大学出版社,2008 年。

惶恐,不敢接此"重任"。不过真正启读他的大作后,我却发觉书稿中有许多论断并没有让我有太多陌生感,相反,书中的许多观点倒是一次次地引起我的共鸣,并进而引发我的深思。

首先是作者从体认观的立场出发对翻译的定位。在作者看来:"人们之所以能进行跨文化和跨语言的交流和翻译,皆因我们享有相同(或大致相同)的现实世界,且我们的人体构造以及各身体部位的功能相同,这就决定了全人类要有共通的思维基础和表达需要。"作者进而指出:"人类语言表达之所以出现差异,出现了部分难以翻译或不可译现象,皆因'认知加工'的方式不完全相同所致。"在此基础上作者提出了他的体认翻译学视角下的翻译定义:"翻译是一种特殊的、多重互动的体认活动,译者在透彻理解译出语(包括古汉语)语篇所表达的有关现实世界和认知世界中各类意义的基础上,将其映射进译入语,再用创造性模仿机制将其转述出来。"这样的定义既体现了体认翻译学的特征,又很好地揭示了翻译活动的实质,而其中"创造性模仿机制"的提法,则又给读者留出了关于翻译的广阔想象空间。最近几年来我一直在呼吁对翻译进行重新定位和定义,王寅教授的这个翻译表述正好反映了语言学家对此问题的思考,可以给我们诸多启发。

其次,作者借鉴哲学、语言学的发展线索,依据人类的交际顺序,把翻译史的发展线索归纳成"作者—文本—读者"这样一条主线,并整理出一张表格,把三者放在一起观照,如把哲学理论归纳为:

"经验论——唯理论(结构主义)——后现代哲学(含解释学、解构主义等)";

把语义观归纳为:

指称论、对应论等——关系论、确定论——不确定论、读者决定论;

把翻译观归纳为:

语文学派:作者是主人,译者是仆人;忠实论,直译法;
语言科学派:忠实源文论、等值论、等效论、再现源文风格;
后现代译论:文化派、操纵派、解构派、读者反应论、目的论、女权派、再创作论。(详见本书第一章第二节)

这样的归纳,如果不过于细究的话,把中西翻译思想史的基本脉络较为清晰地勾勒了出来,这反映出作者对中西翻译思想发展史的精准把握,同时也给读者全面深入了解中西翻译思想的发展脉络提供了一张清晰的"路线图"，对从事中西翻译思想史的研究者更有较大参考价值。

最后，作者运用体验哲学、CL 和体认语言学的基本原理，在蓝纳克(Langacker)识解观基础上，补充、扩展后提出了他自创的"体验性识解观"，以期在理论上更好地解释翻译过程中的客观性和主观性，也颇令人注目。而更让人赞赏的是，作者还运用他的"体验性识解观"对《枫桥夜泊》一诗的 40 首英译作品进行了非常具体的分析，从而形象地展示了该理论解释的有效性。

除以上三点外，作者贯穿全书的丰厚的学术史观和严谨的理论思辨力，也让我在阅读过程中，甚至在阅毕掩卷之后发出由衷的感佩。在我看来，这两条恐怕是成就一名真正学者的根本。

王寅教授算得是我的老朋友了，自 21 世纪初起我有十余年时间几乎每年都会应邀到四川外语学院(现为四川外国语大学)小住十来天，给川外的翻译专业研究生开设一门译介学系列课程。期间，承廖七一教授介绍安排，有幸结识了王寅教授。王寅教授为人豪放豁达，快人快语，我们一见如故，从此结为知己。王寅兄是国内著名的语言学家，在语言学研究领域辛勤耕耘达四五十年之久，学养深厚，著述丰硕。而且让人感慨佩服的是，他的研究一直紧跟学科前沿：在 20 世纪 70—80 年代苦读索绪尔、乔姆斯基和韩礼德，得语言学理论风气之先；90 年代得国际认知语言学大家雷柯夫、蓝纳克、海曼、泰勒之亲炙，即以《认知语言学》一书惊艳国内学界；进入 21 世纪后又追踪国际语言学界的"显学"构式语法，竟三年之功，书成《构式语法研究》两大卷，凡百万余字，令国内语言学界为之惊叹；近年，竟又推出两大卷百万余字的《语言哲学研究——21 世纪中国后语言哲学沉思录》，令国内学界再度为之瞩目。如今，尽管已届古稀之年，但王寅兄并未止步于已有的成就，却像年青人一样，不断锐意进取，继续探索新的研究领域，为我国翻译学界又奉献出如此一部富于新意且创见迭现的跨界之作，让人既钦佩又感动。我相信王寅兄的新作必将对推进中国当代翻译学，甚至语言学研究的深入发展作出它的贡献。

是为序。

2019 年 8 月 5 日
于上海外国语大学高级翻译学院

# 序　二

潘文国

　　在中国外语界，著述最勤备、成果最丰硕的学者，王寅教授当可算一位。特别是近几年来，他的著述犹如井喷，一部部动辄百万多字的巨著陆续问世，令人钦佩不已。而且涉及范围相当之广，从语义学，到 CL、认知语法、构式语法，再到语言哲学、对话句法和体认语言学，而且都领风气之先，在学界产生了很大的影响。正在惊叹他旺盛的科研能力还将走向何处的时刻，一部沉甸甸的书稿又出现在我的案头，他的新著《体认翻译学》。而且他来电恳挚希望我为他的新著作序。

　　看到他这么多著作一部部出来，我除了佩服之外几乎没有什么话可说。不过我倒是很感兴趣他是怎么写出这么多的书来。仔细读了他的书稿，我倒是悟出了三条，不知能不能算是我对他治学方法的发现？也许值得其他有志于研究和著述的年青学子们参考。

　　第一条是穷尽性的读书。要著书首先要会读书，或者说，只有会读书才能著书。从事学术研究尤其不是偶而翻到几本新书、脑袋一拍就能做出来的。杜甫说："读书破万卷，下笔如有神"，诗文创作尚且如此。钱锺书写出《管锥编》煌煌四册，那是建立在几百册、几万页的中外文读书笔记之上的。王寅教授也是如此。他之所以能够进入一个又一个的领域，那是建立在一本本死啃相关领域的尽可能完备的重要原著基础之上的。他也做笔记，自己称之为"豆腐干"，一个领域就有数百块"豆腐干"。他说，这"既是他自己的科研经验，也是教授学生的学习方法"。这样一种踏踏实实的治学精神，是现今这个浮躁社会所特别欠缺的。

　　第二条是善于梳理史料。读了书，特别是读了许多书以后，怎么才能变成自己的？我发现王寅教授特别善于归纳整理，做成醒目的表格。在本书里，几乎每一个章节的后面都有一个或几个图表，把相关问题或相关理论的历史发展做成图表。使读者(其实我相信首先是使作者自己)一目了然。在本书中我们可以见到许多这样的图表,如西方哲学史、翻译研究史、西方翻译史、中国翻译史、直译意译史、等值论诸家观点、归化异化论、后现代译论等等,作者甚至一口气整理出近五百条关于翻译的隐喻。理论著作要写得通俗易懂不容易,图解法是一种很好的实践。不知道这能不能说是"王氏研究法"的一个特色。

第三条是从书缝间读出不足来,从而提炼出自己的观点。同样读书,食之而化与食之不化的区别在于能不能钻进去之后再跳出来,发现前人的不足从而提出自己的主张。中国外语界学习研究外国理论的甚多,但真正能够进得去出得来的不多,多数是被外国理论牵着鼻子走,也就是吕叔湘先生所说的"跟着转"。语言学从结构语言学、生成语言学、功能语言学到CL,翻译学从语言学派、文化学派到后现代诸学派多是如此。而能不能在读书过程中有所发现、有所发明、有所前进的标志之一是能不能、敢不敢提出新的术语和主张。王寅教授就是在学习外国理论之后有所发现、有所突破的一个。就本书所涉,至少有如下三点。

第一点是他在CL领域的突破,已进入"体认语言学"的新视野。这在他以前的书中也提到过,就是提出了"体认"的概念。所谓"体认"是"互动体验"和"认知加工"这八个字的简缩,但却是一个提高了的概念。多年前,有一次我与王寅教授谈起过语言世界观和CL的异同问题。我们发现,语言世界观学说认为人通过语言认识世界,其顺序是"现实—语言—认知",而CL认为人通过认知认识世界,然后用语言加以固化,其顺序是"现实—认知—语言",两者的第二、第三步次序正好相反,这问题怎么看?其实两者都有不足。语言世界观认为人通过语言认识世界,好像这个语言是个现成的东西,却没有回答这语言本身是哪里来的;而且将语言视为认识世界的工具,又把语言看作静态或固化的东西,这与语言世界观创始人洪堡特提出的"语言不是产品,而是活动"也不符合。因此我在依据语言世界观给语言重新下定义的时候(见潘文国《语言的定义》,2001年)强调"语言是人类认知与表述世界的方式与过程",希望能有所弥补。另一方面,CL认为语言是人通过认知产生的,讲了很多认知方式与语言产生的关系,但语言产生之后怎样,对认知有什么反哺,却语焉不详。王寅教授提出体认观,把体验与认知结合起来,并且强调多重互动,实际上是从辩证法角度赋予了西方CL以新的生命力。这个概念是王寅教授(与他的团队)的独创,可从这个词("体认")无法翻译成英文看出来。英文有"体验"(experience 或 embodiment),有"认知"(cognition),但没有

"体认"，这需要像德里达创造 différance 那样来造。

第二点，王寅教授将他的体认观引入翻译，提出了翻译的一个新定义："翻译是一种特殊的、多重互动的体认活动，译者在透彻理解源语语篇所表达的有关现实世界和认知世界中各类意义的基础上，将其映射进译入语，再用创造性模仿机制将其建构和转述出来。"这里的"多重互动"，就体现了他的新认知观，这个提法比较好地解释了翻译过程的最大特点，用当代翻译学前驱、荷兰学者霍尔姆斯的话来说就是，"翻译过程是个作决定的过程，一个决定接着一个决定"。或者借用严复的话来说，"一名之立，旬月踟蹰"，旬月之间，一个词（也包括一个短语、一个句子或者更多的内容）的译法不知要转过多少弯，在头脑里反来复去，这是任何现代仪器如眼动仪等记录不下来的。用"多重互动"（王寅教授指在"认知世界"和"现实世界"两个世界之间，当然也包括在两种语言之间）从理论上比较好地解释了这个现象。几年前我提出近几十年来翻译研究经历了几个转向，从"作者/源文"转向，到"读者/文化/目的语"转向，再到"译者"转向，到了 21 世纪则产生了"翻译过程"转向。但翻译过程研究迄今仍未见到很好的理论。王寅教授这本论著可以说填补了这一空白。

第三点是他接受以色列翻译学家图里的说法，用"映射"（mapping）一词来解释翻译行为本身，这就突破了以往"直译、意译""归化、异化"以及"等值、等效"等狭隘和机械的观点，也跳出了"可译/不可译"的争论。事实上，根据 CL 和体认语言学所基于的语言世界观，两种语言之间不论在哪个层面，是不可能完全一一对应的，只是差别的大小不同。翻译家所能做的，只是尽可能地找到合适的匹配而已。这个"匹配"，王寅教授用 CL 的术语"映射"，而我用的词是"合"（见潘文国《译文三合：义、体、气》，2014），但我们选用的英文词都是 mapping，这也可说是不谋而合吧！由于是 mapping，因此两头都不可或缺，一头是源文，一头是译文，因此具体的翻译只能是"创造性模仿"或"仿创"，"仿"是针对源文的，说明翻译无论如何不能脱离源文；"创"是针对译文的，它是在译文语言里的运作，在不脱离源文的情况下，最大限度地发挥译文的优势以做到最好的 mapping。因此王寅教授的定义，可以说是翻译过程研究的一个新的而且颇有说服力的成果。

但是翻译过程研究比我们想象的还要复杂得多。上面引的霍尔姆斯的那段话其实没有引完，完整的引文应该是："翻译过程是个作决定的过程，一个决定接着一个决定，到了某个点以后，翻译就开始产生了自己的一套规则，有的决定已不需考虑就可作出，而且往往可以看出原来看不到的问题。因此不管翻译的结果怎么样，换一个人照样还可以翻译，不一定更好或更差，但肯定不同。其不同决定于译者本身的素养、最初的选择,以及两种语言彼此锁住(interlock)。翻译开始走自己路的那些点,它既不在源语,也不在目的语,而在中间的那片灰色地带"(参见 Holmes 1988:59)。我最感兴趣的是最后那句话,即"两种语言彼此锁住(interlock),翻译开始走自己路的那些点。它既不在源语,也不在目的语,而在中间的那片灰色地带",我们做过具体翻译的都有过这样的体会,开始的时候是"人在做翻译",但做到后来慢慢变成了"翻译做人",即不知不觉被自己的翻译牵着鼻子走。我认为这是研究翻译过程中最值得探讨也最引人入胜的问题。但迄今还没有人能对此作出令人满意的解释。期待王寅教授和他的团队以及广大研究者能沿着这个思路再往前走一步!

是为序。

2018 年 5 月 1 日

于上海

# 前　言

## 一

　　翻译，既古老，又重要，且还难。

　　说其古老，是因为翻译活动一直伴随着人类的发展历史（吕俊 2001:1），它就和我们的语言一样，谁也说不清楚它到底有多古老了（王东风 2007）。早在远古时代，不同部落之间必然要涉及翻译问题，能达异方之志，必通翻译，唯"舌人"而为。我国三千多年前的周代就有对翻译活动和官职的描写，将从事这类活动的人称之为"象胥"，且还有更具体的分工：译东方民族语者称"寄"；译南方的称"象"；译西方的称"狄鞮"；译北方的称"译"。据载公元前528年便有人将越国语的《越人歌》译为楚国语。我国西汉时就设置官署"大鸿胪"（或叫鸿胪寺，鸿胪意为大声传赞，引导仪节）主外宾之事，大致相当于今日的外交部，且已有外语教学活动。随张骞（前164—前114）出使西域的翻译人员名叫堂邑父。

　　作为英国国家博物馆里的镇馆之宝——古埃及国王托勒密五世制作于公元前196年的罗塞塔石碑（Rosetta Stone），是用希腊文、古埃及文和当时通俗体文字刻了同样一个登基诏书，也说明西方翻译活动早就有之。正如根茨勒（Gentzler 1993:1）所说，翻译是一项与巴别塔故事一样古老的人类活动。辜正坤说，翻译是生命存在的主要标志之一（参见王宏 2012:xv）。

　　说其重要，是因为翻译一直与人类的文明进程和交流沟通密切相关，可以说，一部文明史正是一部人与人之间、民族与民族之间相互交流的历史，大多民族的文化及其语言的发展和丰富都离不开翻译①，因此，它被学界尊为

---

　　① 就翻译对促进我国文化和语言的发展而言可简述如下：佛教的传入不仅丰富了汉语的词汇、音韵、语法、文体等，而且还触发了中国本土化的宗教流派"禅宗"，它正是"佛—道—儒"思想融合和交织的结果。胡适认为，孙悟空的形象源自印度古代史诗《罗摩衍那》中的神猴哈奴曼；《红楼梦》第一回就以"一僧一道"开篇，书中每到关键处常会出现他们，用充满佛家玄机的语言来叙（转下页）

自上帝亲为的"巴别塔事件"以来人类所进行的最伟大事业之一。16世纪的意大利哲人布鲁诺更是一语中的,"一切科学源于翻译";法国文学翻译家协会前主席雅克莉娜·拉哈纳认为:在当今的世界,任何一个民族若离开了翻译,也许就不能生存下去(转引自许钧1998:2)。谢天振(1999:8)指出:由于翻译研究的跨文化性质,它在当前国际学术研究界的地位确实也越来越重要。哈蒂姆(Hatim 2001:9)认为,翻译研究正如日中天(high profile),这一趋势不仅是在西方传统译学研究中,而是在全世界。德国学者容佩尔(R. W. Jumpelt)将20世纪称为"翻译的时代"(Newmark 1981:3)。根茨勒(Gentzler 1983:181)呼应了这一观点,认为20世纪90年代是以翻译理论的繁荣为特征的。

刘宓庆(2005b:i)则主张将翻译上升到"文化战略""救民族出危难""实业化"的高度来认识。巴斯奈特(Bassnett 1980:1)将翻译冠之以"fundamental act"和"crucial role"的头衔;夏富呐和阿达布(Schäffner & Adab 2000/2012:v)用"essential for trading"和"fundamental component of classical education"来定义翻译活动。这些论述足以可见"翻译"的重要性。我国20世纪70年代则开始改革开放,国门突然打开,众多的人员需要出国留学,国外各学科的大量英语资料需要翻译,译员奇缺,竟在全国形成了一个学英语的前所未有的热潮!在我国改革开放的一片大好形势中,翻译工作和外语老师发挥了十分重要的作用。

说其难,是因翻译之不易贯穿于翻译活动的每一个环节。理查兹(I. A. Richards 1953:250;Tymoczko 1999:28)的一句话或许最能说明问题:翻译过程可能是宇宙进化中发生的最复杂的一个事件(the most complex type of event yet produced in the evolution of the cosmos)。美国著名语言哲学家奎因(Quine 1974)称翻译为"the most difficult tasks"。纽马克(Newmark 1988/2001:224,225)用"horrible"(恐怖的)、"miserable"(悲惨的)来喻说翻译,将"难"推向了一个远非"难"所能比拟的新层次。奈达(Nida 1993:1—6;2001:1—7)列述了译事所涉及的十大悖论(Paradox),且认为它们都是语言和文化上的悖论,这也足以说明翻译工作的窘境。

严复的《天演论·译例言》被认为是中国现代译论的开篇之作(潘文国

---

(接上页)事和评点。佛经译本既影响了唐朝传奇文学的内容,还影响到它的文学结构。清末民初一批翻译家的作品改变了中国人的社会文化道德观,推动了五四新文化运动中的"白话文革命",对中国现代文学(小说、诗歌、散文、话剧等)的形成和发展产生了重要影响。20—21世纪的科技翻译对于我国的科学技术发展和四个现代化的建设更是做出了不可磨灭的贡献。

2012)，其中所述"译事三难：信达雅""一名之立，旬日踌躇①"也是"难"之凭证，不仅说出了踌躇之"难"，且其"信、达、雅"三字还被奉为翻译的基本准则，影响国人达百年之久，寥寥三字却能道出译学之真谛，堪称世界之最。这一准则应者甚众，还据此仿拟出不少名句（参见杨全红 2010：111），如周有光"一名之定，十年难期"；张隆溪"一词之立，费三百载"；季羡林"一脚（脚韵）之找，失神落魄"；杨宪益"半身早悔事雕虫，旬月踟蹰语未工"。如此这般的感叹，倒也叹出了翻译者无奈的苦衷。另外，有关"翻译"有约 500 条隐喻，更可见这项工作的艰难性（参见第七章）。说其难，还因为翻译学一直游走于众多学科之间，必然要涉及众多其他学科的知识，这种"学科间性"就决定了该学科必须采用"综合法"加以全面和深入的研究（Snell-Hornby 1988/2001）。

但这一"古老、重要、艰难"的人类行为，长期以来在学界常被视为一种边缘性的（Marginal）、辅助性的（Subsidiary）、第二位（Second Importance）的"技巧"（Skill, Art②），为他人服务的、未能入流的技艺，一直没能得到应有的重视，甚至是备受冷落，深受质疑，仅被视为一种谋生之道；虽偶有述及，也冠之以一种书斋雅兴之为。我国学者林语堂早在 1933 年的《论翻译》文中就提出了"译学"这一术语，虽离"学科"有一定差距，但毕竟已萌生了构建翻译研究的念头。董秋斯于 1951 年在题为《论翻译理论的建设》的论文中明确提出"翻译学"，论述较为周详，且将其落脚在"建构完整的理论体系"上，可谓早瞻先瞩，可圈可点！该文值得我们一读，也算是我国学者对世界翻译研究的一个贡献。这也充分说明笔者（2001）早年提出的一个观点，外语界学者不必总将眼光盯在外国人身上，一定要关注我国老祖宗留给我们的非物质文化遗产。

西方虽在 20 世纪初就出现了"翻译科学，翻译学"（the Science of Translation）这一术语（谭载喜 2005：195），但直到 20 世纪 40 年代西方的大学才开始正式培训翻译人员：如 1941 年在瑞士的日内瓦、1941 年在奥地利

---

① 此为原句，但在学界它有多种不同表述，如："一名之立，旬月踟蹰""一名未立，旬月踟蹰""一名之立，旬月踟蹰"等。

② 译界所论述的"翻译是 art"就等同于"翻译是 skill 或 craft"（参见 Gutt 1991/2000：2；Newmark 1981：18）。这就是我们常说的"翻译技巧"，如汉英互译中的具体窍门和方法，缺乏系统性、协同性、普遍性，远非称得上"理论"。与其相对的便是"翻译是科学"。奈达持一种综合观，认为翻译不仅是一种艺术，一种技巧，还是一门科学（谭载喜 1999：XVIII）。他所说的科学，是指"采用处理语言结构的科学途径"，语义分析的途径和信息论来处理翻译问题（Nida & Taber 1969 Preface），也就是采用一种语言学的、描写的方法来解释翻译过程。他之所以得出这一重要论断，是因为他原本就是美国著名结构主义（含描写主义）语言学家布隆菲尔德（Bloomfield）的弟子。

的维也纳、1946 年在德国的美因茨－盖默斯海姆(Mainz-Germersheim)、1949
年在美国的乔治镇(Georgetown)等。就在这期间，美国翻译理论家奈达
(Eugene A. Nida 1914—2011)在 1946 年出版的《〈圣经〉翻译》(*The Bible
Translating*)中始用现代语言学理论(主要包括结构主义、功能主义、乔姆斯
基 TG 理论)较为系统地论述了翻译问题，再次启用"翻译科学"这一术语，在
1964 年的《翻译科学的探索》(*Toward a Science of Translating*)中再次论述
了"翻译即科学"的著名论断，当用语言科学理论来论述和研究，他在书中第
8 页指出：

> The fundamental thrust is, of course, linguistic, as it must be in any
> descriptive analysis of the relationship between corresponding messages in
> defferent languages.(当然了，基本的推动力来自于语言学，因为对不同
> 语言里相应信息之间的关系进行任何描写和分析，都必须是语言学的描
> 写和分析。)

从而开始将翻译活动正式纳入到语言学的轨道。也正是他的这一开创
性思路，使得当代翻译学理论在现代语言学的视野下得以迅猛发展。正如谭
载喜(1999:X)在《新编奈达论翻译》的编译者序开篇一段所言：

> 西方现代翻译研究的一大特点，是把翻译问题纳入语言学的研究领
> 域。翻译理论家们在现代语言学的结构理论、转换生成理论、功能理论、
> 话语理论以及信息理论的影响下，从比较语言学、应用语言学、社会语言
> 学、语义学、符号学、逻辑学、人类学和哲学等各个不同的角度，试图对翻
> 译研究这个古老的课题赋予新的含义，增添新的内容，从而提出了新的
> 研究方法、理论模式和翻译技巧。奈达的理论就是西方现代翻译论研究
> 领域中的突出代表之一。

因此，奈达被冠之以现代翻译学的开山鼻祖之名，也算是当之无愧！

霍尔姆斯(Holmes 1972)和勒菲弗尔(Lefevere 1976)先后提出了"翻译
研究"(Translation Studies)这一术语，后被学界作为学科名称使用。霍尔姆
斯将其主要内容大致界定为：

> (1) 依据经验事实来客观描写翻译所涉种种现象；
> (2) 建立解释和预测这些现象的原则和参数体系。

此时才宣告"翻译"作为一门独立的学科(Discipline, Science)粉墨登场
(Bassnett 1980:11; Snell-Hornby 1988/2001; Lefevere 1992a)。巴斯奈特

(Bassnett 1980)出版了《翻译研究》(*Translation Studies*)一书,后于 1991 和 2003 年又出了第二、三版(各个版本被多次印刷),在学界广为流传,成为世界上很多国家的翻译教学入门教材。

戈芬(Goffin)和哈里斯(Harris)直至 20 世纪 70 年代才正式启用"翻译学"(Translatology)这一术语,此后它便开始在学界广泛流传,且逐步被人们所接受。刘宓庆(2005b:326)主张将"Translatology"这一术语视为"统领学科的宏观研究",而将"Translation Studies"视为"经验的描写研究",这两个术语虽不可同日而语,但都志在将翻译上升为一个独立的学科。时至 20 世纪 90 年代,翻译学开始受到学界的广泛关注,逐步流行,乃至盛行,被视为人类交际的一项基本活动。

概言之,翻译学就是专门研究与翻译的理论建构和实践应用相关的问题的学科;细言之,该学科可包括"概念、理论、性质、过程、原则、标准、功能、方法、应用、地位、历史、教学、批评、比较、超学科性、机器翻译"等分支内容。

英国著名翻译理论家莫娜·贝克(Mona Baker)于 1998 年主编的《Routledge 译学百科全书》(*Routledge Encyclopedia of Translation Studies*)(第一版)(于 2009 年出版了第二版),集来自三十多个国家 95(第二版有 104)位著名学者的智慧,其中不乏译界泰斗的贡献。该百科全书较为全面地收集了有关翻译学研究中所涉及的核心词条,素有"范围广、内容新、观点开明、权威性强"之美誉,大大巩固了翻译学的独立学科地位。莫娜·贝克本人所撰写的"翻译学"(Translation Studies)词条(可惜在第二版中被删除),常被学界视为经典,其中包括了译学的名称、历史、主要内容、相关理论、研究方法、评价方法等内容,为本学科做了较为全面的界定。

自古道"创业难,守业更难"。确立一个学科的地位不易,巩固其地位更难,若想使其真正发展为一个成熟的学科,远非喊上一两句"独立宣言"就能解决问题。时代车轮滚滚向前,知识爆炸已成定势,一切尚须求发展,学科成熟路漫漫,各位同仁尚需努力。借他山之石,亦可不忘我山之玉,共建翻译大学科。谭载喜(2005:200)认为,

> 翻译学理论受制于语言学理论,显然构成了近几十年现代西方翻译理论发展的主要特点。……现代西方翻译理论家大多热衷于把现代语言学的理论成果,运用于翻译理论的研究之中,为能真正把翻译学作为一门独立或相对独立于语言学之外的学科来加以系统的研究和阐释。

自从 20 世纪 50—60 年代西方的后现代哲学渐入高潮,译界于 20 世纪 70—80 年代也开始出现了翻译的文化转向,此后很多翻译理论家不再将翻

译视为语言层面的简单转换,而将注意力转向了"跨文化互动"(Interaction between Cultures),视翻译为文化转换而非单纯的语际转换,从而在译界出现了"文化转向"(Cultural Turn),因为语言本身就是深深扎根于一个民族的文化之中的,翻译必然要与文化紧密交织在一起。英国学者斯奈尔-霍恩比(Snell-Hornby 1988/2001:39)接受了海姆斯(Hymes 1964)的观点,认为"文化"不仅是一种"艺术"(Art,Skill),而是宽广意义上的人类学概念:对人类生活进行社会调节的总和(the broader anthropological sense to refer to all socially conditioned aspects of human life)。我国著名学者谢天振(1999:1)所创立的"译介学"(Medio-translatology)进一步发展了西方翻译文化派的观点,将译学与文学、文化研究紧密结合起来,突破局限于语言层面的转换,将翻译活动视为一种跨文化交流的实践活动,从而使得这门学科具有独特的价值和意义,且成为当代译论中具有相当强"革命"因素的学派,对传统观点具有"颠覆性"(潘文国 2002)。

在后现代哲学大潮的冲击下,近年来认知科学和体验哲学迅猛发展,CL渐成主流,人文学科亦已明显出现了"认知转向"。刘宓庆(2005b:v)指出,认知、哲学、历史三大板块是翻译学向纵深发展的研究领域。朱纯深(2008:3)认为要下功夫强化中国翻译的哲学基础,扩大其研究视野,改善其研究方法,以利于国际间的互动。在此形势下,翻译的哲学思辨和认知研究已是水到渠成之事,我们理当将重点转向探索和对比不同语言表达背后所隐藏的跨民族世界观和认知方式,且将其与哲学、文化、历史紧密关联起来。

后现代译论所倡导的"翻译即创造性叛逆",就其根源来说不在于语言层面的词句转换,它与文化观念密切相关。从更深的层次上来说,取决于译者的"哲学取向、认知方式",创造与叛逆,就其根源来说出自译者的认知策略。因此,翻译研究①不仅仅涉及翻译技术或翻译技巧,也不仅仅是一门科学与艺术的结合体,更重要的是它应当探索翻译活动背后的跨民族、跨文化的认知机制。随着当前认知科学、CL 和体认语言学的迅猛发展,将翻译活动纳入认知科学的体系加以深究,便是笔者写作此书的动因,尝试将体验哲学、CL和体认语言学的理论和方法应用于建构独立的"体认翻译学"(Embodied-Cognitive Translatology)。

---

① 翻译可视为一种技术、技巧或艺术,但翻译研究、翻译学则不是一种技术或艺术,而是一门科学,它是一门相对独立的,不隶属于任何一门学科(包括语言学)的综合科学(奈达,参见谭载喜1999:271)。这就要求我们不仅要学习语言学,还要学习其他学科的知识。

## 二

　　我们都知道,外语学习必定始自"翻译",只要是从事外语教学或理论研究的学者,不管是哪个方向,语言学也好,文学、文化等方向也好,不仅仅是要与"翻译"打交道,甚至一切外语学习和研究都要脱胎于"翻译",无一例外。将其视为语言学研究的主要对象之一,理所当然。

　　当我们第一天开始学外语时,都会自然而然地问,"这个单词是什么意思?""这句话用英语怎么说?",这就注定要将自己绑在"翻译的车轮"上了。更不用说18世纪末浪漫派施莱格尔兄弟早就提出过"广义翻译",认为一切都是翻译,因为它涉及所有的变形、转化、模仿和再创造,布伦塔诺、海德格尔也持这一观点(参见许钧 1998:125－126;蔡新乐 2010:119)。海德格尔认为,世界上一切都以"居间"的形式出现,这种存在样态便意味着"翻译",这就是他所说的语言之内已经存在翻译了。他还认为翻译就是万物生命力的体现,她/他/它们在不断地翻转和不停地变化,也只有这样,她/他/它们才会回归自身,回到自己的"家中"。

　　当代英国翻译理论家斯坦纳(Steiner)沿其思路进一步明确指出"一切理解活动都是翻译",他(Steiner 1975/2001)在《通天塔之后——语言与翻译面面观》(*After Babel*:*Aspects of Language and Translation*)一书的第一章的标题即为"Understanding as Translation"。他(庄绎传译 1987:22)说:

> 　　每当我们读或听一段过去的话,无论是《圣经》里的"列维传",还是去年出版的畅销书,我们都是在进行翻译。读者、演员、编辑都是过去语言的翻译者。

　　如此说来,翻译无处不在,无人能逃,因为一切转换或变形的活动都是翻译,或换句话说,人人都生活在翻译之中,人人都可研究翻译,我们所进行的思维都是翻译思维,颜林海(2008:84)提出的"翻译思维"很有道理。据此可仿照雷柯夫和约翰逊(Lakoff & Johnson 1980)的书名 *Metaphors We Live by* 说成"Translations We Live by"(我们赖以生存的翻译)。

　　当然,我们所说的翻译,与斯坦纳所说的一切皆翻译还是有所不同的,我们主要还是就跨语言和跨文化的表达转换。特别是外语工作者,都离不开翻译活动,要使翻译工作得心应手,就当兼有"翻译学"的理论素养,还要有跨学科的知识储备(参见 Hatim & Munday 2004/2010:8),具备"杂学"功底,这就是斯奈尔-霍恩比(Snell-Hornby 1988/2001)所论述的"综合法"(Integrated Approach)。

一方面,翻译学从语言学和文论中吸取了很多理论和观点,为该学科的理论建设提供了若干框架性思路;另一方面,翻译学也促进了语言学和文论的发展,前者的成果也有利于后两者进一步打开思路;再说了,翻译主要解决的是语言问题,它本来是现代语言学研究中的一项重要内容。人们早已认识到,翻译、文学、语言学这三个学科本来就是围绕语言研究的不同侧面,它们之间原本就是互通有无,同享一个研究对象,基于同一套哲学理论,理当互通有无,同生共长,方可相得益彰,齐头并进,没有必要设立壁垒,挖掘鸿沟,老死不相往来。只有这样,才能带来21世纪更为繁荣的语言研究新局面。如翻译学从哲学、语言学、文论、认知科学等借鉴了诸多成果;文论也多得益于哲学、语言学、社会学、心理学等诸多理论;语言学也从前两个学科借鉴得诸多思路,如近来亦已成为主流的CL,得益于后现代哲学(包括体验哲学)、文论、认知科学等,国内学者朱长河博士提出的"生态语言学",明显受到后现代生态主义者、生态翻译学和生态文学的影响。

笔者主要研究领域为语言学(特别是CL、体认语言学)和语言哲学,但也常与翻译打交道,且结识了翻译学界的很多名师大家、高朋贵友,如谢天振、杨自俭、潘文国、张柏然、廖七一、吕俊、方梦之、王克非、许钧、朱徽、王东风、蔡新乐、祝朝伟、杨全红等译界著名教授,受到他们的诸多熏陶,涉足翻译学中的一些理论问题。笔者在20世纪80年代还教过"翻译技巧"(Translation Skills)这门课,尝试翻译过一些英国著名诗人的诗歌,算是经历了译诗的"理解磨练"和"创作煎熬",多少也有点心得。在20世纪80年代还翻译了不少科技方面的介绍和说明书,引介过国外先进技术和项目;在平时专业文章和书籍的写作过程中也常涉及国外学者的语录翻译,在此过程中时常推敲字句,也积累了些许经验。笔者曾在一所高校外事处工作期间先后随团出国当口译十数趟,也曾为财政部一位副部长出国当过翻译,算是颇有心得。

谢天振(2001)在《国内翻译界在翻译研究和翻译理论认识上的误区》一文中指出,有些学者常把探讨"怎么译"视为翻译研究的全部;常有人对翻译理论持实用主义态度,只看到理论的指导作用,忽视其认识作用。吕俊(2001:前言)在《英汉翻译教程》中指出,我国的翻译研究已经走出了传统时期,正以一种向各邻近学科开放的姿态朝着多元发展,并逐渐成为一门具有高度综合性质的独立学科。杨自俭((2002:7—8)认为:

> 虽然有许多文章都强调重视从相关学科中吸收新的理论与方法,但大都只是提提而已,很少有人从其他学科中借来新的理论与方法进行系统研究,发现新的问题,开拓新的研究领域。

这不仅道出了我国翻译界的现状,也是外语界,乃至其他很多学科亟待解决的一个大问题。笔者那时仅有认识,未想行动,涉足他人的领域需要谨慎,翻译的奶酪不要轻易去动。

时至 2003 年,中国典籍英译研究会在苏州大学召开第二届年会,汪榕培会长邀我做一个大会发言,笔者为此思考良久,本想推辞,因为这不是我的主打领域,不宜随便涉足"他人领地"。但后来读到谢天振将比较文学与翻译学相边缘而创立的"译介学";胡庚申(2001)将达尔文的自然进化论、全球生态文化学术思潮等运用于译学研究,提出了"翻译适应选择论";黄国文、张美芳等将系统功能语言学与翻译学结合起来的论文,深受启发,萌动了从 CL 角度思考该发言的念头。通过一段时间的整理、思考,初步写成《翻译的认知观》一文,并在大会上做了发言,算是国内率先吃这只螃蟹的人吧! 该稿后经多次修改,形成两文,分别以"CL 的翻译观"和"CL 的'体验性概念化'对翻译中主客观性的解释力——十二论语言的体验性:一项基于古诗《枫桥夜泊》40 篇英语译文的研究"为题分别发表于 2005 年第 5 期的《中国翻译》和 2008 年第 3 期的《外语教学与研究》上,不期引起译界的广泛关注,增加了继续做点翻译认知研究的信心。

2004 年 10 月在四川外国语大学举办了英汉对比研究会第十届年会,邀请了美国著名的翻译理论家根茨勒(Gentzler, E. )到会做主题发言。会议期间他送了我两本签好名的书:1993 年出版的 Contemporary Translation Theories 和 2002 年出版的 Translation and Power,当时也读了,并未找到多大感觉,现在看来原因主要有二:(1)对翻译理论的历史和发展了解不深;(2)后现代哲学理论尚为空白。近来笔者加强了这两个方面的阅读,算是有所弥补吧,然后再读这两本著作,感受较深,理解才基本到位。根茨勒的这两本专著对本书的写作启发颇多!

再后来,笔者读到 1997 年丹恩克斯(Danks, J. H. )、斯利夫(Shreve, G. M. )、房廷(Fountain, S. B. )、麦克庇斯(Mcbeath, M. K. )合著的《口笔译中的认知过程》(Cognitive Processes in Translation and Interpreting)以及 2010 年 Shreve & Angelone 出版的 Translation and Cognition 文集,对从 CL 角度研究建构翻译理论有了更大的信心、更深的认识。特别是在后一本书中马丁(Martin)还正式提出了"认知翻译学"(Cognitive Translatology)这一术语,我们便萌动了在国内倡导创立"认知翻译学"的想法,于 2012 年在《中国翻译》第 4 期上正式启用该术语,因为在此之前,我们仅论述了"翻译的认知观"或"认知翻译研究",而未敢妄称"认知翻译学"。

　　谢天振教授在川外讲学期间我们多有接触,我再次精读了他的大作,受益匪浅。他尝试将比较文学与翻译研究紧密结合起来,在这两者的结合处创立了一门新兴跨学科"译介学",为国内外翻译界开辟了一个全新方向,可贺可喜! 我也深受启发,又在与他交谈中增加了信心,文科研究当走跨学科之路,我萌动了将"CL"与"翻译学"结合起来的念头。

　　近年来笔者还连续几年应邀参加了辽宁省翻译学会举办的年会,承蒙他们抬爱,让我介绍认知翻译研究方面的心得,且建议我尽早写出这方面的专著。我十分感谢学界朋友的关心和鼓励,现在才腾出手来,不揣冒昧,做此尝试,欢迎行家里手不吝指正。

　　潘文国(2012)大力倡导重塑中国话语权,努力建构我国自己的译论学派,值得广大学者认真思考。他在文中指出,"文质之争"和"信达雅"可视为我国译论史上最重要的观点,但在西方译论强大话语权的统摄下,它们都被自觉或不自觉的消解了。中国译论"失语"的结果便是我们的翻译研究只能跟着西方理论走,从"文化转向""多元理论"到"异化、归化"等等都是如此。笔者认为,在当前全球认知科学和 CL 迅猛发展的学术潮流下,创立有我国特色的体认翻译学,以本土化的"体认原则"为基础重新审视翻译论题,不妨将其视为在国际译坛上建构中国话语权的一种尝试,触碰一下别人的奶酪,算不定会别有一番滋味。

# 三

　　西方形而上哲学的核心特征为"爱智求真"。philosophy 就是由 philo(爱)和 sophy(智)这两个词素组成的,这也足以可见哲学的本质特征。那么"爱"什么智慧呢? 要爱真知! 真知即本质,这就是西方形而上学哲学家为何要将"追问世界之本质"作为他们奋斗的目标了。

　　他们还认为,要能求得世界之本质,必须排除人的主观性,这就是所谓的"笛卡尔范式"(Cartesian Paradigm,王寅 2007:38—39)。在研究词语意义时也奉行二元观,基于"事物"与"名称"之间的关系来论述意义,这一观点一直流传了两千多年。索绪尔也力主将"人本"和"社会"这两个因素从语言研究中切除出去,且基于形而上学二元论,"关门打语言""关门论语义"成为他的结构主义语言学理论的主旨,运用语言系统内部的二元对立要素(横组合和纵聚合)来分析系统,确定意义。弗雷格(Frege 1892)针对基于传统形而上学所建立的"指称论"(Referentialism)之不足,提出了著名的语义三角,以图解决该语义理论留下的"空名"和"一物多名"的难题,它虽比传统指称论有所进步,但依旧未能摆脱客观主义哲学观的困扰。基于弗雷格语义理论所建立起来的其他语义观,如"外延论(或外在论)、真值对应论、真值条件论、语境论、功用论、行为论"等,也都过分依赖外部世界和实际效用来论述意义,依旧排斥人本精神,这些观点对于语义研究留下了种种困惑。人们不禁要问,语言本是人之所为的产物,却为何要一味地将人因素排除在外,岂非又是一种悖论?

与"外延论"(Extensionalism)相对的便是"内涵论"(Intensionalism),以图从人的心智内部来解释语义现象,很多心智论者还认为人的心智具有"镜像"功能,大力倡导"语言与世界同构"的观点,认为人类的心智可客观可靠地将外界事实反映到心智中来,这显然还盘旋在传统形而上哲学理论之中,注定不能完美地解决语义问题。

无论是外延论,还是内涵论,这两种语义理论都属于客观主义哲学,将人本要素排除在视野之外,这一研究方法必然要打上"胎里疾"的烙印。公允地说,在自然科学中人本常被视为"非中心主体",多以客观世界中的事实为依据,"逻辑实证主义"(Logical Postivism)确实是一条可行的研究准则。而在人文科学中,绝对不可忽视"人主体",且这里的人主体常带有"自我中心主体"的特征,即各自常从"自我中心"(Egoism, Egocentralism)的角度来看待世界、阐发思想、说明观点,且运用语言进行翻译。在过往的研究中,"人主体"多遭不公的待遇,时至今日,当还其一个公道!

我们基于马列辩证唯物论和体验哲学的基本原理,提出了"语义体认观",既强调了唯物观对于人文研究的基础性,也突显了人文观的重要性。语义体认观的核心为:将弗雷格语义三角中的客观意义(Sense)改为客观兼主观(Cognition),且下拉三角顶点,彻底阻断"语言符号"与"现实世界"之间的关系,从而建构了体认语言学的核心原则:

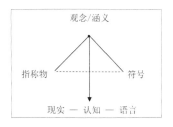

最右端的"语言"是基于前两个要素形成的,即语言是对现实世界的"互动体验"和"认知加工"的结果。引号中的八个字可归结为"体认"二字,这便是"体认语言学"这一名称的由来。在《现代汉语词典》(商务印书馆 2012 年第 6 版:1280)中将该词组定义为"体察认识"。故而有了"体认语言学"和"体认翻译学"。我们认为,"体认"这两个字包含的意义甚多:既有客观因素,吸收了外在论的合理内核,落实了"对现实进行互动体验"的理论取向;也有主观作用,吸收了内在论和人本观的合理内容,实现了 CL 所倡导的"认知加工"原则。若将这两个字所蕴含的意义有机地整合起来,便可较好地解释人类如何"感知事物、认识世界、建构思想、形成语言"的基本过程。

"体"意在突显人类的思想、语言、意义具有体验性,它们都是基于我们对现实世界的互动体验而成形的,这完全符合唯物观;"认"意在强调人本精神,即在我们的思想、语言和意义中不可避免地要打上主观烙印,这也完全符合辩证法的原理。我们基于这两者进行整合,提出了"语义体认观",可用以解释人文研究中若干核心问题。它一方面可有效修补外在论因过分强调客观因素所带来的胎里疾,也可修补内在论因仅聚焦于心智内部而留下的缺憾,同时也突显了马列主义注重人本精神的思想,并吸收了后现代哲学和体验哲学中的人本新观。

笔者拟将这一基本原则应用于翻译研究。据此便可解释,人们之所以能进行跨文化和跨语言的交流和翻译,皆因我们享有相同(或大致相同)的现实世界,且我们的人体构造以及各身体部位的功能相同,这就决定了全人类要有共通的思维基础和表达需要。奈达曾用"体"来解释语言交际和可翻译性的原因(参见谭载喜 1999:60):

> 全人类的生活经验彼此极为相似。是人都要吃饭、睡觉、工作,都有家庭,都有博爱、憎恨和妒忌的经历,都有爱人之心,都能表达忠诚之心和友谊,也都能做出多种面部动作(如大笑、微笑、皱眉)。

这便是我们能够相互理解和进行语际翻译的"体"之基础。

人类虽都生活在"地球村"(此为麦克卢汉 1990 所首提术语),但是这个村子实在是太大了,生活在不同区域和环境中的人们,必定会有不同的认识世界的方式,这可用来解释人类语言之间的差异,甚至出现了部分"难以翻译"或"不可翻译"的语言现象,皆因各民族"认知加工"的方式不同所致。笼统说来世界虽是相同的,但各个地区的自然环境不尽相同,因此各地区的人们在认识世界、理解自然、表达思想时的方式也就不尽相同,因而造成了全世界语言之间的差异。如在表示喜悦和爱慕时,很多语言(如英语、希腊语、汉语等)都用"心",而非洲的一些语言却说"肝",在部分玛雅语中要用"腹",在希伯来语中要用"肾",在西太平洋马绍尔群岛可用"喉咙"来表示(参见谭载喜 1999:54,62)。

体认语言学认为，将"体"与"认"这两个要素整合起来就更有解释力了，"体认"可用来统一说明语言中的同和异，也适用于解释翻译现象。同是因为"体"之同，异是因为"认"之异。如生活在不同区域、不同环境中的语言社团对相同事物、相同词语会有不同的实际用法和联想意义，这其中既有"体"因素，也有"认"原因，但我们认为主要是后者。试想一样，生活在赤道附近的人们与生活于高纬度的人们，在说到"阳光""雪"时感觉显然会有不同，这不就是我们所说的，北方人更喜爱阳光，南方人更喜爱雪，物以稀为贵吗！

又如得到母爱的孩子和没有得到母爱（如遇到不善良的后妈）的孩子，在谈及"母亲"时的情感肯定会有差异，甚至是较大的差异。奈达（参见谭载喜 1999：181）也曾举过一个例子来考察"绿"与"蓝"的不同情感意义：对于生活在丛林的人们来说，绿色对于他们来说已经习以为常，因而更喜欢像天空一样的蓝色，据此常用这个颜色来象征"生命"和"幸福"；而对于生活在沙漠的人们来说，由于水和植物很珍贵，便更喜欢绿色，且常用绿色来象征"生命"和"幸福"。奈达（参见谭载喜 1999：193）据此指出：

> 事物不仅仅是事物，词语也不仅仅是词语，它们总是要受到与其相关联东西的影响，它们的意义也总是要根据人们的感情反应来估价。

奈达在这里也强调了语言表达中的"人本因素"，该论断对词语的隐喻用法也非常适用，如在英语明喻中同是一个 clear 就用了 8 个事物来做比喻，如：

(1) as clear as a bell

(2) as clear as crystal

(3) as clear as day

(4) as clear as daylight

(5) as clear as glass

(6) as clear as noonday

(7) as clear as the sun at noonday

(8) as clear as mud

上述大部分明喻习语都比较好理解，但奇怪的是第(8)例中的 mud，竟然也能与 clear 搭配使用。按照一般人的思维，mud 意为"泥浆、淤泥"，它一点儿也不 clear。这条明喻习语的意思为"含糊不清，一点儿也不清楚"，此时的 clear 受到 mud 的约束意义发生了转移，实际上译为 unclear。该英语明喻习语的特殊性，说明英民族就此有着特殊的认知方式。又如我们常用"狐狸"

(fox)来喻指人的"狡猾",而在许多非洲语言中常用其他的动物或昆虫来作比喻。这说明全世界各民族确实有不同的范畴化方式,详见第十一章第二节。

这就在学界出现了一个旷日持久的争论,全世界的语言究竟是"同大于异",还是"异多于同",我们认为泛泛而论加以争辩是没有什么意义的。有些学者主张前者,特别是乔姆斯基还提出了"普遍语法"(Universal Grammar)的设想;有些学者主张后者,如功能语言学派和 CL 派。我们设想,在全世界几千种语言中,在言说某些范畴或领域时可能是前者;在论述另外一些范畴或领域时可能是后者,因此简单地说"同大于异"或"异多于同"过于笼统,没有什么实际意义。在同一语系或语族中各语言的相似度应当是"同大于异",它们之间的相似度会大于不同语系的相似度。例如当今运用计算机进行机器翻译时,在印欧语系中进行跨语言互译时的准确性就要远远高于英汉互译时的准确性。可行之说为:具体情况具体分析。

我们基于上述的"体认观"设想出"体认翻译学"的权宜定义,现将其描写如下,欢迎批评:

　　　　翻译是一种特殊的、多重互动的体认活动,译者在透彻理解译出语(包括古汉语)语篇所表达的有关现实世界和认知世界中各类意义的基础上,将其映射进译入语,再用创造性模仿机制将其建构和转述出来。

在这一定义中有几个关键词语:多重互动、体认、两个世界、各类意义、语篇、映射、创造性模仿等,前 6 个主要出自 CL 和体认语言学,现笔者用它们来解释最后一个关键词——翻译研究中的"创造性模仿",从而有机地将认知派和体认派的基本观点与翻译理论结合了起来,详见第四章。笔者以此权宜定义为主线,较为系统地组织了本书各章的写作脉络。

正如谢天振的译介学一样,体认翻译学并不专注于词语转换高下优劣的技巧,也不对译文好坏做出评判,而意在描写和解释译者在翻译过程中所采用的体认方式,主要包括:体认观、范畴化、互动、映射、意象图式、识解、隐转喻、突显、概念整合、事件域认知模型(ECM)、像似性等,本书将分析译者在翻译过程中如何运用这些体认机制。这一理论的建构和发展不仅对翻译实践具有实用性,而且它还具有认知作用,进一步深刻认识翻译实践的功能,对翻译学走向深入具有重要的推动意义。

## 四

一项在外语学习过程中看似平常的翻译活动,各路学者竟然提出了很多不同的理论,如以"译论学派、学科基础、翻译思想、文本取向、代表人物、学科主题"等为线索,竟然可分出数十种理论(详见廖七一 2000;胡庚申 2004:20—35;谢天振 2008)。

西方翻译理论奠基人西塞罗(Cicero 前 106—前 43),出于其修辞学家和演说家身份,始从修辞学角度探索翻译过程中的风格转换。他曾将翻译活动分为两大类:解释员式的翻译,演说员式的翻译。前者指没有创造性的翻译;后者则具有创造性,且译作可与原作媲美。

雅克布逊(Jakobson 1959)将翻译分为三类:语内翻译(Intralingual Translation)指同一语言中的不同表达形式;语际翻译(Interlingual Translation)指双语之间的对译;符际翻译(Intersemiotic Translation)指语言系统与非语言系统之间的翻译。

霍尔姆斯(Holmes 1972)将翻译研究分为三大类:理论研究、描写研究、应用研究,详见第十一章。

奈达(Nida 1984)将翻译理论分为如下四大流派:语文学、语言学、交际学(翻译即交际)、社会符号学(将语言视为一种符号,结合所在社会环境进行解释。形式也有意义)。

根茨勒(Gentzler 1993)根据翻译的功能和目的分五大类:美国翻译培训派(诞生于 1960 年代,侧重于文学翻译教学);翻译科学派(侧重语言学理论研究翻译);早期翻译研究派(脱胎于文学分析,融入文化派思想,认为翻译具有跨学科性,方法无对错,强调动态的再创作,无固定模式);多元体系派(源发于早期翻译研究,借鉴俄国形式主义,引入多元文化体系);解构派翻译理论(消解源文,超越文本,否定意义确定论,倡导读者中心)。

威廉姆斯和切斯特曼(Williams & Chesterman 2002/2004:48—57)将翻译模型分为三大类:比较模型(Comparative Models)、过程模型(Process Models)、因果模型(Causal Models)。最后一类包括:奈达(Nida 1964/2004)的功能对等和动态对等;维美尔(Vermeer 1996)和诺德(Nord 1997/2001)的目的论、多元系统;格尤特(Gutt 1991/2004)的关联论与翻译;图里(Toury 1995)的干涉与标准化法则;特肯纳-孔迪特和迦斯克莱任(Tirkkonen-Condit & Jääskeläinen 2000)有关探索译者决策动因的研究等。

廖七一(2000)从时代上将翻译理论分为"古典译论、近代译论、当代译论";从学派来分有"语文学和文艺学译论(西塞罗、贺拉斯、哲罗姆、多雷、德莱顿、歌德、泰特勒、利维)、语言学和解释学译论(奥古斯丁、伊拉斯谟、施莱尔马赫、洪堡特、巴托、穆南、卡特福特)、跨文化交际译论(奈达、霍尔姆斯、巴斯奈特、斯奈尔-霍恩比、贝尔曼等)"。

谭载喜(2005)将翻译研究分为六个时期:"公元前 4 世纪的肇始阶段、罗马帝国后期至中世纪初期、中世纪时期、文艺复兴时期、近代翻译时期(17—20 世纪上半叶)、第二次世界大战以后至今"(参见附录 2)。

吕俊、侯向群(2006)认为翻译研究主要经历了三个时期:语文学研究阶段、结构主义现代语言学阶段、解构主义阶段。

罗新璋(1984)提出了中国翻译的四种模式"案本、求信、神似、化境",朱自渝(2001)也对其做出了很好的论述。赵彦春(2005:50)曾以人物为准划分了翻译流派:哲罗姆模式(直译,可兼顾意译)、贺拉斯模式(意译)、施莱尔马赫模式(直译)。

谢天振 (1999:25)指出,西方翻译史上历来就存在着清晰可辨的两条翻译研究传统:

(1) 从古代奥古斯汀延伸到 20 世纪的结构主义语言学翻译理论线;

(2) 从泰伦斯等古代戏剧翻译家延伸到现代翻译学家的文艺翻译线。

从前者来说,译界一直十分关注语言学研究成果,常从其宏观理论中吸取丰富的养分,且将其视为建构翻译学理论的主要依据之一。特别是结构语言学、功能语言学、转换生成语言学等重要语言学派,但是对普通语言学中的分支学科,如"语义学"(Semantics),却关注不够,这或许也是一大遗憾。

笔者提出了另一种分类翻译理论的方法,即根据自然交际顺序来分。我们知道,正常的交际顺序为:作者写出文本(或说出话语),传达至读者,这其中包括三个环节:

作者—文本—读者

有趣的是,不同的哲学家、语言学家和翻译学家却分别聚焦于这三者,各自强调了它们的重要性,在学界先后出现了三个中心或三种独白:即

作者中心(作者独白)、文本中心(文本独白)、读者中心(读者独白)

当然,这三者有时也不能断然切分开来,时有交叉,但大致还是能说得清楚的。而且这三个环节与上述国内外部分学者对译学史阶段划分较为接近,参见第二、三章。笔者在本书中将以此为序简要梳理现有的翻译理论,恰有好学、便记的效果。

## 五

有些哲学家将"哲学"等同于"哲学史",如张汝伦(2003:1)在《现代西方哲学十五讲》导论的第一节标题就是

> 哲学就是哲学史。

赵敦华则颠倒该表述中的主语和表语的位置,他在曾志 2001 出版的《西方哲学导论》的序言中开头就说:

> 哲学史就是哲学,哲学史家同时也是哲学家。

他们的观点与黑格尔(1833,贺麟等译 1997:12—13)

> 哲学史本身就是哲学。

是一脉相承的。他(1817,贺麟译 1980:56)还指出:

> 哲学若没有体系,就不能成为科学。没有体系的哲学理论,只能表示个人主观的特殊心情,它的内容必定是带偶然性的。

因此,与西方哲学密切相关的两个关键词为"历史"和"体系"。通过学习哲学史便可深刻了解哲学家们理论传承的关系,如何践行"否定之否定"之格言,或许,哲学就在其史学进程中逐步建构了自身体系。我们认为,不仅是哲学,任何学科都有其自身的发展历史,翻译学也不例外!我们在这方面还是下了不少功夫,认真学习了国内学者谭载喜(1991,2004)、马祖毅(1998)、郭著章(1999)、廖七一(2000)、刘宓庆(2005b)、陈福康(2000)、文军(2007)等,以及国外有关论著,制作了"西方翻译简史表"和"中国翻译简史表",以表说史,倒也干净利落、一目了然,现将其附于书后,以飨读者,可望达到言简意赅、好学、便记、易查的效果。当然,这两张表仅梳理出一个十分粗略的线条,只能帮助读者大致了解中、西方翻译研究的框架性简史,其中各个学派、诸多学者之间的传承和批评的细节还需沉下心来慢慢研读才能理清。

通过对我国自《越人歌》(前 528)至今的两千多年翻译史的梳理,足以证明潘文国(2013)提出的"中国翻译的历史有两千多年,一点都不亚于西方,中国有自己的翻译理论"。他(2015)还指出:

> 翻译史研究本质上是文化史研究。中国历史上的三次翻译高潮,不论是东汉迄唐的佛经研究、明清之际的传教士翻译,还是清末民初的社科翻译、小说翻译,都对中国社会的各个方面产生了深刻的影响。尤其

前后长达一千年的佛经翻译为最盛。可毫不夸张地说,佛经翻译参与塑造了南北朝以后 1500 多年中国的思想、社会、文学、艺术和学术,已经融入到中华民族的文化血液里。

这也从另一方面说明,让世界了解中国,迫在眉睫,任重道远。

本书顺其思路,从西方哲学简史开篇,因为翻译发展和流派都离不开当时流行的哲学理论,且以翻译史梳理文化史、思想史。我们上文在简述多路学者对翻译史分期的基础上,根据哲学简史和交际程序将西方译论权宜分期为如下三个阶段:

作者—文本—读者

基本能够反映出译史的大致面貌。我们反思了"作者中心论、文本中心论、读者中心论"之不足,在此基础上建构了体认翻译学的基本主张。这也是一种"以史为镜"的研究方法,吸取已有成果的丰富营养,以期能有所前行。笔者在前两章中大致梳理了西方译论简史,在第三章中依据这一梳理反思了"三个独白"之弊端,在此基础上提出了"体认翻译学"的研究方向,在第四章中论述了该新兴学科的理论基础、研究简史以及权宜定义。在随后的章节中则重点论述定义中所包含的几个关键词语,从而拟构出了体认翻译学的主要内容,形成了一个大致的框架,以能引起学界的关注和讨论,意在抛砖引玉,以求发展。

我想大家都会接受下一观点,不管怎么说,一切翻译活动都是以"语义"为中心而展开的,这也是 CL 和体认语言学的基本出发点,一定的形式总是与一定的意义紧密联系在一起的,这似乎是不言而喻的。笔者(2001:220)曾说过:

> 翻译的标准,实质上就是在透彻理解译出语言(含古代语言)语篇所表达出的各类意义的基础上,恰当地将各类意义尽量等值转换表述为目标语言。对中外语义理论在思路上、内容上、方法上的全面对比,定会大大促进我国翻译理论的发展和建设,进而会大大提高汉外翻译实践能力。

既然翻译的一切问题都落脚在"语义"上,译界同仁就应当认真研读语义学,特别是有关中西语义理论对比方面(我国传统语义理论的研究成果主要体现在"训诂学"中),深入了解有关语义研究的各种理论思潮,掌握语义内部的系统、结构、分类、关联、演变等,熟悉有关词义、句义、段义、章义的论述……因此,笔者在本书专辟第六章,主要论述语义研究与翻译研究之间的紧密联系,以飨读者,希望同仁们能更好地理解语义的诸多特征,为很好地认识翻译及其理论建构和实践打下更为坚实的基础。

我们在体认翻译学的权宜定义中将翻译暂时定义为"体认活动",它涉及十数种体认方式,诸如:意象图式、范畴化、概念整合、识解、认知模型(包括事件域认知模型)、像似性(主要是顺序像似性)、隐喻转喻、认知实验等,笔者在随后的第七章至十八章分别加以论述,并将其与诸多翻译实例紧密结合起来,既有理论阐述也有实例揭示,从而构成了本书的主体内容,初步建构出体认翻译学这门新兴学科的基本框架。在第十四章中笔者运用了体认语言学的核心原则"现实—认知—语言"来揭示了汉语成语(以《红楼梦》300条成语为例)英译的规律,译者可分别基于"现实、认知、语言"三个不同层面来翻译汉语成语字面或蕴含的意义,且以调查数据来说明"三层次翻译法"的具体分布情况,以供读者作实践参考。第十五、十六、十七章运用简称 CL 的隐喻认知理论重点分析了有关翻译的约 500 条隐喻表达,用转喻认知理论揭示了翻译的一般规则,这些都有利于我们更加深刻地认识翻译活动和译学研究。第十八章所介绍的十数种实验技巧也将有助于我们拓宽研究的视野和方法,用定量研究来说明定性研究,寻求"人文主义"与"科学主义"相结合的研究思路。

总的说来,本书采用了"总叙—分述—总叙"的结构组织方式,在前五章中先用总叙方式回顾了翻译简史且反思其不足,以期用体认翻译学来加以弥补,进而解读了该学科的权宜性定义;接着采用"分述"的方法来分别论述定义中的关键词语:意义中心、意象图式、范畴化、构式观、概念整合、识解、认知模型(特别是 ECM)、像似性等;最后再基于"总叙"的写作方式,运用认知语言学的"隐喻观、转喻观"来论述翻译隐喻和基本运作机制,以能对翻译的理论建构和实践应用有一个更为深刻的体认解读和全面把握,从而构成了一个相对完整的译学分支。

当然,这只是一次尝试,既然是尝试,就会存在不少缺陷或思考不周,诚恳期盼各位学者的批评指正。

# 六

我在 20 世纪 70—80 年代分别受到语言学大师索绪尔、乔姆斯基和韩礼德等语言学大师的影响,在他们的领域苦苦求索。三十多年前我国刚刚开始改革开放,有关国外语言学的资料十分匮乏,学者们大多读到的是用汉语写成的语言学书籍,几乎读不到原版作品,偶尔看到一两本,大有如获至宝的感觉。20世纪80年代中期,笔者有幸到英国留学,看到浩如烟海的外文原版语言学著作,便如饥似渴地读起来,并认真做了笔记,以便能更好的学懂、理解、记牢。

我于20世纪90年代初在语义学和像似性的思考中开始涉足CL,后得到雷柯夫(George Lakoff)、蓝纳克(Ronald Langacker)、海曼(John Haiman)、泰勒(John Taylor)等国际著名认知语言学家的指导和帮助,认真拜读他们所赠作品,二十几本厚厚的大作精读下来,使我对语言理论和CL有了一个全新的认识,反思传统理论,更新有关内容,开拓研究方法。若逢偶有心得,即刻付诸笔端,始自豆干积累①,逐步建构自己的知识体系。笔者根据这一学习和科研的经验,从20世纪末开始积累,写下数百块豆腐干,然后将它们串联成线,尝试撰写和教授《认知语言学》。"边学、边写、边教、边改"成为我进入CL之门的有效途径。这就是后来我在一篇文章中提到的"有积有发、边积边发、以发促积、以积带发"的求索之道。通过数年的学习与梳理,写作与教学,逐步写出初稿,且经过笔者多年使用,还在其他院校作为研究生教材试用后,几经修改最后成书,还申请到2002年国家社会科学基金项目,于2007年在上海外语教育出版社正式出版(现已是第十次印刷)。本书根据自己对国外几位重要认知语言学家观点的理解,尝试给该学科下了一个权宜性定义,且以其为主线贯穿全书。

由于CL所含内容较为丰富,用一本书难以周延,笔者接受了出版社的建议,就将"认知语法"这一部分内容单独成书,取名为《认知语法概论》,以便能与"转换深层语法""格语法""系统功能语法"等并列成不同学派的语法理论,于2006年正式出版,且也不至于一本书太厚,使用不便。

当完成这两本书之后,笔者又获得一个重庆市重点社会科学研究项目,进一步深化探讨了笔者先前从事的"西方语义学"与"中国训诂学"的对比研究(参见笔者于2001年出版的《语义理论与语言教学》),纳入到体验哲学和CL的视野重新审视,该书于2007年在高等教育出版社正式出版,书名为《中西语义理论对比初探——基于体验哲学和认知语言学的思考》,算是填补了

---

① "豆干",指将平时阅读中的体会随时写成短文,坊间戏称"豆腐干"。这既是笔者的科研经验,也是教授学生的学习方法。通过随笔拾遗目的有二:(1)理顺思想,深化理解;(2)防止忘却,留作后用。这也完全符合语言哲学的基本原理,只有将自己的所思所想诉诸文字,才能使其成形,说得通俗一点,将思想一闪念用言辞表达出来或书写在纸上,使其成为永恒,此时的"思想"才是真正的思想,才可言传和交流。只思不说,或只想不写,不用言语或文字将其揿住(英语为pin down),思想就犹如一团乱云,难以定型,飘忽不定。按照现代语言学之父索绪尔的观点,所指必须与能指结合起来,才有所指(参见高明凯[1996:158])。

学界的一项空白。

在此期间,构式语法(Construction Grammar,简称 CxG)逐渐成为一门显学,笔者又花了数年时间认真学习了菲尔墨(Fillmore 1985,1988)、格尔德伯格(Goldberg 1995,2006)等关于构式语法的论著,又研读了荷兰 John Benjamins 自 2004 年以来出版的一套 *Construction Approaches to Language* 的丛书(现已出版了十卷),几乎穷尽性地下载了麦克阿利斯(Michaelis)以及其他学者有关构式语法的几十篇论文,基本将该学科的来龙去脉、主要观点和研究方法梳理清楚,从 2008 年开始撰写《构式语法研究》,分上、下两卷,花了三年的时间,于 2010 年在上海外语教育出版社出版,全书共 102 万字,基本概括了国内外该领域的主要研究状况。创作本书的体会是,科研当循"既有继承,也有发展,重在创新"的原则。

笔者还主编了一套"认知语言学丛书",现已出版到第八卷,其中的第六卷为《认知语言学分支学科建设》,尝试将我们认知团队这些年在 CL 理论框架下的有关学科建设问题收集成册,主要包括:赵永峰的认知音位学、刘玉梅的认知词汇学、郭霞和崔鉴的认知句法学,笔者还撰写了有关"认知语义学、认知构式语法、新认知语用学、认知语篇学、认知翻译学、认知修辞学、认知符号学、认知社会语言学、认知历史语言学、神经认知语言学、认知对比语言学、应用认知语言学"等文章,有利于学者们拓宽视野,深入关注。

笔者早年主要研究方向为"语义学",且主要是从语言哲学角度来研习的,因此一直对语言哲学有浓厚的兴趣。由于受到钱冠连、陈嘉映、江怡、黄斌等教授的影响和鼓励,开始深入思考该领域的相关问题。自 2005 年来我们与其他学者合作,坚持每年举办语言哲学夏日读书院的培训活动,借此机遇迫使自己读了该方向的相关著作和论文。笔者虽有十数年语义学研究的经历,但将其上升到语言哲学层面加以系统理解,尚需补不少课。我制定了两个五年计划,细读了国内哲学界出版的二十几本语言哲学,以及国外的几十本代表性原版论著以及汉语译著,颇有心得,开始发表这方面的文章,且还在社科院的《哲学动态》和《国外社会科学》上发表了约十篇这一方面的文章。笔者于 2012 年被选为中国语言哲学研究会会长后,更感责任重大,当写出一本能代表外语界研究现状的语言哲学方面的专著和教材。时经五年,终于写出了《语言哲学研究——21 世纪中国后语言哲学沉思录》,分上、下两卷,共 105 万字,且申请到 2013 年国家社科基金后期资助项目,于 2014 年在北京大学出版社正式出版。

此时的我,已过花甲,同事和朋友多次建议我可休整一下,家人也常劝我放慢节奏,多锻炼身体。无奈又逢商务印书馆索要书稿,耗时两年写成《体认语言学——认知语言学的本土化研究》一书,将这些年来所发表的三十多篇有关"语言的体验性"(或体认性)系列论文重新整理了一遍,且增添了若干新观点。

本想完稿后好生休整一下,不期又萌发了写作《体认翻译学》的念头。翻译界的同事经常谈起,他们迫切需要新理论来更新翻译研究。国外学者马丁(Martin 2010)正式提出"认知翻译学",但缺乏系统论述,更谈不上学科建构;国内学者谭业升(2012)在认知翻译学的框架中专题论述了"翻译具有创造性"的理论依据。此形势下,我觉得有责任协助我国译界将这门学科迅速建立起来,这既可扩大 CL 和体认语言学的研究视野,也有利于译界吸收新理论,不断创新前行。这几年我还一直应邀前往参加辽宁省翻译学会的年会,且做了几场主题发言,都是关于这方面的内容。虽有积累,但学者们都知道,真的动起笔来,还是颇费心神的。尽管如此,我认为这是一件值得做的事,既然如此,硬着头皮上吧! 我们经过多年的消化与吸收,于 2014 年基于国外的 CL 正式提出"体认语言学",本书则以其为主线贯穿全书。

从 CL 和体认语言学角度研究翻译、建构理论刚刚开始,因此体认翻译学犹如一个初生婴儿,有待进一步哺育和关怀。年轻的学科,一方面说明它是新生事物,充满朝气,总有成长的过程和壮大的未来;另一方面也说明它属于刚刚开垦的处女地,仍需进一步细心呵护、深耕细作。本书仅是一个粗略的论述,仅拟建了一个"开放式"的架构,不少部分充其量仅是笔者管见而已,还有更多、更深入的工作待后来者继续耕耘。若拙书能有益于译界,有助于理论更新和学科建设,笔者便感欣慰!

我们相信,翻译理论经过"作者、文本、读者、结构、文化、生态"等转向之后亦已明显出现"认知"和"体认"转向,在不久的将来,"体认翻译学"必将以全新的面貌出现在世人面前。

笔者 于横山观云庄

2015/6/12

# 第十一章　识解与翻译(上)

　　"识解"(Construe,Construal)是蓝纳克在认知语法中提出的一个非常重要的认知方式,可用以解释人们在认识世界和语言表达过程中形成主观性的具体情况。人们为何会针对同一场景产生不同的认知结果和语言表达,主要取决于如下5个要素:详略度、辖域、背景、视角、突显。笔者认为"辖域"和"背景"有重复之处,拟将两者作合并处理。在这五个要素中,"突显"最为重要,因此本书专辟第三节加以详述。识解机制也是体认翻译学的一个非常重要的体认方式,对于解释跨语言翻译,及其不同译者取不同译法都有较好的解释力。

## 第一节　概　述

　　蓝纳克(Langacker 1987,1991)在《认知语法基础》(*Foundations of Cognitive Grammar*)中不仅指出了语言具有主观性,更难能可贵的是,他还提出了分析人们如何形成主观性的具体分析方案,即"识解",其动词形式为Construe,名词形式为Construal。我们认为,这是一个了不起的创举,它既适用于语言,可用来分析人们为何面对同一场景会产生不同的语言表达;又适用于哲学,可用来解释人类主观性来自何处这一古老的哲学命题;也适用于译学,可从理论上来阐释译者主体性以及翻译过程的有关情况。

　　所谓"识解",蓝纳克(Langacker:1987,1991,2000)的定义为:

　　We have the ability to conceive the same situation in many different ways.(我们具有用许多不同方法描画同一场景的能力。)

它主要包括 5 项内容：

> 详略度、辖域、背景、视角、突显。

它们的单用或并用就可用以解释：人们基于同一语境为何会选用不同的词语，择用不同的句型，产生不同的意义理解，皆因人主体具有这种识解能力所致。例如，同样面对一个"大男人打小女人"的场景，有人会用主动态(突显施事者)，有人会用被动态(同情女人)，这取决于讲话人的"视角"差异。笔者(2006:90-92)曾论述了确定分句主语的九种情况，都可通过这 5 项要素做出合理解释。

现我们拟将蓝纳克在对识解的定义中所说的"同一场景"，视为一个"译出语文本"，不同的译者面对同样的文本，会有不同的理解和翻译，此时也可用上述 5 点来解释其间的各种差异，如在下文所述及的"简单化"和"明细化"，就涉及"详略度"问题，前者对较为复杂的源文做简化处理，取"略"的思路；后者对较为简洁的源文做细化处理，从"详"的策略。还有下文所述及的意义突显的翻译例子，皆因"突显"了整体中的不同部分而产生了转喻方式所致。我们(2008)曾将同一首《枫桥夜泊》的 40 篇不同英语译文制成一个封闭语料库，尝试用"识解"机制进行分析。令人料想不到的是，这些差异几乎都能用"识解"的五个方面做出合理解释。同时，我们还对各种差异的频率进行了统计，详见第十二章。这既为体认翻译学研究译者主体性提供了一个新思路，同时也开拓了体认语言学应用性研究的一个新方向。

## 第二节　识解研究与翻译过程

大多数学者对"翻译基本要求是忠实源文"没有多大异议，但问题在于"何为忠实"，"如何界定忠实的程度性"，我们到目前为止也只能说个大概，在原作者、原作品、原意图的控制范围内做有限调变。按要求，口译(特别是同声传译领导人之间的谈话)要尽量忠实于源文，保持"中立性"，但很多口译者都有切身体会，认为这实际上做不到，不可避免地要带上译员的立场和看法。任文(2011)曾对其做过调查，有 62.2% 认为做不到。这就是说，他们必然会在这方面或那方面做出调变。张其帆(2011)也对同传中的删减和增译做出了论述。笔译和口译都要涉及"调变"，至于如何调变，做什么样的调变，我们认为可借用"识解"为其做出统一的解释。下文将具体论述识解五要素在翻译过程中的具体应用。

## 1. 详略度

翻译技巧中所述及的"词量改变(包括增添、删减、重复)",就与"详略度"密切相关。所谓"详",是指对译文做更为细化的处理,包括添加词语、各类注释(如随文加注、脚注、译者注等);所谓"略",指对较为复杂的源文做简化处理,包括省略部分词语。如杨宪益在翻译鲁迅《祝福》时,对文中描写祥林嫂的语句:

[1] 头上扎着白头绳

译作

[2] had a white mourning band round her hair

译文中采用"详"的策略,增加了"mourning"一词,恰到好处地反映出"汉民族用扎白头绳表示戴孝"的风俗习惯。又如朱自清在著名散文《荷塘月色》中的句子:

[3] 妻在屋里拍着闰儿,迷迷糊糊地哼着眠歌。

有两种译本:

[4] ... and my wife was in the house patting Run'er and humming a lubbaby to him.(杨宪益、戴乃迭)

[5] Inside our home, my wife was patting our son—Run'er, sleepily humming a cradle song.(李明)

源文的"迷迷糊糊"在杨宪益和戴乃迭的译文中被省略了,而在李明的译文中用了 sleepily,这说明两者对这一叠词采用了不同的详略方法。后者较好地传递出朱妻那时的状态,对于反映作者的意境很是适切。

一般说来,英语的"冗余度"(Redundancy)高于汉语,因前者为"形合法",必须在语法形式上符合特定要求,因此表示各种语法关系的虚词(包括连接、介词、构成时体的助动词等)使用频率较高;而汉语属于"意合法",虚词使用频率较低,这必然会造成两语言在表述相同概念时用词详略度出现差异,详见笔者(1994,2003)在《汉英语言区别特征研究》中第三章《形合法与意合法》和第七章《虚用型与实说型》的论述,此处不再赘述。

　　但汉语有一特殊情况,"四字成语"的冗余度较高,为满足四字格的要求,常将同一概念重复表述,如:

>　[6] 南征北战;南腔北调;东奔西跑;浓妆艳抹;深仇大恨;
>　　　 铜墙铁壁;面黄肌瘦;背信弃义;转弯抹角;街谈巷议;
>　　　 甜言蜜语;魂飞魄散;欢天喜地

等,其中所蕴含的两部分概念是重复的,如"南征=北战""东奔=西跑""浓妆=艳抹""街谈=巷议"等,只是为了满足四字格要求,采用对应格式而成。若将这些成语译为英语,常采用"二分之一"减半译法,即仅译出其中一个概念即可,如:

>　[7] fight everywhere; mixed accent; run around;heavily-painted;
>　　　 deep hatred; bastion of iron; emaciated; perfidious;
>　　　 obliquely; street gossip; honey-sweet words; half dead with
>　　　 fright;unbounded delight

这种翻译技巧在翻译课和教材上都有较为详细的论述,此处不再赘言。

## 2. 辖域与背景

　　语言深深扎根于一个民族的文化、习俗和历史之中,翻译也必定要涉及这些背景知识,文化翻译派十分强调这一点,这就相当于识解中的辖域和背景这两个要素。现笔者从隐喻角度解释如下。

　　隐喻(可概述为 A is B),即以一个概念域(始源域 B)来喻说另一个概念域(目标域 A),学界常用"两者间存在映射关系"来解释为何能用 B 来"喻说" A。但我们还可进一步追问,为何能"喻说"? 我们认为,这背后必定要涉及"社会文化、背景知识"等因素。例如英民族之所以说 as bitter as wormwood(明喻也可视为一种隐喻),是因为英国常有此类很苦的蒿类植物,才有此明喻,而中国似乎无此类植物(即使有,也不常见),因此就没有此类说法。

　　又如英国与荷兰在历史上曾为争夺海上霸权而进行多次战争,两国为此结下仇恨,为此英民族创造了许多由 Dutch 构成的侮辱荷兰人的贬义性习语,如(参见刘新桂、王国富 1994:272):

>　[8] Dutch courage 相当于汉语的"酒后之勇";
>　[9] Dutch uncle 意为汉语的"严厉的训斥者";
>　[10] beat the Dutch 可译为汉语的"令人吃惊";

[11] in Dutch 主要意为"处于困境之中,失宠";

[12] get one's Dutch up 可翻译成汉语的"发火";

[13] Dutch treat "各自付费的聚餐或娱乐活动";

[14] go Dutch 意为"各自付款,AA 制"。

可见,将英语这类习语译为汉语时,其中的"Dutch"一词当省去,将原先的隐喻表达(用具体的荷兰人 B 来喻比抽象的不良行为 A)直接还原为 A,因为汉民族没有此类文化习惯和历史背景,未形成"荷兰人 B"与"这些不良行为 A"之间的映射关系,因此就没有此类对应的表达,这些习语也就不能采用"直译法",而应将其还原为基本的抽象概念 A,这里又经历了一次"隐喻映射"过程。这就是笔者(2012a)所说的,汉英两民族在表述和翻译这类习语的过程中经历了两次隐喻过程,即:

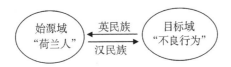

**图 11.1　汉英翻译过程中的两次隐喻过程**

英民族基于英荷战争这一历史事实和文化辖域,通过体认加工创造了若干侮辱荷兰人的习语,在将其译成汉语时必须考虑到汉语言背后的"体认机制"和"现实基础",若缺乏类似情况,将其按照字面意义硬译,则会使汉民族读者感到莫名其妙,不知所云,除非采用上述第 1 点,或 Baker 所说的"明细化"策略,添加必要的背景信息,如加脚注,或以"译者按"的形式做出解释,否则这一翻译活动就算无效之举。第四章的图 4.1 和 4.2 将两套体认语言学核心原则对应处理,更利于我们清楚地看到"社会现实、文化因素、历史背景"对于隐喻的形成和翻译所涉及的体认机制,也说明概念隐喻机制对于体认翻译学的指导意义。

将汉语中某些成语译为英语时也有类似的情况,也会涉及两次隐喻转换的现象,如:

[15] 金枝玉叶:quite a lady

[16] 残花败柳:grown-up people

很多人认为,人名翻译十分容易,加以"客观处理、照直翻译"即可,但选用什么字词进行音译,其中也存在较大的主观性,必然要涉及语义辖域与文化背景,以及隐转喻的程度性问题。

### 3. 视角

每个人都有一双眼睛,这就决定了各人看世界都有各自的视角,常以自身为参照点来观察世界和他人,如人们以自身为视角来择用代词(如 this,that;these,those)、确定时态(常以讲话人时间为基准)、组织语句(可从作者的视角和立场发表意见)等。即使同一个人从不同角度观察同一事物,也会形成不同的意象,产生不同的结果,这就是宋代诗人苏轼在《题西林壁》诗中所描述的:

> 横看成岭侧成峰,远近高低各不同。
> 不识庐山真面目,只缘身在此山中。

著名诗句加以阐释。有人明明吃了败仗,却偏说"对手太狡猾";"常败将军"可被美化成"屡败屡战"的形象,成了不屈不挠的斗士。不同的视角就形成了不同的意象图式,这就能很好地解释汉语为何对同一个事物会用不同的量词,如描写月亮的量词有(王文斌 2009):

> [17] 弯、牙、钩、枚、碗、轮、颗、朵、丸、盘、镰

等,它们都是人们从不同的视角、时间、地点观察到的月亮形状在心智中留下的"意象",每一个量词都栩栩如生地传递出月亮的状貌信息,汉民族将其语法化为"量词",这也充分说明语言和意象图式的体认性。

因此,语言与视角密切相关,在跨语言翻译中"视角转换"便是常有之事,如常见的翻译技巧:

> 词类转换、成分转换、句型转换、人称转换、
> 肯定句译为否定句、否定句译为肯定句、
> 主动态译为被动态、被动态译为主动态

等等,都是基于"视角转换"这一体认机制的。又例:

> [18] No wheels missing.

英语否定句可译为汉语的肯定句:

> [19] 轮子都在。

再例:

> [20] Water and air have little effect on lead.

英语的肯定句译为汉语的否定句：

[21] 水和空气对铅没有什么影响。

"间接引语"与"直接引语"之间的转换，也是一种"视角（或参照点）"的转换，即以实际讲话人的视角，还是以作者或叙述人的视角为参照点的问题，例如：

[22] "你的妹妹有没有读书？"

"没有，我将来教她们，可是我也不知道我读得好不好，读不好连妹妹都对不起……"

可译为（转引自彭发胜 2011）：

[23] " Aren't your sisters going to school?"
She answered in the negative, giving the additional information that she would be counted upon to be their teachers after her graduation. "But," she went on, "I don't know whether I could make good; if not, I'm afraid I'd be a great disappointment to my sisters."

英译这段对话时，将答话人的"直接引语"部分改为"间接引语"，且为了使得译文通顺，还增加了如下信息，如 giving the additional information, she went on, I'm afraid 等。

又例同样一句汉句：

[24] 谨以此书献给为中华民族的振兴而忘我工作的人。

因所参照的时间视点不同而有了两种不同的译文：

[25] Dedicated to those who working selflessly to invigorate the Chinese nation.（戴乃迭）

[26] Dedicated to all those who work for the future of China, even at the expense of their own. （葛浩文）

中文中"为……工作"在戴译中处理为"正在"；而在葛译中处理为"将来"，两位译者所参照的时间范畴不同。

译界常讨论的"归化 vs 异化""意译 vs 直译""表征过分 vs 表征不足""常规化 vs 舶来品"等问题，实际上就是基于哪个视角或参照哪个基准点进行翻译的问题，是站在"顺应本族"的立场上，还是站在"引入外族文化"的立场(参见王寅 2012a),哈尔弗森(Halverson 2010:352)曾提出"引力假设"来解释这类现象,即译者被吸引到本族文化和语言,还是被吸引到外族文化和语言,也属这类问题。现笔者列表对比如下:

表 11-1

| | | 顺应本族 A | 引入外族 B |
|---|---|---|---|
| 1 | 从社会文化的视点 | 归化 | 异化 |
| 2 | 从语句意义的视点 | 意译 | 直译 |
| 3 | 从母语表现的视点 | 表征过分 | 表征不足 |
| 4 | 从借与非借的视点 | 常规化 | 舶来品 |

　　在翻译时究竟以 A 栏为视角,还是以 B 栏为视角的问题,这就涉及:同样一个源文,若采用不同的视角,就会有不同的译法,如上文第 2 点所举的带 Dutch 的习语。又例 crocodile tears 可采用归化法译为"假慈悲";也可采用异化法译为"鳄鱼的眼泪"。英语明喻 as bitter as wormwood,若采用归化法可译为"苦若黄连"或"非常苦",若采用异化法可译为"苦若艾蒿"。

　　又如文学作品、电影等以人名或地名作为标题时的翻译,也是归化译法大显身手的地方(这里也涉及到文化意象的问题,参见第八章):

[27] *Ribecca*　　　　　　译为《蝴蝶梦》

[28] *Waterloo Bridge*　　　　《魂断蓝桥》

[29] *Madison Bridge*　　　　《廊桥遗梦》

[30] *Adam's Rib*　　　　　　《金屋藏娇》

[31] *Airport*　　　　　　　《九霄云魄》

[32] *Anna Karenina*　　　　《春残梦断》

[33] *The Awful Truth*　　　　《春闺风月》

[34] *Big Jack*　　　　　　　《绿林怪杰》

下面是欧·亨利三个短篇小说名的两种译法(摘自张经浩 2011):

表 11-2

| | 按字面直译(异化) | 按内容意译(归化) |
|---|---|---|
| *Cabbage and King* | 《白菜与国王》 | 《东扯西拉》 |
| *Waifs and Strays* | 《流浪汉》 | 《东零西散》或《事不遂人愿》 |
| *Witch's Loaves* | 《巫婆的面包》 | 《多情女的面包》 |

亦有学者主张,可将汉民族的特色表达输出给外乡异族,既可让异国同胞感受到新鲜感,也可取得文化互通的效果,如:

[35] 脸红得像鸡冠

可直译为:

[36] sb's face is as red as a cockscomb

又例:

[37] 治大国,若烹小鲜。(《道德经》)

韦利和林语堂分别将其直译为(摘自杨柳、衡浏桦 2011):

[38] Ruling a large kingdom is indeed like cooking small fish.

[39] Rule a big country as you would fry small fish.

另外,翻译中还有一种不可忽视的方法,"直译+意译",或曰"异化兼归化",例如:

(1)直译兼意译。该法可有效弥补单独使用一种方法造成的缺憾,既能在一定程度上体现出异国风情,也能使读者明白其义,不至于影响正常阅读。如将汉语的"五行"译为英语时,可先采用音译法译为"Wuxing",再在其后用括号加注的方法解释为"(five elements)"。

再例,汉语中成语:

[40] 三个臭皮匠,顶个诸葛亮。

被译为:

[41] Three cobblers with their wits combined would equal Zhuge Liang the master mind.

英译时将中国文化中大家都熟悉的智者诸葛亮采用了"音译加意译"的方法,便于西方人很好地理解"诸葛亮"的转喻性含义。当然还可进一步意译为:

[42] Two heads are better than one.

此处用了"同化法",用英民族文化来解释汉语文化,完全丧失了源文中有关"诸葛亮"的文化意象。

(2)音译加注。"音译"无疑是一种直译法,倘若太多这类的按音直译,就会大大影响人们的正常阅读和理解,洋泾浜味道过浓,因此可将汉语基于

图式范畴论形成的"属加种差"构词法嫁接过来,形成一种"音译加注"的翻译方法,例如:

[43] aids        艾滋病      ballet    芭蕾舞     bandage   绷带
     beer        啤酒        card      卡片       Czar      沙皇
     flannel     法兰绒      golf      高尔夫球   hippies   嬉皮士
     Islam       伊斯兰教    jacket    夹克衫     jeep      吉普车
     marathon    马拉松长跑  mauser    毛瑟枪     motor     摩托车
     noen        霓虹灯      opium     鸦片       rifle     来福枪
     shark       鲨鱼        tractor   拖拉机     valve     阀门

等等。即便是一些国名和洲名也采用了这种译法:

[44] England     英国    France      法国    Germany    德国
     America     美国    Thailand    泰国
     Asia        亚洲    Europe      欧洲    Africa     非洲
     America     美洲    Australia   澳大利亚

(3) 以注点题。可先按字面意义翻译之后,再用译入语通俗而又地道的说法加以注明,如将汉语的

[45] 开眼瞎子

译为:

[46] to be blind with your eyes open ( i. e. illiterate )

再例:

[47] 腹中草包

译为:

[48] his belly full of grass(There is no sense in him.)

# 第三节　突　显

根据笔者的理解,识解五要素中"突显"(Salience,Prominence)应是最为重要的,因此本章将其列为一节加以论述。

## 1. 突显机制

认知心理学区分出"图形 vs 背景"(Figure vs Ground),后者为前者提供一个较大的静态性背景场景;前者为后者中一个较小的、可为动态性突显事物。这为蓝纳克提出"识解机制"提供了极大的启发。

人们在观察和认识外部世界时,都具有聚焦某一具体事体的能力,如同样面对"湖中有个亭子"这一场景,既可以"湖"为参照点,从"湖"说起,可表达成:

[49] The lake has a pavilion in the middle.

也可以"亭"为参照点,即以"湖"为背景,突显"亭",表达成:

[50] The pavilion is in the middle of the lake.

此时"湖"与"亭"的"突显图形-背景信息"关系可以互相转换。但有时则不能,如:

[51] The bike is near the building.

而不能说成:

[52] * The building is near the bike.

这是因为突显图形往往是较小的、且具有移动性,而背景信息往往较大,不可移动,人们常以它为背景来突显图形。

蓝纳克曾以"半瓶水"为例解释"突显"现象,图 11.2 最左图表明一个"客观情景":一个盛一半水的玻璃杯子,但有人看到的是"半瓶空",有人看到的是"半瓶实"等,这都缘于人们突显了不同对象,现以下图解释如下:

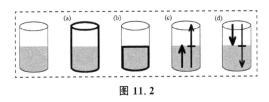

**图 11.2**

[53] a. the glass with water in it(突显整个杯子)

    b. the water in the glass(突显杯中的水)

    c. the glass is half-full(突显杯中的水满了一半)

    d. the glass is half-empty(突显杯中仍有一半为空)

这也就是说,人们为了达到自己思维和表达的目的,满足自己对场景理解的要求,可突显同一客观场景中的不同对象,因而就有了不同的语言形式和表达方法。

蓝纳克(1987,1991)据此较为详细地论述了识解机制,及其在语法分析中的功能。我们认为,"突显原则"为五要素之首,他的许多重要论述都可以其为中心组织起来:

(1) 突显的范围:包括"辖域"和"背景";

(2) 突显的角度:视角(相当于"注意窗");

(3) 突显的对象:实体(名词)或关系(动词);

(4) 突显的转移:产生"隐喻"和"转喻"之源;

(5) 突显的层次:详略度,即论述可粗略或详细。

如我国在不同地区按照不同的习惯,对同一事件会形成不同的表达,如有人说"孵蛋",有人说"孵小鸡",它们实际上是同指一件事,其差别仅在于前者突显了动作的"过程",描述的是鸡妈妈坐在一窝蛋上的情形;后者突显了动作的"结果",即孵化的结果是"小鸡"出壳了,描述的是鸡妈妈带着一群雏鸡在到处走动、觅食的情景。严格说来,"孵蛋"的说法是符合逻辑的,而"孵小鸡"这一说法是违反逻辑的,因为当小鸡出来之后,就不能再用"孵"了。在英汉互译时选择突显"过程"或"结果"时可有以下两种情况。

(1) 英民族突显过程,而汉民族突显结果。如英语中习惯说"Wet paint",表述的是现行状态或过程,而常译为汉语的"油漆未干",表述的是结果。再例英语中的 bird flu,蕴含了英民族对此类感冒的认识,认为这种流感是通过 bird 途径来传播,聚焦于动作的过程;现将其译为汉语的"禽流感",蕴含着汉民族对此类病毒的另一认识,看到其结果是家禽得了感冒,突显了动作的结果。动作的"过程"和"结果"是一个事件中的两个不同组成部分,两者在整体动作链中相邻,在翻译过程中将聚焦点从"过程"转到了"结果",即用一个部分代替了另一个部分,在这个翻译过程中所体现的正是转喻方式。

(2) 英民族突显结果,而汉民族突显过程。如英语说 grade the papers,意为"在试卷上打上分数"的结果,而汉语常转喻说成"批改试卷",突显了动作的过程。又例(转引自谭业升 2012:203):

[54] 这样的善事,影响巨大,胜过树碑立传。(莫言《生死疲劳》
　　2006:11)

[55] Good deeds like that have wide ranging influence and are more consequential than memorials or biographies. (Goldblatt 2008:12)

汉语中的"树碑立传"突显了事件的过程,而英语译为 memorials or biographies 突显的是结果。再例:

[56] 只有冷静才能考得好。

[57] A good mark depends on calm mind.

汉语中的"考"为动词,突显的是"过程",而译为英语时用了名词 mark,突显的是"结果"。由此看来,汉语中常用动词表示的动作概念在译成英语时用名词,其后为"过程转结果"的转喻机制所使然。

| | | |
|---|---|---|
| [58] 请不要讲话! | 比较:Silence please! |
| [59] 恭喜恭喜! | 比较:Congratulations! |
| [60] 不要动手! | 比较:Hands off! |
| [61] 注意! | 比较:Attention! |
| [62] 忍着点! | 比较:Patience! |
| [63] 请来一杯咖啡! | 比较:A cup of coffee! |
| [64] 有谁还要茶? | 比较:More tea, anyone? |
| [65] 轮到你了。 | 比较:Your turn. |
| [66] 请问你叫什么名字? | 比较:Your name, please? |

转喻可分为很多类型(Ungerer & Schimd 1996:116),在汉英互译过程中基于这一体认方式就会产生很多情况。上文所述动作中的"过程—结果"之间的转换属于"部分—部分"关系,仅是其中的一种类型,又例"部分—整体"之间的转换也很常见:

[67] an ear for music

[68] 音乐细胞(细胞仅为耳朵的细微部分)

[69] to lead sb. to the altar

[70] 与某人结婚

[71] 她是林黛玉式的人物。

[72] She is very sentimental.

[73] 菜篮子工程

[74] the vegetable basket project

[75] the shopping basket project

[76] Your invention is fantastic;you should send it to Munich.

[77] 你的发明很奇妙,应该将它送到慕尼黑去。

[78] 你的发明很奇妙,应该将它送到专利局去。

"结婚"仪式要经历很多步骤,"带某人上圣坛"仅是其中的一个步骤,汉译时采用了"整体代替部分"的转喻性意译法。

林黛玉除了 sentimental 的典型特征之外还有其他若干特征,如:高贵优雅、吟诗作画、弱不禁风、心胸狭隘等,因此"林黛玉"概念要大于 sentimental,英译时采用了"部分代整体"的转喻性意译法。例[74]是按照汉语字面意义的直译,而例[75]中所用的 shopping 显然要比"买菜"概念要大,英译时用了"整体代替部分"的转喻性意译法。这就是说,"意译"其后总会要涉及隐喻或转喻体认机制。

对于德国人来说,或许大部分人都知道专利局设在慕尼黑,而对于中国读者来说不一定有此知识,例[78]汉译时用"部分代替整体"的方法直接将"专利局"译出来(或在其前加上地名)。

许多学者讨论了如何翻译老子《道德经》中的"道"字,译法若干,莫衷一是。我们认为,这其中就涉及转喻性突显问题,不同译者仅突显了"道"中的部分信息。我们知道,"道"的内容十分丰富,博大精深,高度概括,只能意会,难以言传,一旦说出来,就不是原来那个"道"了。同样,它一旦被翻译出来,就已或多或少地离开了原本之"道"了,真可谓"译可译,非常译"。因为被说出来的那个"道"只能是高度概括"道"这个整体概念中的一部分,依旧可用"部分代整体"的转喻性突显机制做出合理解释。正如钱锺书①先生(1999:409)所说:

> 道之全体大用,非片词只语所能名言。

为了便于读者更好地理解钱先生这句话的含义,特引用中国澳门理工学院的林巍(2011)的译文:

> The totality of the Dao and its profound influence is something that can never be named by any single word or phrase.

据此,我们或许可作大胆设想:老子在这里亦已认识到"转喻方式"的奥

---

① 本书中出现钱锺书名字的地方,因原文献中繁、简体情况各不相同,本书尽量在尊重原文献封面及版权页标注方法的前提下,兼顾繁体字简化原则予以处理。故有与原文献不尽相同之处。——编者注

秘了,奥妙无穷的"道"只可存在于心中,人们难以言说它,更难翻译它。若坚持要说或译,也只能突显出它的一部分含义而已,别无他哉!

## 2. 交际环节中心突显

我们在第一章回顾翻译理论简史时,述及不同时代的哲学家、语言学家、翻译理论家分别聚焦交际过程的三个不同环节:作者、文本、读者,这便是一种理论研究中的突显原则。

贝克(Baker 1993:243)后来在其译论中也基于"读者中心"提出了一些研究方法,她通过比较若干原作、译文、母语作品,提出了"翻译普遍特征"(Translation Universals)这一术语,且运用"可对比语料"(Comparable Corpus)加以验证,用译自不同语言的语篇(如译自不同语言的中译本)来说明这一现象。她认为,在译出语篇中没有的,而出现于译入语中若干典型的语言特征(既不是来自译入语,也与母语作品的特征不同)具有一定的普遍性,主要包括:

(1)简单化:译者会潜意识地简化语言或简化信息,或两者兼而有之。

(2)明细化:译文倾向于对有关信息做出详细说明,会增添背景信息。

(3)常规化:倾向于用译入语的典型句型或方法翻译源文,甚至使得译入语特征达到了十分夸张的地步。

(4)中庸化:译文倾向采取"取中"原则,舍弃边缘移向连续体中心。

这四种情况都与"读者"这一环节有关。

哈尔弗森(Halverson 2003)也发现了译文语篇中的一些"普遍特征",且提出了"引力假设"(Gravitational Pull Hypothesis),认为贝克等所指出的上述现象可用"突显原则"和"原型理论"做出合理解释。

笔者认为,贝克在上文提到的"简单化、明细化、常规化、中庸化"等译入语的语篇特征,虽与译出语写作的特点有所不同,但主要是基于"读者中心"的,如她在上文所述的第一点"简单化",即通过"化繁为简"的翻译方法,努力使得源文的复杂表述,或难以理解的信息,能在译入语中通俗可读,免得译文拗口和龃龉。

至于"明细化",也是为了使受众能读懂原作,增添一些缺省的背景信息(特别是相关的文化背景),以保证读者能明白其义。如汉语和英语分属两个不同的语系,且在文化上存在差异较大,一不小心就可能产生误解,译者可用很多方法(如在正文中适当添加词语,或用脚注)填补"信息空缺值"。

所谓"常规化",其基本出发点也是基于译者和读者所用的译入语,其主要特征常会在译文中显现出来,这也是因为译者充分考虑到译文的读者对象。如在英译汉时,译者常在翻译过程中"突显"受众对象,尽量让译文能被中国读者所读懂,且能读得流畅。从中可见,这里明显带上了"读者中心论"的印迹。

至于"中庸化",正是"原型范畴论"在译界的翻版,尽量选用典型的词语和句型,而不必用过于生僻词句或古语表达,它们属于范畴的边缘用法。因此我们认为哈尔弗森(Halverson 2010:351)将贝克的研究结果归结为"突显"和"原型",还是可以成立的。

但特肯纳-孔迪特(Tirkkonen-Condit 2001,2004)也发现与"常规化"相反的情况,有些译文中的译入语特征会"表现不足"(Under-represent),她(2004,2005)还进一步为这一假设提供了数据验证。埃斯库拉(Eskola 2004)也赞成她的观点。

### 3. 语义突显

信息在语句结构中的分布情况不尽相同,如英语的句末常是主要信息的栖息地,而且英民族还会用不同的方法来突显主要信息,如强调句、倒装句、省略句、用 only,as well as 等。特别是 as well as,中国译者常在理解上出现误差。

一般说来,A as well as B,其重心落在前者 A 上,其意思为"不但 B,而且 A",相当于 not only B,but also A,例如:

[79] He is an internationalist as well as a patriot.

可译为:

[80] 他不仅是个爱国主义者,而且还是个国际主义者。

相当于在说:

[81] He is not only a patriot, but also an internationalist.

在例[79]和[80]中,a patriot 与 an internationalist 的前后位置不能随便颠倒,因为是"国际主义者",也应该是"爱国主义者";而若是后者,倒不一定是前者。这就可用以解释下一句的不妥之处：

[82] The students of English Department study English as well as other subjects.

这属于"意义突显"不当的问题。此句应改为：

[83] The students of English Department study other subjects as well as English.

再例朱自清在《荷塘月色》中的句子：

[84] 我爱热闹，也爱冷静；爱群居，也爱独处。

李明将其译为：

[85] I enjoy a tranquil life as well as a bustling one; I enjoy being in solitude as well as being in company.

将汉句中"也"后的内容，置于 as well as 之前的语义突显位置，较好地译出了汉句的原义。

又例，国内有些学生常将"X is as P as Y"译错，也是因为没能很好地理解该构式所表示的突显信息在于 P，英民族将重要信息至于两个 as 之中加以突显，以示重要，取得了相当于用引号来突显信息的效果，这当引起我国学生的注意。

在这一构式中，X 是"图形"(Figure)，P 是"焦点"(Prominence)，而 Y 是"背景"(Ground)，初始意义表示 X 与 Y 同质，如：

[86] This paper is as white as snow. （同质：这张纸白如雪。）

在此基础上，该构式引申出了如下意义，现按意义延伸程序排列如下，以能显示其间意义连续体的渐进性：

(1) X 和 Y 具有相同的 P，可延伸至"等值"和"同位"；
(2) 同一 X 在 P 的程度上存在"递进"或"最高"；
(3) X 和 Y 有不同 P，可表示"转折"关系；
(4) 从转折进而表示"条件"关系。

现分别按序举例如下：

[87] This pool is as wide as it is long. （从"同质"延伸至"同量"：池子的宽等于长。）

[88] He ran as fast as 20 miles per hour. (从"同质"延伸出"同位": 他每小时跑 20 英里快。)

[89] This method is as simple as it is practical. (表示递进:这方法既 实用又简便。)

又例:

[90] He was as covetous as fool. 他既傻又贪婪。

[91] He is as personable as he is talented. 他不仅有才能而且还有 魅力。

若"递进"到头了,就可表示"最高级"的意思:

[92] This speech is as silly as silly can be. (这场发言愚蠢至极。)

倘若"递进"出不同的性质,就会引申"对比、反比"之义:

[93] He was as beautiful as his wife was beautiful. (反比:他妻子是 漂亮,可他同样的英俊。)

倘若"递进"出对立性质,就会出现"转折"之义:

[94] He is not as wise as he is witty. (转折:与其说他风趣,不如说 他聪慧。)

[95] He is as eccentric as he is an excellent teacher. (转折:他虽是 个优秀老师,但很偏执。)

注意,上两句的译法才能传递出该构式所突显的"as … as"之间的词语为 语句最突显的信息。

上述例句说明"AS…AS构式"主要用于同一个 X 有不同的 P,或不同的 X 有同一个 P。有趣的是,该构式还可用于两个对象 X 和 Y,它们具有各自 不同的 P,这时出现的比较大多具有"反比"或"转折"之义,例如:

[96] His father is as honest as his mother is cunning. (他娘那么狡 猾,而他爹却那么老实。)

[97] He was as experienced as his brother was green. (他弟弟年幼 无知,而他却经验丰富。)

我们还可将这种"AS… AS 构式"上升为一种"AS 体认方式",它是人之 初一种生存之道或认知策略,通过"两两比拟、以此识彼、互相替代、双双融 合",不断拓展,从某语义域扩展到另一个语义域,用已有知识或经验来处理当前知识或经验,这是我们从小就有的、习以为常的一种最基本的体认能力,来自于我们的生活经验,且将伴随我们人生一世,不可避免,别无他法。因此,语言中的明喻表达看似简单,而其后所体现出的"AS体认方式"却发挥着巨大的元功能,不可小视。

## 4. 文化突显

译界长期争论不休的"直译 vs 意译"问题,实际上反映出的是一种体认方式上的差异,即我们应当如何认识对方民族用语言表达思想的方法,然后用何种体认方式将其映射进入译入语之中且呈现出来。在体认语言学中所论述的十数种"体认方法"中,"突显"在语言形成和表达过程中起着十分重要的作用。第十四章中表 14-2 中所举的例子,以及本章例[27]—[34]也可说明这一点。

究其根源来说,"直译 vs 意译"之争的要害在于:是突显西方文化,取异化译法,吸取世界他国文化;还是突显读者文化,取同化译法,将西方文明转变为中国本土产物。这不可一概而论。应该说,各有各的用途和目的,应根据需要,兼收并蓄。意译法不必指责直译派,后者也不必无视前者之优势,只是各自突显的信息不同而已。

## 5. 突显转移

在翻译过程中还有一个"突显转移"的问题,即在针对同一概念域时,两语言所突显的对象不尽相同,如《枫桥夜泊》中"对愁眠"的"眠",在 40 篇英译文中出现了如下不同的处理方法:

(1) 有人聚焦于"开始阶段",译为 "feel asleep";

(2) 有人聚焦于"中间过程",译为 "lie" 或 "fall into sleep";

(3) 还有人聚焦于"动作结果"用 "at sad dream" 来表述。

这些不同译法分别突显了"眠"这一整体动作的不同阶段。可见,在翻译"运动动词"时,译者可有多种选择,或在译入语中突显"起始点",或"过程",或"终点",这完全取决于译者的理解和偏向,无对错之分,仅有突显之别。

# 第四节　结　语

体认翻译学,是一门将"认知科学"与"翻译学"紧密结合的新兴边缘学科,对研究翻译过程具有十分重要的意义。本章主要论述了识解机制对于建构翻译理论和指导翻译实践所具有的解释力。笔者在体认翻译学的理论框架中,拟将"识解"描述为:

> 如何在译入语中识解原作者在原作品中的原意图,创而有度,兼顾三中心。

我们还将识解中所含 5 个要素归结为 4 类,其中尤以"突显"最为关键。有"突显",就一定有"辖域"或"背景",因为突显是相对于后两者而产生的;它也涉及"视角"问题,从不同的视角切入,就会有不同的突显对象。当然,"详略度"说到底也是一个突显问题;"详"突显了较多的信息,而"略"则关注了较少的内容,忽略那些可省略的部分。

"识解"是人类一种十分重要的体认方式,是区别于其他语言学派的一个重要特征,特别是"突显",可用以解释若干传统理论难以解释的语言现象。该体认方式也完全适用于体认翻译学,研究翻译过程,解释若干传统的翻译技巧。同时,"识解"所反映的是"人之理解方式",与翻译过程研究中关注人本精神的基本出发点完全一致。

# 第十二章　识解与翻译(下)

## ——以《枫桥夜泊》40 篇英译文为例

上一章论述了识解观在翻译过程研究中的应用,本章则在图里的描写翻译学和上文的基础上,重点运用该观点具体分析同一首唐诗《枫桥夜泊》的 40 篇英语译文之所以出现差异的体认原因。我们知道,翻译的主观性问题一直是译学界所关注的重要话题之一,但未见有深入的分析,更未见将其上升到理论层面的阐述。笔者拟将蓝纳克的识解观修补为"体验性识解观",将其视为一种行为常式(Norm)来描述 40 篇译文的差异,以其说明翻译过程中既有体验性和客观性,也有认知性和主观性,它们水乳交融于翻译体的认活动之中,可望为翻译主观性问题提供一个可行的理论框架。

## 第一节　描写翻译学

当代翻译理论提出了很多新理念,其中两个重大进展为(Bassnett 1980;Hatim & Mason 1990:3—4;朱纯深 2008:152):

(1) 从关注翻译成果转向翻译过程;
(2) 从规定性研究转向描写性研究。

我们认为这两个转向是互相关联的,研究翻译成果常离不开翻译标准,而标准往往又是规定性的;若将研究重心移至翻译过程,就可绕开纠缠不清的标准问题,注重描述翻译作品本身,研究其在翻译过程中所涉及的技巧和策略,以期能发现规律,建构译学理论。

第二个转向具体体现在霍尔姆斯(Holmes 1972)对翻译学作出的如下分类:

翻译学 ⎰ 纯翻译学 ⎰ 理论翻译学:理论、原则、模型
　　　　 ⎱ 　　　　　 ⎱ 描写翻译学:产品、功能、过程
　　　　 ⎱ 应用翻译学:教学、政策、批评

**图 12. 1**

这一分类使得"描写翻译学"(Descriptive Translation Studies,Descriptive Translatology)引起了人们的重视。图里于 1980 年就论述了这一方法,于 1995 年以《描写翻译学及其发展》(*Descriptive Translation Studies and Beyond*)为书名出版专著,将翻译活动视为发生在特定文化、社会、历史语境中的交流事件,强调了语料收集,建构语料库的重要性,可基于这一思路对具体的翻译实践和成果进行描述性分析,提升了翻译研究中的客观性。图里还以一系列的"行为常式"(Norm)为焦点,重新界定了翻译学的性质,并较为详细地论述了描述性研究的地位、用途、研究方法等,以及翻译语料的个案研究。图里的这本论著使得译学研究从规定性研究转向描写性研究,使得该领域的研究增添了一种新范式,对当代翻译理论向纵深发展产生了重大影响。

我们基于一首唐诗《枫桥夜泊》(本章中,包括本书目录中,以下简称《枫》)40 篇英译文所进行的收集、整理和分析,正属于这一领域的思索。笔者还联想到论文的基本结构"论点 + 论据",语料描述主要提供的是论据,它虽比随便举例更为可靠,但相对于"论点"来说,当居次位。正如铁木钦科(Tymoczko 1999:25)所说,它是一门"纯粹实践,毫无理论可言"(pure practice without theory)的学问。我们认为"理论思辨出论点,语料收集出论据",也就是说,通过理论层面的学习、钻研、反思,才能在更高的层面上产生有影响的成果,对语料的描述可产生更为可靠的数据,两者的有机结合才能形成一篇名副其实的论文。基于此,本章对《枫》40 篇英译文进行分析时选用了"识解"(Construe,Constual)作为理论基础,正符合这样的写作原则。因此,描写翻译学(Toury 1995)尚需与理论翻译学紧密结合起来才更为完美,前者不宜作为一门独立的学科。笔者(2005,2008)于 2003 年基于此思路拟构出体认翻译学的基本思路,本章便是在此基础上写成的,欢迎读者批评指正。

## 第二节　体验性识解观与主客二性

我们(2005，2007)曾基于体验哲学和体认语言学反思了传统哲学观和(后)现代哲学思潮对建构翻译理论的直接影响，针对它们所存在的要害问题建构了新的翻译模式，首次提出了翻译的体认性：我们面对相同或相似的客观世界，又有相同的身体器官、感知能力和认知能力，这就成为人类思维具有共同性的体认基础，也是操不同语言的民族之间能够相互理解的体认基础，以此来限定"读者反应论""读者中心论""读者决定论""意义不确定论""译者自主论"等受后现代哲学思潮影响较重的翻译观。同时，人也具有一定的主观认识能力，这就可用以解释为何全世界各民族形成了各自不同的语言，也可解释同一文本为何在不同译者笔下会有不同的译文，以此便可消解过于强调"作者中心论""文本中心论""翻译等值论"等传统观念(参见第三、四章)。

我们的结论是：语言、意义、理解和翻译等既具有体验性和客观性，又具有主观性和创造性，本书根据马列主义的唯物论实践观和体验哲学，拟将蓝纳克的识解观修补为"体验性识解观"，以期能较好地从理论上解释翻译过程中的客观性和主观性[①]。

### 1. 体验性识解观

马列主义传承并发展了旧唯物论中有价值的观点，且将其与辩证法紧密结合起来，建立了"辩证唯物论"(Dialectical Materialism)(Marx 1845)，一方面坚定地认为物质决定精神，另一方面又承认精神对物质的反作用。更为重要是他们力主将该理论用于"改造世界"，且将其拓展到社会学研究之中，创立

---

① "主观性"(Subjectivity)和"主观化"(Subjectification)在 CL 中有不同的含义，前者指语言表达中包含着讲话人的态度和感情，即话语中所含有讲话人"自我表现"的成分；后者则主要研究语言为表达这种主观性如何采用相应的结构形式加以编码，或语言结构形式如何经过演变而获得表达主观性的功能(参见沈家煊：2001；Langacker，2000：297)。本书所述理解的"主观性"与上两术语中的前者较为接近，相对于客观性而言，主要指读者的自我理解方式。译者的主观性是指在译者翻译过程中根据对源文自我解读所得而做出的文字相应转换的处置方式，其主要表现为不同译者针对同一源文会有不同的理解和译法。

了"历史唯物论"(Historical Materialism),实现了哲学研究中的一次大飞跃。

体验哲学接受了唯物观,认为概念和意义主要是基于人类对客观外界进行<u>互动体验</u>和<u>认知加工</u>的基础上形成的,这句话中有两个关键观点:"互动体验"和"认知加工",本书将其整合为"体认原则",前者指概念和意义要受约于客观世界和身体结构,这是人类思维以及表达思维的语言具有共性的基础;后者指人类的认知加工方式,可用以解释语言表达存在差异的原因。也就是说,概念和意义的形成既与对客观事物的体验有关,还取决于人类对客观世界所实施的主观性理解,正因为人们的体验角度和认知方式必有不同,作为体认结果的语言也就有了不同。体验哲学的"体、认"这两个关键观点就可用来较好地解释人类认识和语言为何有同有异,也为翻译具有可能性和差异性提供了一个理论阐释的框架,亦足以证明马列主义唯物论实践观、体验哲学和体认语言学具有较大的解释力。

蓝纳克将意义等同于"概念化"(Conceptualization),与传统观念论(Conceptual Theory)仅三字母(-ize)关键之差,却蕴涵着许多根本性差异,实现了传统意义观向认知意义观的飞跃,但我们认为他过于强调了语义的动态性、人本性、主观性、识解性,忽视了体验性和互动性。我们基于唯物主义和体验哲学拟将其修补为"体验性概念化"(Embodied Conceptualization)。由于蓝纳克尝试用"识解"来解读主观性的概念化过程,因此该术语就相当于本章所说的"体验性识解观"(Embodied Construal View),其中包含两个要素:"体验"和"识解",前者可用以解释语言、意义、理解、翻译的客观性,后者可用于解释它们的主观性;若将这两者有机地整合起来,便可实现较为圆满的辩证统一。

各民族对客观外界进行互动体验和认知加工时的第一步,就是要对外界事体(包括事物、现象等)进行类属划分和范畴确定,人们在这一心智活动中既要考虑到事体本身的特性,也要兼顾到人们认识世界的能力和方式,对人类生存和生活世界的影响,这才能解释不同民族对同一客观世界既可能有相同,也可能有不同的认识结果,例如"颜色场、亲属场"等中的同与异。人们在理解一个词语的意义时也要根据该词语在心智中所被激活的相关经验和概念内容,同时还取决于识解方式。

舒尔特(Schulte 1987:2)指出:

> ... the study of multiple translations of a single poem can enlarge the translator's understanding of the text.(研究同一诗歌的多种译本可以拓展译者对文本的理解。)

本章则基于同一首《枫》的 40 篇英语译文,重点解析这 40 个译者对同一文本的理解和表达,据此得出结论:同就同在类似的"互动体验",可依据互动体验做出合理解释;异就异在不同的"认知加工"上,通过识解做出合理解读。同时,透过这 40 篇英语译文,还可使我们对张继的这首诗有了更为深刻的理解。

## 2. 客观性

我们在"识解"的基础上增加了"体验性",以弥补该术语因过分突出主观性而容易产生新的偏差,这也可从我们所收集到《枫》的 40 篇英译文得到验证。

我们在阅读这些译文时,明显有一个感觉,各位作者都在努力体验着原作者张继所体验到的经历,都在理解着张继所描述的场景和境界,以期能获得诗歌中的各种含义。尽管各位译者的理解和翻译有所不同,但是主旨还是在努力反映张继的原意,这是勿庸置疑的事实,各位译者译的都是"枫桥",从没人将其随意修改为"廊桥""蓝桥""康桥"等,更没人将"枫桥夜泊"改译为"廊桥遗梦""蓝桥魂断""康桥别了"等等,而都是在张继所设定的圈圈中作有限的不同识解。

各篇译文的表述虽不尽相同,但明显看得出这些译文的内容都没能跳出张继所描述的主题,这也完全证明了体验性识解中的"体验性"的含义。选词和译法上的差异,正说明了语言表达的丰富性和多样性,不足以说明翻译的自由性和放纵性。

## 3. 主观性

我们知道,人们对同一现实世界进行不同方式的概念化就会产生不同的认知结果,因此,作者和读者之间的理解就不可能完全相同,不同读者对同一文本就会有不同的解读和翻译,后现代哲学思潮正是从这一点出发来否定文本和话语有稳定不变的意义。但长期以来,有些学者仅只被动地接受了这一观点,以为"主观性"本来就是主观的,有很多不确定因素,不可能有一个统一的客观标准,因而很少有人对其做出过深入思考,未打算系统分析不同读者理解同一文本究竟存在哪些差异,有哪些变化,是否很大,有何规律可循。很多人深感对其加以限制性描写难以下手,无从说起,因此大多国内外学者对翻译主观性仅停留在描写层面上,未见有何深入探究和理论阐述,更不见从认知角度做出理论解读。

体认翻译学属于解释性学科,就当解释读者兼译者在理解和翻译源文的过程中如何发挥主观性作用,或者说,译者主观性主要包括哪些内容?应如何对其加以描写、说明和限制?本书拟尝试运用"识解"对翻译的主观性做出理论解释。

正如上一章所述,"识解"指人们可用不同方法认识同一事体和情景的能力,具体指人们在"确定不同辖域、择用不同视角、突显不同焦点、定位不同精细度"等方面来观察事体和解释场景的差异,据此所形成的概念体系、语义结构和语言表达也就必有差异。

蓝纳克(Langacker 1991)在论述"识解"五要素时并没有考虑到认识上的顺序性,是按照"详略度""范围""背景""视角""突显"。本书中拟将其排序为"从大到小",从"宏观到微观"加以解读,以使其更加符合人类的体认规律。首先,讲话人表达时要确定一个范围或辖域(Scope),主要将说哪一方面的事情,涉及哪些背景知识(Ground),然后再考虑到论述的视角(Perspective),这又包含 3 点:视点(Vantage Point)、客观或主观描述(Objective or Subjective Description)、心智扫描方向(Direction of Mental Scanning)。

讲话人不可能将场景中所有信息都表达出来,只能择其相对于背景而言更为突显(Salience)的部分,同时还可取"从详"或"从略"的方式(Specificity)。这样蓝纳克就将"识解"分为以下五项内容:辖域、背景、视角、突显、详略度。笔者曾与蓝纳克本人讨论过多次,这五项内容似有重复,他也很坦率地承认了这一点。根据笔者的理解拟将"辖域"和"背景"合并处理较为妥当。我们认为这四项内容也可作为分析译者主观性的理论框架,下文将结合《枫》40篇英语译文作具体论述。

## 第三节　体验性识解观与《枫》40 篇英译文

### 1. 辖域和背景

辖域指表达式所涉及到的相关场景和被激活的概念域配置,这就是说,理解一个表达式的意义或结构所需的相关经验,并且需要另外一个或多个表达式的意义或结构作为背景,这与我们常说的百科性背景知识有关。这一识解因素在《枫》译文中主要体现在对以下词语的翻译上。

1) 译"泊"

对一个"泊"字的理解和翻译需要体验和想象当时的历史背景,涉及很多有关概念域。在我国古代乃至近现代和当代,小船的停靠很少用"锚",多用绳子拴在河边的桩上,有这种生活体验或背景知识的人就不难理解《枫》中"泊"字的含义。

在 40 篇英译中译"泊"主要有以下五种方法:

[1] moor,anchor,stop,park,tie up

但它们的确切含意是不同的:stop 过于笼统,可指 put an end to 任何种类的运动或活动;park 主要指停"车",tie up 仅指"拴绳子"这一动作,用部分代替整体的转喻方式来译"泊"。大部分译者选用 moor 和 anchor,但这两个词的含义不同:

① moor:make a boat (or ship) secure (to land or buoys) by means of cables.

② anchor:make a ship secure with an anchor. Anchor:heavy piece of iron with a ring at one end, to which a cable is fastened, used for keeping a ship fast to the sea bottom or a balloon to the ground.

从上文对英语两个单词的释义来看,显然 moor 更符合张继诗中所说的"泊",有 32 位译者选用 moor,占 80%,他们可能比用 anchor 的译者更了解唐朝当时的生活背景。

2) 译"乌啼"

从译文语料库来看,"乌啼"都被理解和翻译成了"乌鸦的啼叫"。其实它还有另一解:指地名"乌啼桥",因为乌鸦只在白天啼叫,夜里不啼,这样整句话的意思可为:挂在天空的月亮正在朝乌啼桥方向落下。当然这一解释并未被译者所接受,40 篇译文大多没按照此意来处理。还有一种可能,是否张继将猫头鹰或捕鱼的鱼鹰的叫声误认为乌鸦的啼叫,并以此建立"乌啼桥"和"乌鸦叫"之间的双关?

3) 译"江枫"

有很多学者认为,"江枫"是指寒山寺附近的两座桥"江村桥"和"枫桥",有不少译者将其处理为"江边的枫树",或许这又是一个双关。

4）译"渔火"

渔火是指"渔船上的灯火"还是"为打鱼而设置的灯火",我们倾向于前者,因为内河的小渔船晚上一般不打鱼。通过调查译文语料库,我们发现"渔火"的译法大致可分为以下 3 类:

> [2] dimly-lit fishing boats(打鱼船上的灯火);
> the lights of fishing boats;
> fishing boat's lights;
> boat lights
> [3] fishing lights(打鱼的灯火);
> the fishing torches;
> the fishing lamps;
> fishing fires;
> fishing lanterns
> [4] fishermen's flares(打鱼人的灯火);
> a fisherman's lamp;
> the fisher's lights;
> fishermen's fires;
> fisherman moves with his torch

例[2]一类的译法表明是"打鱼船上的灯火",基本符合原意。例[3]一类的译法尽管可能会用以指"打鱼船上的灯火",但也很可能导致误解为"为夜间打鱼而设置的灯火(鱼有趋光性?)",例[4]一类的译法则似乎介于上述两种理解之间,既可能指打鱼船上的灯火,也可能指渔民在打鱼时用的灯火。根据背景知识我们认为,[2]类译法较妥,[3]和[4]类译法没有前者明确,因为在我国没听说过渔民夜晚用油灯来吸引鱼。

5）译"寒山"

寒山寺之得名,是因为唐朝有一位诗人叫"寒山子"的曾住过那里,那么究竟当译为 Cold Mountain 还是 Han Shan 呢,这也是一个仁者智者之见的问题。总的来说,这是一篇以"寒""霜""愁"为背景和中心构思而成的律诗,从场景中的"霜""寒"到心境上的"寒"和"愁",顺畅而又自然,译作为突出这一意象直接说出 cold 也可起到点题的效果。但值得注意的是"寒山寺"不是指在"寒山"上的寺庙,如有一译者处理为 The monastery on cold mountain 显然有悖原意。

6) 译"船"与"山"

在译文语料库中,"船"有译为 boat 和 ship 的;"山"有译为 hill 和 mountain 的,它们之间在语义上还是有差别的。一般说来,后者比前者要大。根据诗中的具体情况,用前者似为更妥。译文中用 boat 的有 32 例(用 ship 有 3 例,abroad 有 2 例,sail 和 bark 各 1 例,还有 1 例不见"船"),占 83%。

用 hill 的有 12 例,仅占 30%;用 mountain 有 10 例,占 25%;大部分译者用拼音,有 18 例,占 45%。

另外,张继创作这首诗的背景为:他从江西进京(长安)赶考,结果未中,在坐船返乡途中路过苏州寒山寺,因心情不好而触景生情,有感而发,这可从诗中几个关键词看出"月落、乌啼、霜、眠、愁、寒、夜",这对于整诗的理解很有帮助。

## 2. 视角

有了描述范围和背景之后,就当考虑从哪一个视角来观察对象,这涉及"观察者"与"事体"之间的相对关系,语篇的人称,分句的语法主语等一系列问题。

正如上文所述,张继创作该诗的基本出发点是因落榜而心中不悦,据此可知"对愁眠"的主语就是张继本人,确定了这一视角之后,有利于准确理解和翻译整个诗篇。从译文语料库来看,对整个诗篇的视角有以下几种不同的处理方法:

(1)有 19 首译文选择了张继的视角,占 48%,我们认为这还是符合原意的。但我们也注意到了,不同的译者采用了不同的方法来体现这一视角,如有的用 I,有的采用所有格 my 来体现,如说成:

> [5] ere my eyes;
>
> my uneasy eyes;
>
> my sleepless eye;
>
> my sleep;
>
> my troubled sleep

等。

(2) 有的笼统译为 we。

（3）还有的用"旅行者""流浪者""访问者""乘客""陌生人"等来点明视角的,如译为:

　　　　［6］the sorrowful traveler was sleeping

将"对愁眠"的图形主语理解和翻译为"游客"。

（4）有译文笼统地译为:

　　　　［7］the man in sad dream

但不知这里的 the man 究竟指谁? 或许是在故意避开这个难题。

（5）有的译为"渔民"难以入眠,这似乎离原意较远。

（6）视角不明,有 8 篇译文处理为"渔火""渔船",如:

　　　　［8］The bank maples and the fishing flares see a sleepless night.

　　　　［9］Few fishing-boat lights of th' riverside village.

　　　　　　Are dozing off in their mutual sad gaze.

　　例［9］在的"the riveside village"的说法不妥,在内陆河捕鱼的渔民常住在渔船上到处移动,以船为家谋生,不住在附近村庄里的。

　　我们知道,汉语语句常省略主语,特别是诗歌,主语大多是略而不提,尽管原诗没有交待主语,但在大多情况下我们还是能找到被略成分,体会到尽在不言中的主语是谁,但其中也不乏仁者智者之间的问题,这就给古诗英译提出了一道难题,择谁作主语? 上述所列述的第(6)种视角不明的情况,其实也多多少少地有损原诗的意向和风格。

　　另外,原诗最后一句"到"的图形主语是什么? 是"钟声"? 还是"客船"? 在译文语料库中绝大部分译者理解和翻译成前者,但也有一例取后者,译为:

　　　　［10］Amid the night toll arrives a boat up the stream.


## 3. 突显

　　有了论述范围和视角,就要考虑抓住场景中的哪一部分进行描述。我们有确定注意力方向和焦点的体认能力,语言表达在很大程度上可被视为讲话者对周围环境进行概念化过程的反映,而这个概念化过程是受到注意力突显原则制约的。

　　"突显"有多种含意和用法,直接反映了人们在主观上对某一事体感兴趣或最感兴趣的部分。本书主要从两个方面加以论述。

(1) 隐藏与突显

在译诗过程中必然要考虑到信息的"取"或"舍",即有些信息可以舍去,将其"隐藏"起来,有些信息不仅要"取",且还可加以"突显",这与"详略度"相关(参见下文)。"隐藏"可视为一种"负突显"或"零突显"。

原诗的"渔火"在有的译文中被译为"灯火",隐藏了"渔"这一概念。而有8篇译文将没有明说的"渔民"译了出来,也就是说将原诗中隐藏的信息在译文中显露了出来。当然了,有渔火就会有渔民,这也是自然不过的理解。

汉语句子可以没有主语,而英语的动词作谓语一般应有主语,这就涉及如何将汉语中隐藏的主语在英译中显露出来,这在古诗翻译中常是一个十分棘手的难题,如本诗中的"对愁眠"的图形主语究竟是谁? 这个问题又与"视角"相关(参见上文)。

(2) 突显运动过程的不同阶段

人们在描写一个运动事件时,可以聚焦于该运动的起始点,或过程中的某一点,也可聚焦于运动的结果,从而形成了语言中不同的表达,这就是Ungerer & Schmid(1996:218)所论述的"注意窗"(the Windowing of Attention)。这一识解因素在我们的语料中也有很多具体反映:

①译"月落"

原诗中的"月落"是指挂在西边天空中的月亮正在向下落去,还是已经落下了? 这也是一个尚有争议的地方,但大多学者持前一观点,也就是说将诗句突显为"月亮下落运动的过程"更为合理,而有些译文将其译为 at moonset,转换为突显运动的终点。

②译"霜满天"

人们曾经疑问过究竟应是"霜满天"还是"霜满地"的问题。按照正常的生活经验,天上若"下霜",应是"地上霜",其实这两种说法分别体现了下霜的不同阶段,前者主要是指下霜的过程,后者是指下霜的结果。

这还涉及文学创作既有"体"也有"认"的"源于生活又高于生活"的原则,反映了作者在创作中的体验和认知过程:"源于生活"是关于直接体验生活的问题,"高于生活"是关于对获得的经验材料进行认知处理和创作加工的问题。我们认为,形成"霜满天"这一说法的主要原因有三:

原因一,从生活经验可以推知,霜要到后半夜温度低于零度才能形成①,一般不会是傍晚或前半夜。从最后一句又可知,诗人是在描述半夜之前的场景,若改说成"霜满地"恐怕更不合情理。据此经验,我们只能从两个方向上来推断其含义:

那时确实是一个"下霜"的季节,清晨看到地上霜,便可推想出"下霜"的过程,此时天空的情景会怎样? 或许诗人就是在描写这个过程中天空的情况,将其说成"霜满天"也是恰到好处的。根据译文语料库可知,大部分译者是这样理解和翻译的:

> [11] frost filling the sky;
>
> the sky with frost all white;
>
> frost filled (up) (all) the sky;
>
> the sky's full of frost;
>
> frost, a skyful;
>
> The sky is overcast with hoar frost.

下面的译文则更有"下霜"过程的含义:

> [12] a crow caws through the frost;
>
> with sky frostbite

在"下霜"过程中,天上和地下就可能是一片白色,有的译者按照传统经验和理解,故而将其译为:

> [13] The world is covered with frost.

但确有译者将其译为"地上霜"的:

> [14] The landscape's laced with frost.

英语中的 landscape 意为"风景、景色",它是由 land 构成的词,仍含有"土地""地面""地形"之意,因此我们猜想,译者或许已经考虑到是"霜满地"还

---

① 其实常说的"下霜",是模仿"下雨""下雪""下冰雹"的说法,每年阳历 10 月下旬有个节气叫"霜降"。其实,霜不像雨、雪、雹那样从天而降。现代科学给出了准确的解释:白天,地表受到太阳照晒,吸收了大量的热,到了夜间热便向空中散发。当气温降到 0℃ 以下时,空气中的水汽接触到地表面的冷物体时就会在其表面凝华成冰晶,这就是我们见到的白花花的霜,可见霜不是从天而降的。至于常言中的不合理说法,是由于古人对霜的成因不很清楚的缘故。因此,文中提到"下霜"时加了引号。钱春绮(吴钧陶,1997:502)将其解释为"满天飘舞着白霜"显然有误。

是"霜满天"的问题了,而且他的译文明显倾向于前者。

夜间的天空是黑色的,但有月亮照着,再加上这是一个"下霜"的季节。照此推理,此时的天空就不会很黑,用"霜"色来描写此时此景的天空,也颇有新意。译文语料库中有很多译者就是按照这一思路来理解和翻译的:

[15] frosty sky;

　　　frosty air

我们完全可以将"霜满天"作双关解释,既有第一种含义,又有第二种含义,描写了当时天空"下霜"的过程和情景,同时还可以"霜色"来喻说天空,使得场景更带几分寒意,切合当时张继因考试落榜时的心境。

原因二,月亮是挂在天空中的,倘若按照很多后人的理解"乌啼"意为"乌鸦的啼叫",乌鸦的啼叫也是来自天空,接着再说"天上霜"或"似霜的天空",则较好地表现出整句是以"天空"为视点的写作思路,作者从"上"看到"下",这才有第 2 句"回到人间"的诗句。

原因三,此处用"天",也是为下一句的"眠"打下了押韵的伏笔。

我们认为,这三个原因恐怕是张继选用"霜满天"的体认理据。

③译"月落乌啼霜满天"

该句可能意为"挂在天空的月亮正在下落,有乌鸦在啼叫,天空正在下霜",这三件事体不分主次,为并列关系;若要在译文中反映这一含意,就应将它们处理为并列成分较妥。但是,我们发现很多译者根据英语构句规律,常将其中的一项或两项置于主句,另两项或一项译为从句或短语,这就使得原诗并列的含意在英译中有了主次之分,自然也就突显了不同的内容。

④译"对愁眠"

"对愁眠"中的"眠"可指睡觉这一动作过程的不同阶段。40 个译者主体中有的将其理解为:

[16] 想入睡、感觉已入睡(asleep I feel);

[17] 入睡过程(没睡着,如 lie,还有 keep me from sleep, sleepless night,keep me awake);

[18] 入睡(fall into sleep,was sleeping);

[19] 进入梦乡(in sad dream)

这些译文分别突显了同一动作的不同阶段。

按照经验,在那种背景和心境下的张继应是难以入眠的,所以才看到或听到了诗中所描写的那一幕一幕的夜景,如"月落、乌啼、霜满天、江枫、渔火、寒山寺、钟声"等,因此将其理解为[17],指"过程"较为合理。[16]也较为传神,反映出张继"身心疲惫"的状态,进入了睡眠的状态,处于似睡未睡之间;抑或越是疲惫,越感到想睡,却又一下子睡不着。在艾克利等(1992)的《唐诗三百首今译》中将"对愁眠"理解为"忧愁难眠",也是指"入睡的过程"。据此,若将其译为"入睡的结果"就考虑得不很到位了。

⑤译"到"

原诗第 4 句的"到"显然表示动作的结果,有 24 篇英语译文按照此义处理的,主要用了(后面括号中的数字,表示在 40 篇英译文中出现的频率):

　　[20] reach(20),come(3),arrive(1),touch(1),hear(4)

其余的处理为"过程"或"不明显的结果",如用了:

　　[21] break,flow out to,flow afar to,towards us,forth to,down
　　　　to,ring for me

等。

另外,上文提到的"泊"是译成 tie up,还是 stop,moor,anchor,这同样也涉及将"泊"理解为动作的过程或结果的问题。

过程与结果之间的互换,实际上是一种转喻认知方式,用部分来代替整体或整体中的另一个部分。因此,译者对运动过程不同阶段的突显这一识解因素也可视为一种转喻机制。

## 4. 详略度

"突显"与"详略度"是密切相关的两种体认方式,可聚焦某部分加以详细观察和论述,也可忽略某些其他部分只加以轻描淡写,这样人们就可以不同的详略度来认识或描写一个事体,这一现象可能出现在语言的各个层面。

这一情况在译诗过程中就具体体现为:译者对原作中有关信息的增删处理。这里所说的详略度并不仅从用词量的多少来衡量,因为英语的虚词用量常多于汉语,这不是我们讨论的重点,本章主要分析实意概念的详尽与粗略,如不同译者对古诗中的"对愁眠"就有不同详略程度的描写,我们从 40 篇译文语料库中摘出用 lie 翻译的例子,并大致按照从略到详,从粗到细的顺序作如下排列:

　　[22] I lie
　　　　I lie in bed

I sadly lie in bed

I sleepless lie

facing sadness I lie

I lie awake in sorrow

这都体现了不同译者同对一个"对愁眠"作出了详略度不同的翻译。又例"客船"在不同英译中也有不同的详略程度,为论述清楚起见,将它们大致从略到详分为两组:

[23] ?(一译文未见"船")

aboard, sail;

the boat, my boat;

the guestboat;

the mooring boat;

my boat from strange land;

my lone boat moored nearby

[24] a traveler's boat;

the mooring boat;

the visitor's boat;

the sad and troubled napper's boat

还有译者将"客船"译为:

[25] the wanderer's boat;

the rover's bark;

the roamer's boat

等,都不同程度地细化"客船"的含义,它们都是译者主体对其所做出的较为详细的解读,意在将张继当时的心境较好地转译出来。但有人在译文中用了"流浪汉",这似乎不很符合原意。

还有的译文在翻译原诗的"月落"时,将其中的"月"字译为:

[26] old moon

似乎也比源文更为精细,不知 old 是从何解读而出的。还有一译文将"夜半钟声到客船"译为:

[27] out to the mooring boat the distant chimes of midnight

其详细度远大于原诗,多出原诗所没有的如下意义:out,distant,chimes。在另一译作中将"江枫渔火对愁眠"译为:

[28] The maples vague, the fishing lamps are blinking ere my eyes.

这句译文将"对愁眠"的主旨略而不译,详细度又明显小于原诗,因此该译文值得进一步推敲。另外还有一译文将原诗首句中的前两项意义处理为:

[29] The moon is setting in the west.
　　 Crows are crying to their best.

为了凑韵,在译文中增添了原诗所没有的意象:in the west 和 to their best,译文显得更为细致入微。

另外,原诗仅 4 行,有的译者将其处理成 6 行,还有译为 8 行、9 行、10 行、11 行,都是出于"更为精细"的考虑,空间上的拓展,时间上的延长,朗读时的从容,可更细致地展现原诗的含意。

# 第四节　结　语

本章将蓝纳克的"识解机制"修补为"体验性识解观",并以此为理论出发点分析了同一文本的 40 篇不同英译文所存在的差异,论述了翻译的客观性和主观性,以望能从理论上对其做出解释,探索其在翻译过程中所发挥的认知功能,主要有以下发现:

(1)通过透析这些译文发现,对同一文本所采用的这些不同表述,并不像持后现代哲学观的翻译理论家所认为的那样,可以漫无边际地作任意解释、随便翻译、放纵发挥,其实它们的翻译主体都是在一定的内容辖域内进行着有限的揣测和解读,受制于"体验性"的约束,这是其客观性的一面。这些译者都在追寻张继当初的创作意图,都在体验和构想有关枫桥夜泊的可能场景,并尽量将其译得确当和妥帖。

(2)同一文本有若干不同译文,这说明理解和翻译有一定的主观性(这也说明后现代哲学对理解的论述不是空穴来风)。既然翻译是人之体认活动,就逃不脱主观烙印,此乃一种十分常见的现象,早已为很多学者所注意。但是,提出问题仅是第一步,更重要是对其作出具体的分析和深入的探讨,本书在这方面做了一点尝试。我们认为,"体验性识解观"是译论的一条根本性体认原则,"体验性"用以解释翻译的前提和基础,限定译者过分任意发挥;"识解"用以说明译者的主体性。从《枫》40 篇不同的英语译文来看,识解五要素基本可较好地解释者主观性在翻译活动中所体现出的主要差异,对翻译中的主观性从理论上做出初步描写和探索。因此,体验性识解观在各民族的语言表达中具有一定的"偏好倾向性",它可作为一个较好的,且可行的理论框架来建构体认翻译学,分析译者主观性,这可作为未来该学科重点研究的方向之一。

(3)"一词多译"构成了一个"近义场",它反映了不同译者对同一外语词语的不同的识解途径和表达方式,通过分析可见,这些近义词之间具有隐转喻关系,这将为翻译的体认研究提供一个新的研究思路,参见第十七章第三节。

(4)译界常将翻译活动喻比为"带着镣铐跳舞",但给人留下更多的是"不自由、囚徒、束缚"的印象,可想而知,这种"舞"根本就跳不起来!因此我们主张将其修改为"不出舞池的跳舞",似乎更贴近实际情况,允许读者和译者在作者和文本所设定的"舞池"范围内作有限的创造性处理,"体验性识解观"正可实现这一目标。

# 第十三章　ECM 和顺序像似性与翻译实践

体认语言学中的"事件域认知模型"(Event-domain Cognitive Model,简称 ECM)对于解释体认规律和语言成因具有较好的解释力,它同样适用于研究翻译过程,因为翻译就是将译出语所描述的事件域在译入语中再现出来。人们凭借体认原则来识解译出语句所述事件域中的成分要素,寻找对应关系。但是汉英两语言组织事件域中成分要素的顺序是不同的:汉语主要属于临摹式语言,语序与时序之间存在较高的对应性,顺序像似性较为显著;而英语主要属于蒙太奇式语言,语序与时序之间对应性不明显,即顺序像似性不突出。因此,在汉英互译时,特别是在处理长句时,就当在事件域总体框架中,按照时序关系做出适当调整。

## 第一节　ECM(事件域认知模型)

申克和阿贝尔森(Schank & Abelson 1975),托尔米(Talmy 1985,1988),蓝纳克(Langacker 1987,1991),雷柯夫(Lakoff 1987),庞塞和桑伯克(Panther & Thornberg 1999)等建构了多个理论模型,以解释人类的认知规律,详析其内在机制,进一步充实和丰富了 CL 的研究内容,指明了可行的研究方向,但也存在诸多不足,例如:

(1)分析建立在单一层面之上,且主要建构了线性序列的思维模式,忽视了事件内部要素之间的层级性;

（2）分析主要针对动态性场景和事件，忽视了静态性场景或事体，或对其论述不详；

（3）分析主要为解释句法构式的成因，而没能，或很少将其扩展到语言的其它层面，这与 CL 总体目标（试用几种基本认知方式来统一解释语言各层面的诸多现象）不符。

我们基于这些不足提出了"事件域认知模型"（Event-domain Cognitive Model，简称 ECM）的分析方法，以作弥补。

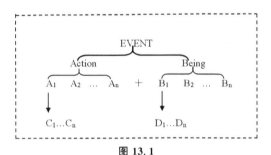

**图 13.1**

言语行为论者认为，人们交际的基本单位不是词、词组或句，而是"言语行为"，我们基于 ECM 提出"以事件域为单位来体认世界，形成记忆模块，储存于心智中"的观点，与言语行为论者不谋而合。如当我们在谈到某个人（包括某事、某概念）时，常将他（它）们与对应的事件关联起来，不免要涉及他做过的事，讲过的话，留下的印象，这些都形成了一个一个的事件域，它们相互交织在一起，形成一个记忆网络储存于心智之中。

更为重要的是，人类还可在体认事件的基础上逐步概括出事件的抽象性概念结构，这就是我们所说的"认知模型"（Cognitive Model）。自从有了语言之后，就基于此形成了语言中的种种表达，这就是我们（2007）所说的最高层面的语法化，也是人所特有的本质性特征。

一个基本事件域 EVENT（简称 E）包括两大要素：

（1）行为（Action）；

（2）事体（Being）。

第（1）可包括"动态性行为"和"静态性行为"，前者就是人们所说的动作，后者包括"存在、处于、判断"等行为。

这里所说的"行为"具有抽象性和概括性特征，是一个类概念或上义概念，可由很多具体的"子行为"或"子动作"构成，即为图 13.1 中在 Action 下所列的"$A_1$，$A_2$ … $A_n$"。一个行为或支行为还包含若干分类性信息或特征 C，这就为语法中的状语等成分留下了存在空间。

同样,这里的"事体"也具有概括性和上义性,它可由很多相关个体构成,在图 13.1 中的 Being 下方列出了"$B_1$,$B_2$…$B_n$"。事体可包括"参与人、事物、场景、工具"等,也可包括"抽象、虚拟"的概念。根据认知语言学家所提出的认知隐喻理论,儿童是在对具体事体认识的基础上逐步掌握了抽象和虚拟的概念的。一个上义事体或具体事体可包含若干分类性信息或特征 D,这就为语法中的定语等成为提供了表述位置。

从图 13.1 还可见,事件域从上至下可分出三个层次,它们环环相扣,互相配合,构成了我们对一个事件域的基本认识,现小结如下:

第一层级:一个事件 E 主要包括:动作要素 A 以及事体要素 B;

第二层级:A 和 B 有若干子要素:$A_1$,$A_2$…$A_n$,$B_1$,$B_2$…$B_n$;

第三层级:各个子要素又包含若干个下属信息,如图中 C 和 D。

后现代哲学和体认语言学都反对经典范畴论中的"二元论"(Dualism)。维特根斯坦(Wittgenstein 1953)针锋相对地提出了"家族相似性"(Family Resemblance),后经美国心理学家罗丝(Rosch 1974,1975)等更名为"原型范畴论"(Prototype Theory of Category),至此它就作为后现代社科研究中的一条重要理论而广为流传。该理论认为,二分法仅是一个理想化模式而已,主要适用于自然科学;而社科界的范畴常常是一刀切不下去的,因此其范畴的边界具有模糊性,内部成员地位也不相等,这从上面所分出的三个层次便可见一斑。范畴边界的模糊性通过图 13.1 中外框的虚线来表示,因为一个事件域可能与另一事件域难以明显区分,它们常互有交叉。

我们认为,ECM 不仅符合人们正常的体认规律,兼顾到线性和层级性分析,也适用于动态和静态场景,它还可用以解释概念结构和句法构式的成因,适用于语言多个层面:词汇化、词法、句法、语义、交际,还可用以说明如下现象:缺省交际、脚本理论、时段分析、间接言语行为、事体命名、词性转换、词义变化、反义同词等。同时,ECM 还可为转喻方式从理论上和应用上做出合理而又明晰的解释,为其提供一个统一的体认基础(参见王寅 2005,2007)。

因此,ECM 具有较强的解释力,不失为人类一种有效的体认方式,这又为 CL 和体认语言学强调解释语言须用统一模式提供了一个有效的分析工具,它也适用于翻译的认知研究。

## 第二节　顺序像似性

### 1. 概述

从体认语言学的核心原则"现实—认知—语言"可知,该学科旨在解释这三个要素之间的辩证关系:

(1) 从左向右:现实决定认知,认知决定语言;

(2) 从右向左:语言影响认知,认知影响现实。

也就是说,语言必然像似于认知,且在认知作用下一定程度上像似于现实。这就是我们所论述的"语言符号像似性"(张敏 1998;王寅 1999)。试想,索绪尔和乔姆斯基坚持"关门打语言"的策略,在语言系统或句法结构内部来苦思冥想,用"任意性"来说明语言性质自有其情,或许尚能说得通。而 CL 和体认语言学背其道而行之,坚持"开门办语言",一旦冲出语言中心论的牢笼,进入到后现代和体验哲学大视野下重新审视语言,必然会有另一番语言观,从而开启了语言学理据性研究的新时代。

CL 和体认语言学对像似性的研究早已突破语音平面和词形平面,进入到了句法平面,如:

距离像似性:语符的距离像似于概念距离;

顺序像似性:语序像似于时序和文化定势;

数量像似性:语符的数量像似于概念数量;

标记像似性:标记性从无到有的顺序像似于体认和语言从自然顺序到特殊顺序,无标记性像似于可预测的信息,有标记性像似于额外意义;

突显像似性:与有标记性像似性相通,突显的位置像似于突显的信息,如先说重要的信息,以引起听者注意;或用异常位置表示异常意义;

话题像似性:句子的话题像似于思维的起点,而述题像似于思维的过程;

由于索绪尔为现代语言学之父,影响极大,他在结构主义理论框架中提出的语言任意性在"关门派"研究体系中或许尚能成立,但在后现代哲学家和认知语言学家的严厉批评下,亦已岌岌可危,市场渐小。到目前为止全世界已召开过十几次有关"像似性研究"的专题研讨会,并出版了几十本学术专著和论文集。进入21世纪后,像似性理论已受到国内外越来越多学者的高度注意,被大多学者所接受,亦已取得优势。

正如朱纯深(2008:262)所言:

> 语言学对像似性的描写是科学取向的探索。

为这类研究定下了基调,也增添了信心。我们(2008:238—263)十分高兴地看到,他还尝试将句法像似性的研究成果与翻译实践紧密结合起来,在《翻译探微——语言·文本·诗学》第九章的标题为《从句法像似性与"异常句式"的翻译看文学翻译中的文体意识》,很值一读。

## 2. 顺序像似性

本章所重点论述的"顺序像似性"可进一步详述为:

> 语言单位排列的顺序像似于时间的自然顺序,与文化定势密切相关。

关于语句顺序的争论由来已久,从古代、中世纪、近代,一直到现当代皆有论述。公元前1世纪的哈利卡讷斯(D. Halicarnasse)早就注意到"词序"问题,他认为表示物质的名词应当位于仅表示变故的动词之前;动词应当置于副词之前,因为动作是先于地点、时间、方式的。近代的理性论者认为,词语的自然顺序是理性秩序的正常反映。拉波吕厄(Le Laboureur 1669)在所著《法语较之拉丁语的优点》中指出,人类均享有相同的逻辑定理,在语言中有对应表现。频繁使用倒装结构的罗马人说的跟他们想的不一样,法国人则思想和表达一致。瓦格拉斯(C. F. Vaugelas)也认为词语的正确排列代表着文体的最大奥秘之一。

17—18世纪的"普遍语法"(Universal Grammar)依据理性论也论述了语言中的自然顺序这一现象。杜马舍(Du Marsais 1676—1756,《百科全书》撰写人)认为,被称谓之物当先于称谓动作才合乎逻辑,并当先于其修饰成分。博泽(N. Beauzée 1717—1789)甚至还认为:语法里除自然次序以外不应存在其他次序,任何违背这一情形的,均出于激情的教唆而不可能属于语法,而属于修辞学。

吉拉德(R. Girard 1747)提出了

　　　　自然次序是衡量一切的尺度。

且据此将世界上的语言分为三大类：

　　　　(1) 类比型语言：词序遵循自然次序，如法语、意大利语、西班牙语；
　　　　(2) 置换型语言：与上一类相反，例如拉丁语等；
　　　　(3) 混合型语言：兼有前两类特点，如希腊语等。

　　法国著名语言学家海然热(Hagège 1985，张祖建译 1999)在《语言人》中专辟一章题为"词序与万物的秩序"，文中在上述观点的基础上重点解释了词序问题。

　　我国学者戴浩一(James H-Y Tai 1985)早就撰文论述了词序与时序的像似性关系，提出了"时序原则"(the Principle of Temporal Sequence)，且基于此较好地解释了汉语中的语序现象。杨自俭(1990)及笔者(1990)对此亦有论述。

　　美国著名翻译学奈达(参见谭载喜 1999：146)也论述了语法中的同构现象，他认为：

　　　　有些语言学家在传统上惯于说，语法结构的主要特点是任意性，即，在语法结构和非语言现实之间不存在同构关系。但事实正好相反，两者之间存在着许多重要的同构关系，最明显的是动作发生时间和词句排列顺序之间存在的那种关系。

　　这充分说明奈达的语言观明显持"像似观"立场，CL 和体认语言学在这一点上与其相吻合。既然语言是用来反映我们所生存的现实世界，描写人们的生活经验，揭示我们对事物和自身的认识，语言结构与非语言现实之间肯定不可能是任意的！在这一原则性问题上，索绪尔和乔姆斯基的任意说是错误的。

　　奈达在他的著作中举了很多语法同构现象的例子，如人类的言语交际活动必定要涉及"说话者、听话者、被说者"这三个基本要素，因此各语言普遍产生了表示说话者的"第一人称"，表示听话者的"第二人称"以及表示被说者的"第三人称"；客观外界的人和事物还有单数和复数之分，这反映到语言中就有了名词的单数和复数之分；这一区分再与"我、你、他"三个人称相结合，就有了单复数形式的三个人称的表示形式。他还认为，词汇和语法形式可用来反映不同层次的社会地位和等级，基于词语和分句的排列顺序与实际发生时间顺序多半保持同构关系,等等。

我们认为,时间顺序是人类对世界的最基本感知结果,时光荏苒,亘古不变,按照顺序不间断地日复一日、年复一年的流淌着。这也成为人类体认结构中最重要的概念之一:先来后到。由于汉语属于"临摹式(或叫:绘画式)",较为倚重对时间顺序的感知,生活是怎样的情形,组织语句的顺序就该怎样。常遵循如下原则:

先发生的事先说,后发生的事后说。

从无到有,逐步展开,从容不迫,有条有理。"语序"与"时序"存在较高的像似性,两者往往自然合拍。

汉语的语序结构直接反映了生活世界中的时序结构,前者如同对后者的临摹,这就是我们(王寅 1990)为何要将汉语称为"临摹式"语言,因为汉语语序好像是现实生活的反映,犹如临摹绘画一般反映了现实生活中的实际情况。

斯洛宾(Slobin 1981)的研究表明,英民族幼儿在三岁以下,也主要按照时序来安排词句,当他逐步学会英语中几十个表示时间的连接词,以及与时间概念有关的十几种时体形式后,便逐步摆脱幼时的束缚,出现了不按时序组句的现象。因此,英语中的时序较为复杂,从而出现了下两种情况:

(1)自然语序:参照时序,先发生的事先讲,后发生的事后讲;
(2)特异语序:参照句法形态的要求,使其更符合表达习惯。

这样,英语语序与时间顺序之间就不像汉语那样,存在紧密的直接对应的关系。也就是说,在英民族的体认结构中,虽有时间概念,但没有时序准则,可按照语言自身的表达习惯或作者的语用意图来排列句子成分,因而英语的顺序像似性程度远远低于汉语。英语的语序可描写为"蒙太奇式",它像电影导演一样,可根据剧情发展、表现技巧、个人风格等需要,把各组镜头既可按时序,也可不按时序(如插叙、倒叙、补叙等)加以剪辑和组合。下面两句英语例句是按照时间顺序组句的,不按时序组句的例子参见下文。

［1］He came in and sat beside me, then told me a good news.

［2］他走进来坐在我旁边,然后告诉了我一条好消息。

［3］The sea thundered on, over and past, and as it roared by it revealed a hideous sight.

［4］狂澜霹雳,隆隆滚远,波涛汹涌后,眼前一片惨状。

顺序像似性是汉英两语言的一个重要区别特征,即汉民族多用符合时序的原则组句,而英民族却视之可有可无,漠不关心,汉英互译时当谨记在心。如:

[5] 他坐高铁从重庆经武汉到上海。

先上火车,从重庆出发,经过武汉,最后到上海,汉句严格按照时间顺序组句,有条有理,一点不乱。而英语表达就未按时序组句:

[6] He arrived in Shanghai from Chongqing through Wuhan by high-speed railway.

下面的英语句子也未按时序组句,而译为汉语时当遵照顺序像似性原则调整语序:

[7] Keep calm, whatever happens.

[8] 不论发生什么情况,你都要保持冷静。

[9] The bell was rung, the door opened, and with a charming, protecting, almost embacing movement, she drew him into the hall.

[10] 铃响了,门开了,她用一种妩媚的、保护性的,几乎是拥抱的动作搀扶着他进入了大厅。

这也为汉英语言对比研究提供了一个很好的切入点,可全面和深入地根据不同年龄阶段、不同用法人群、不同居住地区、不同文体类型的语料来考察英汉两种语言在顺序像似性方面的具体分布情况。

## 第三节　ECM 和顺序像似性在翻译中的应用

### 1. 汉英主谓宾构式

汉英两民族虽天各一方,各有各的社会制度和生活习惯,语言类型也迥然不同,但就"事件域"(Event Domain)的事实来说,还是有基本相同的认识,这正是两民族能形成大致共同的思维模式,并进行语言交流的认知基础。

从图 13.1 可见,一个事件域中主要包含 A 和 B 两大核心要素,它们经常形成 BAB 式"施—动—宾"组配模式,这在汉英两语言中就进化出了"主—谓—宾(SVO)"构式,充分反映出汉英两民族共享同一个普遍的思维顺序:

从施事者开始,发出动作,再到动作所及对象。

例如:

[11] Holmes carefully searched the room.

[12] 福尔摩斯仔细地搜查了这个房间。

[13] He drummed the fingers

[14] 他敲了敲手指。

[15] We heard the clatters of horse's hoofs.

[16] 我们听到了嗒嗒嗒的马蹄声。

在实际语言交际中常会出现违反事件域中的"施—动—宾"模式,产生了不同于 SVO 正常顺序的表达,如英、汉语中都有把重要信息置于句首的用法,即语句的"顺序像似性"就让位于"突显像似性",将突显的信息置于突显的位置,兼顾到信息的重要性和易及性程度。吉旺(Givón 1990;1994:55)较为详细地论述了这种语用原则:

(1) More important and more urgent information tends to be placed first in the string.(越重要的、越紧急的信息越倾向于置于语符列的开头。)

(2) Less accessible or less predictable information tends to be placed first in the string.(易及性越差、越不易预测的信息越倾向于置于语符列的开头。)

这在英语和汉语中同样都有所体现,如:运用了倒装语序或插入语序,考虑到种种修辞需要,最突出和最重要的信息常被置于句首,因为讲话人急于将要先表达的信息先说出来,将其作为论述对象或起点,置于句首,引人注意。

抑或使突显信息离开原来的正常位置,放在该成分不常出现的位置,出现了有标记用法,使其带上了某特殊意义。

[17] 这电影,我已看过两次了。

[18] This film I have already seen twice.

也可能在语气上稍加停顿,或用逗号、插入语等手段使其孤立出来,产生一个"鹤立鸡群"的效果,也可实现突显目的。

[19] 为你，我已找到了一个合适的位置。

[20] For you, I've found a suitable place.

该句把重要的信息 for you 置于句首，强调了该信息的重要性，同时亦可见其预测性和易及性也较差。又例：

[21] In homeland I was born, and in homeland I'll die.

[22] 故土生我，故土葬我。

下一例句则用插入语形式，使得位于句首的成分更为突显，

[23] Comedy, we may say, is society protecting itself—with a smile.

汉语也可采用同样的方法来达到"突显"的目的，且可根据英语的"句末焦点"(End-Focus)原则，汉语也可用"引号"来取得强调句末信息的效果，此句可译为：

[24] 喜剧，我们不妨这样说，它是社会用来保护自己的手段，是用"微笑"来保护。

## 2. 汉语连动句与英译

从图 13.1 的事件域内部结构图可见，一个动作 A 可含有若干个小动作 A₁, A₂ ... Aₙ，它们可构成一个"小动作群"，隶属于一个上义行为。汉语可按照这些小动作在时间上发生的先后顺序来连用它们，从而形成了一个"复杂谓语"（也有其他不同分析方案），如汉语"连动构式"（Serial Verb Construction, Catenative Construction）即为其中一种，例如：

[25] 他举起帽子向她致礼。

句中前一部分"他举起帽子"为一主谓宾结构，但讲话人言犹未尽，进一步交代他举帽的目的是为了"向她致礼"。这两层意义按照时间顺序直接置于一起，接续排列，其间未用任何连接词语或其他语法手段来表明其间的逻辑关系，从而形成了汉语中一种特殊结构——连动构式。

英语虽也用依赖"主谓宾"构式成句，但在具体用法上却存在一定的变化。先要在数个小动作中确立一个主要动作，然后以其为谓语，将其他小动作处理为其他成分。据此，例[25]就被英译为：

[26] He soluted her by raising his hat.

在此例中,英语先用主谓宾(SVO)构式将"向她致礼"这一主要信息摆布出来,先撑起句子的主干结构,然后通过介词短语来表达"举起帽子"这一动作意义。例[25]也可译为:

[27] He raised his hat in order to solute her.

则在主干中将"举帽"先行说出,然后表示举帽的目的"向她致礼"。

可见,英民族更注重先摆出句子的主干结构,然后再向上添加其他成分,因此英语是一种以"句法结构型"为基础的"葡萄型"语言。又例下一更为复杂的汉语连动句:

[28] 他 走 进 来 笑着 对我 说了声谢谢。
　　　① ② ③ ④ 　⑤ 　⑥

该句所表明的事件域很清楚,通过一系列顺序性 6 个小动作组成了一个上义性行为事件,这就是例[28]的 6 个下画线部分,它们构成了该句的复杂谓语。但有意思的是,在汉句所表示的这个上义性事件域中,6 个小动作完全是按照时间顺序来排列的,现简析如下:

必须先"走",然后是"进",才能"来";在露出了"笑容"之后才把面转向我,这就是"对我";此后便开了腔,动嘴"说"了。

可见,这一汉句准确地反映了现实生活中动作发生的先后顺序;或曰,这 6 个小动作在时间上发生的先后顺序,就决定了汉语组词成句的顺序,真可谓"临摹"得贴贴切切,顺顺当当,方寸不乱。

先说"走""进""来"这三个小动作,它们只能按时间顺序①、②、③ 链接,说成"走进来";若不按时间顺序安排,就会出现不符合汉语语法的表达,如:

[29] * 走来进
[30] * 来进走

另外,这三个小动作之间的时间间隔很短,因为先有了"走",一步跨过了门,也就"进"了,随之而"来"。正因为如此,"笑"这个延续性动作,难以直接插在终止性动作链"进"和"来"之前或之间。

[31] * 走笑进来
[32] * 走进笑来

因此,"笑"这个动作只能发生在"走进来"这个动作链(延续动词+终止动词群)的前面或后面,如可分别表达成(如下编号主要考虑到对应的英语表达,合并了"走"和"进"):

[33] 他笑着 走进 来 对我 说了声谢谢。
　　　③ 　①②④ 　　⑤

[34] 他走进 来 笑着 对我 说了声谢谢。
　　　①② 　③ 　④ 　⑤

当然,"笑"也可发生在"对我"之前(如例[34]),或者之后,如说成:

[35] 他走进 来 对我 笑着 说了声谢谢。
　　　①② 　③ 　④ 　⑤

这三句话通过语序直接反映了现实生活中的"笑"这个动作与"走进来""对我"和"说"这三个小动作之间的相对顺序。也正由于"笑着走进来对我说","走进来笑着对我说"和"走进来对我笑着说"是完全符合现实逻辑的,与实际动作顺序相吻合,才决定了这三个汉语句子是正确的。

从例[28]和[25]的对比可见,它们属于同一类的连动构式,前者是几个动词连用,后者是几个动词词组连用,或将这种用法扩展至小句也可。这类用法的性质是相同的,其间不需有任何形态变化,也不用连接性词语,直接连用即可,从而形成了汉语的这种简单铺排,接连使用,虽在形式上显得不像形合法的英语那样,词语间要有丰富的连接手段,但意义却是贯通的,这就是我们常讲的汉语典型特征:"形离而神聚""流水句"。这种句子在汉语中可谓俯拾即是,古来有之,如《三国演义》中的句子:

[36] 兵临城下,将至壕边,岂可束手待毙?

这与英语表达不同,喜好在不长的主句上挂上各类从句,从而形成了像葡萄一样的句式,因为英语有丰富的连词词语。若将上句译为英语,切不可用节节断句、流散铺排。现据 Brewitt-Taylor(1925)译文稍作改动,表述如下:

[37] Shall we fold our arms and wait to be slain when the enemy is already at the city gate?

又例:

[38] 开足马力开车进城开开心心玩一天

汉句中多个"开",倒也形成了一个修辞技巧；但译为英语时首先考虑是如何安排好句法结构：

[39] to spend a joyful day by driving at full speed to the downtown

英语仅用一个 spend 作为动词谓语,将其汉语中其他动词意义转换到形容词、动名词、介词短语等之中,再将它们一一按句法规律挂到这个动词谓语之上,这就形成了英语的"葡萄型表达式"。

若将上述[33]、[34]、[35]这三句分别译成英语,则会全然不见汉语所表达的时间顺序：

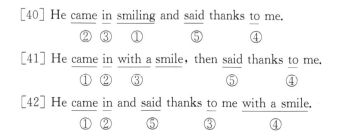

可见,英语的语序与汉语语序是不对应的,这是由于英语的语序与实际生活中的时间顺序是不完全对应的。英语中的"came in"就表达了汉语的"走进来"的意思,因而省译了汉语中的"走"这一动作。

从上文的试译可见,英语一个句子常用一个动词(或两个并列动词)做谓语,其他动作概念可转成名词、形容词、副词、介词短语,或用非谓语动词形式来表示,很少出现让好几个动词扎堆,像汉语一样罗列在一起使用的情况,例如：

[43] 我是来 拿文件 的。

[44] I have come here for the document.

例[44]将汉句中的"拿"转译成"介词",或曰,这个介词短语所表达的含义就相当于汉语中动词词组"拿文件"。若将其译为：

[45] I have come here to fetch the document.

就显得不那么地道了。再如：

[46] 吃了这药,就你会感到好一些。

[47] This medicine will help you to feel better.

在"吃药—治疗"这一事件域中,包含两个动作"吃药"和"感到好",它们可按照时序接续排列成句。而译为英语时,就只能择其中一个主要动作为谓语,剩余的可转为其他成分,此处汉句中的"吃了这药"这一动作被转译为英语的名词短语 this medicine,即将事件域中的一个小动作 A 转变为名词性事体 B 了,参见图 13.1。基于此原理进行逆向思维,我们会获得如下认识:英语中这类名词短语,常要译为汉语的动词,否则句子就不很通顺。

现再看一个汉语中 10 个动词连用的连动句,为了能更好地说明问题,笔者在此编造了一个例句,虽有点啰嗦,但还算通顺:

[48] 他宁愿 外出 打工 挣钱 养活全家,也不愿 让孩子 失学 在家闲着。

该如何英译汉句中这一连串的动词呢?按照上文所提的思路,首先要知晓这个句子所描写的事件域,然后确定其核心意旨。该句描写的是中国在 20 世纪 80 年代实行了改革开放政策后,农村的劳动力得到了解放,很多农民为过上温饱或富足的生活,能使孩子上得起学,且能上好学校,获得了一个新的生计,即到城里打工挣钱。

那么在这个含有若干小动作的事件域中,其核心意旨是什么呢?即在一连串的动作中哪个为最主要的动作概念?找到它后就将其确立为主要动词,用作英语句的谓语,然后将汉句中其他动词转用为其他成分,如:介词短语、名词短语、非谓语动词(不定式、动名词、分词等)等,进一步明确修饰关系之后,再按英语语法规律排列而出,便可完成该句的翻译。

当然了,选择主要动作概念时存在一个"仁者见仁、智者见智"的问题。现若将"挣钱"和"让……失学"作为中心概念,可试译如下:

[49] He would rather earn money to support his family by going out for physical labour than allow his children out of school idling around.

汉句中的动词"宁愿"译为英语的助动词 would rather;
汉句中的动词"外出"译为汉语的介词短语 by...;
汉句中的动词"打工"译为英语中介词短语 for...;
汉句中动词"不愿"英译时套用了 would rather...than;
汉句中动词"失学"英译时转换为介词短语 out of...;
汉句中动词"闲着"英译时用分词短语 idling around...;
省译"在家",若句后加上 at home,似有画蛇添足之嫌。

当然此句还有很多其他译法,笔者曾让学生尝试翻译此汉句,现收录此处,其后稍作评述,供读者研究之用。

[50] He preferred to go out for work to earn money to feed the family, and would not make children drop out of school and fool around at home. (未能摆脱汉语表达的影响,动词用得较多。)

[51] He would rather leave home to work to feed his family than witness his kids' dropping out from school. (同上,可将 to work 改为介词短语 for work,witness 似用词不妥,且省译了"在家闲着"。)

[52] He would rather go out to raise his family than make children drop out and do nothing at home. (动词较多,且省译了"打工"和"挣钱"。)

[53] He prefers to go out hunting for job to support his family rather than to make his child drop out and kill time at home. (动词用得较多,且多译出 hunting。)

[54] He would rather work outside alone to support the whole family, than see his children quit school and idle away everyday because of no money. (仍用了 5 个动词,将"挣钱"转译为介词短语"因为没钱上学",多译出 alone。)

[55] He wants to look for a job to support the family to prevent children from being deprived of education. (该译文用 want to,而未用 would rather … than 句型,似乎有点失色。且数个动词连用,似有汉语表达的痕迹。)

[56] He would rather work out and support the family than make his children drop out idling all the day at home. (此句动词也用得较多,且省译了"挣钱"。)

[57] He would like to earn money outside for the family, and would not make his children out of school idling at home. (此句较为通顺,但省译了"打工"。)

[58] He would go out working for money and his family rather than make his children drop out of school without anything to do at home. (此句较为通顺,也兼顾了汉语中的各层意思,将理解重点放在"外出"上,但未能很好地控制动词数量。)

　　[59] He would rather go out working for money and his family than let children deprived of education and idle about.（对汉语主旨的理解同上，英语句子也算通顺，比较符合语法结构，但问题也同上，动词数量稍多。）

　　[60] He would like to work out for money and his family, not to see his children dropping out of school idling away at home.（此句较为通顺，兼顾了汉句中的各层意思，且适当控制了动词数量。）

　　从上评述可见，汉英语言在结构上有一个重大区别，前者可按照动作发生的时间先后顺序连用几个动词，形成一个动词群；而后者常择其一二用作谓语动词，其他的则化解为其他成分，明确修饰关系，再按语法规则排列即可。也就是说，英语句子的主干很清楚，为一个"SVO 构式"，干净利落，但其上可挂上若干个不同的修饰成分。这就是我们上文所说的"葡萄型"语言的特征，葡萄的主干很短，但在这上面却生出了若干小枝节，其上结满了葡萄。例如：

　　[61] I think your aunt spoke truth when she said you were a strange girl.

　　该复合句共有 4 个分句，主句为 I think，其后都为宾语分句。在宾语分句中内嵌一个由 when 引导的状语分句，它又带了一个宾语分句。后面3 个分句形成一个连续的主从依附关系：句末的宾语分句依附于由 when 引导的状语分句，when 状语分句又依附于 your aunt spoke truth 这一宾语分句。后三者作为一个复杂的宾语分句整体依附于主句 I think。

　　正因为英民族这种"以点带面"地认识事件域的思维方式，拎出主干，也就带出了分支，好似"以纲举目"一样，牵一发而动全身，从而产生了这种特殊的葡萄型组句方式，且在各个节点都用上了连接词语，因此在语序问题上也就淡漠了时间概念，因为时间概念被语法化到了"时体"（Tense-Aspect）上，或用时间连接词来表示，从而使得英语出现了复杂的时体形态变化和分句套叠现象。

　　而汉民族更注重数个小动作发生的时间顺序，以生活感知为依据来排列词语，从而形成了汉语明显具有时序像似性的"临摹式"语言类型。要临摹，就依据现实世界提供的信息，而在现实世界所提供的信息中没有复杂的逻辑关系，它只能是人的主观认识。这一区分是汉英两语言的一个重大差异。

这不仅是我们在进行汉译英时所遵循的基本规则,而且也是阅读英语长句的一个切实可行之法:先找出长句的主干部分,然后依据连接性词语(包括连接词、代词、黏着性非谓语动词等)理清各修饰成分如何挂到这个主干SVO 构式上的。将长句的语法结构分析清楚了,其意义也就明白了。例如:

[62] There are several reasons why he ( Kissinger ) no longer appears to be the magician the world press had made him out to be, an illusion which he failed to discourage because, as he would admit himself, he has a tendency toward megalo mania.

这个长句的主干部分很短,为 There are several reasons,在它上面叠加了6 个分句和成分,其间的逻辑关系为:

(1) 在 reasons 后面由 why 引出一个定语分句;

(2) 其中的 magician 又引出另外一个定语从句;

(3) 后面 an illusion 用以说明 magician 的同位语;

(4) an illusion 后接一定语分句 which he failed…;

(5) 里面又套了一个由 because 引导的状语分句;

(6) 其中同时还插入了一个由 as 引导的状语分句。

而汉语像竹竿,一节一节向下叙述,又像流水,顺着河道流下去,英译汉的过程就是将这种葡萄型语句转换为竹竿型表述,现据此原理试译如下:

[63] 全世界报界曾把他渲染成魔术师一般的人物,但他也未能阻止人们制造这种错误的印象,因为他自己也承认有一种自大狂的倾向。现在他不再像是这样一种人物了,这里面有好几个原因。

## 3. 因果与时序

"因"与"果"构成一个相互照应的事件域,且时间顺序一般为"先因后果",因为按照常态来说,当然是"先有原因",然后才谈得上"对应结果"。因果与时序之间具有顺序像似的性质。透过这类话语来"阅读"现实时,就像"录像带"一样,一步一步从前向后地扫描,先发生的事先扫描,后发生的事后扫描,语句时序和现实时序对应像似。这一顺序就决定了汉语词句的一般排

列顺序,如:

> [64] 儿童游戏,车辆缓行。
> [65] 前方施工,车辆绕行。
> [66] 事故多发,小心驾驶。
> [67] 雨雪天气,车辆缓行。

都采用了先因后果的认知程序和句法顺序,若将第一例译为英语则为:

> [68] Drive slow for children are at play.

又例:

> [69] 他病了,今天没去上学。

英语属于形合法语言,两个分句之间一般需用连接性词语,而有了连接性词语,两个分句之间的逻辑关系就很清楚了,不再依赖于语序来反映时序或因果关系了,因此英语出现了两种顺序:可按照先因后果排列,也可不按照这一顺序。如例[69]可译为下面的两种句序:

> [70] He is ill, so he has not gone to school.
> [71] He has not gone to school because he is ill.

当然,汉语也可采用[71]的顺序,依据突显像似性原则,先亮出主要信息,然后对其做出原因解释。这就是说,顺序像似性与突显像似性形成一组对立统一的原则,人们可依据不同情况择用,以符合不同场景的交际需要。

"原因"对于"结果"来说,也可能是一个先决条件,因此"条件-结果"句也可视为一种"因果事件域",也当遵循"顺序像似性"原则,即按照"先条件,后结果"的顺序组句,例如:

> [72] 明天天气好,我们就去郊游。
> [73] 如果不及时给土壤施肥,就不会有好收成。

而英语较为灵活,两种语序都有,如例[72]可英译为:

> [74] If it is fine tomorrow, we will go outing.
> [75] We will go outing if it is fine tomorrow.

同样,例[73]也可译为下面两种语序:

> [76] The soil won't yield a large crop unless it is fertilized in time.
> [77] Unless it is fertilized in time, the soil won't yield a large crop.

再例：

[76] 如果你干了这一杯，我就让你走。

[77] If you empty your glass, I will let you go.

[78] I will let you go if you empty your glass.

## 4. 叙事－表态与因果

与因果事件域相关的还有"叙事－表态"事件域，汉语一般也按照"先叙事、后表态"的顺序安排句序，因为必须先有一个事件，然后才可对其加以评述，例如：

[79] 见到你我很高兴。

而英语往往不按照顺序像似性来成句，上一句应说成：

[80] I am very glad to meet you.

又例：

[81] I take heart from the fact that the enemy, which boasts that it can occupy the strategic point in a couple of hours, has not yet been able to take even the outlying regions, because of the stiff resistance that gets in the way.

该句也是一个"表态－叙事"事件域，句首的下画线部分为"表态"，然后讲出了"事实"，紧随其后有 3 个小事件，最后一个小事件是前两个事件的原因。该句的汉译可依据"先叙事，后表态"的顺序像似性原则试译为：

[82] 敌人吹嘘在几小时内就能占领战略要地，但一路受到顽强抵抗，甚至还没能占领外围地带。这一事实使我增强了信心。

再例：

[83] I was greatly provoked by his impudence. （他言行鲁莽，使我们非常气愤。）

[84] It is mean of a man to bite the hand that fed him. （恩将仇报的人是卑鄙的。）

[85] People were laughing at you as you displayed your petty skills before the professionals. （你班门弄斧，人家在笑话你呢！）

[86] He had sound feeling that idiom was the backbone of a language and he was all for the racy phrase.（他认为成语是语言的支柱，因此极力主张用生动活泼的短语。这种看法很有道理。）

## 5. 目的—行动

与因果事件域相关的还有"目的—行动"事件域，心中先拟想一个目的或怀揣一个动机，然后再因其做出某种行动，依据了顺序像似性原则。例如：

[87] 为了实现中国的四个现代化，我们必须掌握先进科学技术。

而英语的句序较为灵活：

[88] We must master the advanced science and technology for the realization of Four Modernizations in China.

[89] In order to realize the Four Modernizations in China we must master the advanced science and technology.

再如：

[90] 为了防止作弊，应将试题严格保密。

[91] The test questions should strictly be kept secret so as to prevent cheating.

有时汉语为了特殊的表达需要，为强调"目的"或"目的兼结果"的含义，可依据突显像似性原则，将目的状语后置，可用"为的是、以免、使得"等连接性词语。

## 第四节　ECM 结合 PTS 汉译长句

体认语言学中的 ECM（事件域认知模型）和 PTS（时间顺序原则），有助于我们深入认识汉英两民族组词成句的两种基本体认规律，可较好地解释两种语言中很多现象，也为汉英互译提供了一种基本翻译方法。同时，这也充分说明语言不具有天赋性或自治性，而主要是在特定事件域环境中，在成人语言的引导下而逐步掌握了语词组配规律和表达方式（王寅 2007：242—243）。

　　通过上文对比可见,汉英两民族在识解世界时既有共性(如主谓宾构式的正常顺序、句首突显重要信息等);也有差异,汉民族注重依据事件域中的时间顺序,常依据顺序像似性原则组句;而英民族则将时间概念语法化进了时体形体或时间连接词语,常按照句法结构来安排词句顺序。本节笔者将基于 ECM 和 PTS 来探索英语长句的汉译规律。例如:

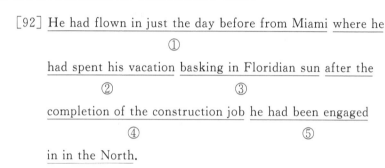

[92] He had flown in just the day before from Miami where he
　　　　　　　　　　　　　　　　　　　　　　　　①
had spent his vacation basking in Floridian sun after the
　　　　②　　　　　　　　③
completion of the construction job he had been engaged
　　　　　　　④　　　　　　　　　　　　　　⑤
in in the North.

　　这句话构成了一个清晰的事件域,其中包含 5 个小事件,现分列如下:

　　① 昨天坐飞机从迈阿密飞回了;
　　② 他在迈阿密度假;
　　③ 沐浴在弗罗里达的阳光中;
　　④ 完成了一项建筑工程;
　　⑤ 这是在北方做的工程。

　　因为英语组句主要遵循特殊的句法规律,没按照实际时间顺序组句,通过上文的事件域分析可见,这 5 个小事件的实际时间顺序为 ⑤④③②①。若将其译为汉语,就要考虑到汉语按时序组句的习惯,因此在句序上就要采用"归化法"(Domestication)调整为汉语的表达习惯,可排列为:

[93] ⑤他本来在北方从事一项建筑工程,④任务完成之后,②就到迈阿密去度假,③享受弗罗里达的阳光,①昨天才坐飞机回来。

　　英语的一个长句化译为汉语的 5 个短句,按照 ⑤—④—②—③—① 的顺序重新排列;而且为使整个语句通顺,在个别字词上还做了一点调整,便可从容不迫地将英语长句所反映的事件域建构了出来。

　　首先,英语长句描述了一个事件域中的若干小事件,它们多以 BA(也可能 BAB)的句法形式出现,从而形成了一个分句集合,其间一般都用连接词语将它们联接起来。这些连接词语以及丰富的时体形式亦已表明小事件发生的时间顺序,而不必依赖语序。而汉语由于缺乏丰富的时体形式和屈折变化,分句之间常用可省去连接词的意合法,主要靠语序来反映小事件之间的时间关系,顺序像似性很明显,因此在右图中将 BA 标上了序列号。这从上文例[92]和[93]的对比中可见一斑。现图示如下:

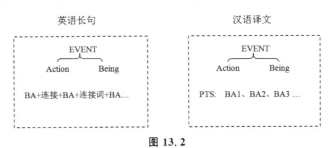

**图 13.2**

又例:

[94] Money balance could be achieved if the central bank offset its
　　　　　　　　　　①　　　　　　　　　　　　　　　　　　　②
purchase of foreign exchange with sales of government
　　　　　　　　　　　　　　　　　　　③
securities on the domestic credit market.

该句所表述的事件域包含 3 个小事件,它们是:

① 可实现货币平衡;
② 如果中央银行补偿购买外汇;
③ 在国内信贷市场上卖出政府债券。

英语句子所包含的 3 个小事件,因其特殊的句法结构而没有按时序组句;将其译为汉语时也应采用顺序像似性原则来表达,现笔者试译如下:

[95] ③中央银行可在国内信贷市场上卖出政府债券,② 用以补偿购买外汇,①这样便可实现货币平衡。

再例:

[96] A great number of graduate students were driven into the intellectual slum when in the United States the intellectual

poor became the classic poor, the poor under the rather romantic guise of Beat Generation, a real phenomenon in the late fifties.

这句话所表述的事件域主要包括三个小事件,用 when 分句连接起来,而忽视了小事件发生的时间顺序,现依据顺序像似性原则,从英语句子的尾部开始译起,可处理为:

[97] 50 年代后期在美国出现了一个真实现象:穷知识分子以"垮掉的一代"这种浪漫姿态出现,成为美国典型的穷人。正是在这个时候,大批大学毕业生被赶到了知识分子贫民窟。

通过上述汉英语序的对比,我们可看出汉民族对事件域的认识着重于"时间感知",主要依据实际时间程序来认识小事件,并据此编排句法单位,汉语的语序结构可直接反映现实生活的时序结构。而英民族则不注重语序与时序的对应性,完全可根据句法规则(屈折语、形合法等)、讲话人语气轻重、表达需要、文风特点等意图来排列语序,因而语序具有较高的灵活性,与时序的对应性也就较低。只要我们能掌握汉英两语言这种差异,便能顺应各自的语言规律,不断提高语言修养和表达水平。

# 第五节　结　语

我们认为,人们主要以"事件"为单位来认识世界,它们常以事件域认知模型的方式储存于我们的心智之中(参见图 13.1),这就是体认语言学中所论述的 ECM,它不仅可作为一种主要的体认方式来解释语言成因(特别是句法),而且还适用于翻译研究。

一个简单语句常叙述一个小事件(相当于逻辑学中的简单命题),其中主要包括"参与者"(B)和"动作"(A),这就形成了诸如"BA"(主谓)、"BAB"(主谓宾)、"BABB"(主谓双宾)等不同句型;在一个长句子中可能包含若干个这样的小事件(有些小事件不一定都以上述句型的方式呈现,还可能是其他成分)。根据"体验普遍性"可知,汉、英两民族面对基本相同的现实世界,且具有相同的身体构造,各器官的功能相同,这就决定了我们与英民族在认识这些事件时必有较多的共同性,这也是汉、英得以互译的认知基础。因此,我们在理解一个英语句子(特别是长语句)包含了多少小事件,应当没有多大差异。有了这个事件域认知模型,就有了一个理解的大前提。

接下来就是如何安排事件域中的这些"小事件"的顺序。由于英语为"蒙太奇式"语言,常凭借丰富的连接词性词语和各类时体,按照英语句法的规律组句,而不注重"句序与时序"之间的对应性关系;而汉语属于"临摹式"语言,且连接词词语使用频率较低,也缺乏丰富的时体形式,因此主要靠词序和句序之间的对应性关系来表示小事件的顺序,这就形成了两语言表达之间的重要差异之一。掌握了这一规律,对于如何安排各自的词句顺序则大有裨益。免得汉、英互译时,汉语说得不像汉语,英语说得不像英语。

# 第十四章　体认观视野下的汉语成语英译

　　成语被誉为语言的精华,它形式简练、生动鲜明、寓意深刻、彰显文采,但这也是成语翻译的一大难点。学界虽有很多学者进行了各类研究,但还缺乏对成语翻译的认知研究。本章依据体认语言学的核心原则"现实—认知—语言"来分析汉语成语形成中的体验认知、概念整合和词汇化三种认知操作过程,且在此基础上提出了汉语成语英译的三层次观:我们可分别基于"现实、认知、语言"三层面上择一(或二)进行翻译。本章还以《红楼梦》三个英译本中的翻译实例简析了成语意义在各层次上的操作过程及方式,通过比较分析汉语成语英译的认知过程,以期能对翻译实践有所启发。

## 第一节　引　言

　　各国语言中的成语源远流长,都经历了一个相当漫长的过程,它必定会伴随一个民族的历史、文化、习俗和文明同生共长,堪称语言中的活化石,不仅是一种语言表达,更是一种文化的载体,折射着民族的历史,反映着人们的智慧。

　　成语的形式之美、数量之丰、蕴涵之富、作用之大是它的魅力所在,但正是这些特性,使得成语翻译成为全世界翻译活动中的一道难题,其中所涉猎的不仅是文字转换,更重要的是离不开对一个民族的生活经验、文化历史、体认方式的深刻认识。在汉语成语英译的过程中,应从字面形式分析入手,知晓隐藏于其后的历史故事,把握其文化内涵,才有可能较好地将其译成英语,实现传播文化的目的。

当前译界这一方面的研究主要有以下几个特征:从研究方向来看,应用研究多于理论探索,不少学者常将自己的思考落脚到翻译方法和策略上;从研究的视角来看,部分学者基于语言学、文学、文化、美学、信息论等理论,结合实例进行了有益的总结和分析;从研究对象来看,文本分析占了绝大多数,现也逐步扩展至广告、词典、口语等语言运用领域;从研究方法上看,以翻译技巧为主,近来翻译批评和词典编纂也逐渐成为该领域的新视角。

尽管成语翻译的研究已经取得了一定的成果,但仍有明显的局限性。

(1)很多研究者从传统的语言、文化层面来剖析汉英成语的翻译,但对国际最前沿的理论关注不够,离产出有实质性影响力的成果仍有一定的距离。

(2)尽管20世纪80年代以来大批学者引进和推介了国外的新理论,但因汉语较为复杂,出现了水土不服、隔靴搔痒的现象,尚不能为其提供较为合理的解释。

(3)前沿理论被引介之后,时常有搞理论的不管实践,搞实践的不管理论,出现了理论研究与翻译实践相脱离的两张皮现象。

因此,寻找前沿理论和翻译实践的切合点,以理论带动实践,以实践促发理论,仍将是成语翻译研究的迫切任务。

本章尝试运用体认语言学的核心原则"现实—认知—语言"来分析汉语成语形成中的体验认知、概念整合和词汇化三种体认机制,解剖了成语从现实到认知再到表达的形成过程。我们还在此基础上提出了汉语成语英译的三层次观:可分别在"现实、认知、语言"三层面上择一或二进行翻译,并结合《红楼梦》中成语翻译实例简述各个翻译层次上的操作方式。

## 第二节　成语形成的体认观简析

成语翻译,首要前提是理解,要能较好地理解成语,方法之一就是要探索其成因,本节将依据体认原则来探索成语成因的一般认知过程。当然了,这只是诸多研究途径中之一种,而不是唯一。

## 1. 体验性

　　许多学者曾就成语的来源做过广泛而深入的研究,探究出许多成因,但我们认为,成语归根结底来源于对客观外界和生活经验,这与我们所论述的"语言具有体验性"道理相通。

　　体认语言学认为,语言形成以人类的经验感知和主客互动为基础的,人们对于客观世界的经验方式和心得体会在很大程度上制约着语言的结构和意义,因此研究语言的结构和意义可从人类的"体验"和"认知"这两个角度入手。马林诺维斯基(Malinowski)曾十分明确地表示一切词语的意义都来自身体经验(转引自 Halliday & Hasan 1985),这些身体经验包括感觉和知觉。感觉是人类认识世界的第一步,通过感觉,人们从现实环境中获取信息;知觉是指当前作用于我们感觉器官的事物的各种属性在头脑中的总体反映,但知觉并不是感觉的简单相加,其间必定要涉及格式塔心理学所论述的"整体大于部分之和"的基本原则,因为在知觉过程中还有人的主观认识在起作用。

　　成语作为语言的一种表现形式,同样深深扎根于我们所生活的环境之中。人们通过感觉和知觉,接触到自然和社会中的若干现象,从中获取各种信息,形成了意象图式,继而开始范畴化和概念化,建构体认模型,同时也就获得了意义。人类自从有了语言之后,就自然会将通过"体"和"认"获得的概念固定于词语表达之中,这一过程就叫"词汇化"(Lexicalization),参见王寅(2007:第五章)。

　　成语也经历了类似的过程,它相对于一般词汇而言,其形成常得益于对某一特殊事件经体认加工后获得的认识,或多个类似事件对大脑的反复刺激而得出的体会。例如人们可能亲眼见到秋天飘落的枯叶会掉落在树木根部;亲身经历多年异乡漂泊之后回到故乡;或是听说某人在人生的尽头回到出生的地方……类似事件通过大脑的类比、加工,包括认知语言学所论述的"隐转喻"和"概念整合",最终词汇化出成语"落叶归根",并常用这一自然现象来喻说人生事件。我们认为,在特定的文化世界中,人类对现实世界的体验(无论是亲身经历或是间接获取的信息)才是成语的最根本成因。

## 2. 隐转喻

　　体认语言学认为,人们在形成概念和意义的过程中必定要涉及主观想象

力,包括隐喻和转喻,它们常被定义为:

> to think or say one thing in terms of another（用一件事情去思维或表述另一件事情）

它常被认为人类之所以能产生想象力的最重要体认方式,是人们认识世界和理解生活的最基本手段,也是新词语和语言意义产生的根源。

人类初民开始用一个词语去指称某一事物,但词语的数量是有限的,而随着社会和文化的发展,要用语言表达的事物和现象却是无限的,解决这一矛盾的常用之法就是用现有词语来表达新事物、新概念。但择用什么词来表达它们,此时人们就自然会依据"相似"(隐喻)和"相邻"(转喻)的认识方式来不断扩展词语的用法,这就出现了语言中普遍存在的"一词多义"的现象。

成语的形成和使用也常以相似或相邻为体认基础,把抽象的思想、感情、心理活动、事件、状态等与可被身体感知的具体事物、生活空间、实际方位等进行对应映射,形成隐喻性认识,且将其词汇化为成语表达,经过漫长岁月,它们逐步被沉淀在丰富的语言表达之中。当我们理解这些成语时,也是以体认为基础的,多通过可感之物来找到与之相匹配的抽象概念,从而获取意义。

## 3. 概念整合

福柯尼尔和特纳(Fauconnier 1985;1997;Fauconnier & Turner 2002)提出了概念整合论(Conceptual Blending Theory),重点论述了两个心智空间中的信息如何被整合起来,产生出新概念,批判了句义为词义之和的组合论,为格式塔心理学进一步提供了元理论解释,常被语言学界用于解释语言意义的建构过程,它也适用于解释成语的成因和意义。

成语的意义绝不是字面词义的简单相加,如上文提及的"落叶归根",其字面意义为:飘落的枯叶会掉在树木的根部,而不会飘零太远,可我们不大会用其来描述落叶的情景,常用其抒发"客居他乡的人终要回到故乡"之感慨。这两个意义,一个是说自然界,另一个是谈人生,它们是如何形成映射关系的呢? 这是由于听话人和说话人在接触这个成语时,心里有两个输入空间,一个是"落叶归根",一个是"故人返乡",在融合空间的动态交互过程中,落叶和人、树根和故乡分别形成了对应的关系,它们通过类属空间的制约,被映射到融合空间进行整合,从而将两者联结起来,参见第10章图10.1。概念整合的过程便是隐喻意义形成的过程。

## 4. 成语形成的体认过程

我们认为,语言是在对客观世界进行"体"(互动体验)和"认"(认知加工)的基础上形成的,这就是体认语言学的核心原则,前者是基础,后者是提升,既符合"物质决定精神"的唯物观,也突显了人的"主观能动性",它们便是语言的成因,这就是我们上文所述的核心原则:现实—认知—语言。可用以解释语言中为何既有客观性又有主观性。

笔者认为,语言的体认观也可用来解释成语的成因:现实世界是人们形成思维、推理、认知和语言的最根本动因,人们基于某特殊事件或以多个事件为基础,进行隐转喻加工和概念整合,从而形成了某些固定的语言表达形式。

我们还以"落叶归根"来简析其形成的体认过程。人们在与现实世界的互动中看到了树叶下落时的基本情形,还知道了游子客居他乡多年,最终回到故土的事件。因为这两者具有一定的相似性,人们就自然会将它们联系在一起,形成很多对应的关系:

表 14-1

|   | 落叶归根 | 游子回乡 |
|---|---|---|
| 1 | 叶 | 人 |
| 2 | 风中飘零 | 客居 |
| 3 | 树根 | 故土 |
| 4 | 树根滋养树叶 | 故乡哺育游子 |
| 5 | 归根 | 回乡 |

通过人们的口耳相传,就作为一个固定的表达形成被代代相传。

## 第三节　成语翻译的三层次观

### 1. 概述

我们根据体认语言学的核心原则,将成语的成因过程归结为"现实的观察、认知的加工、语言的固化"这三个环节,这也为成语翻译提供了启发。

当译者读到某一成语表达之后,他将透过其字面意义和上下文情景获取

与之相对应的认知意义(原型意义),便可还原出其所描写的现实情境,这一
理解过程依旧涉及"现实、认知、语言"三要素。译者在翻译时可选择其中任
一(或两)要素作为翻译的主要依据,要么在语言层面翻译其字面表达,要么
在认知层面翻译其原型意义,要么翻译其指代的经验事实;译者还可将认知
层面分别与语言层面和现实层面相结合。这就是本书所说的"成语翻译的层
次观",现图示如下:

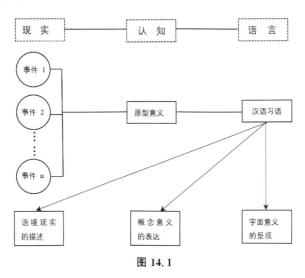

**图 14.1**

现以《红楼梦》中的具体成语译例说明如下:

[1] ……偏偏凤姐想出一条<u>偷梁换柱</u>之计,自己也不好过潇湘馆来,
竟未能少尽姊妹之情,真真可怜可叹。(《红楼梦》第九十七回)

[2] 杨译:I didn't like to visit her all because of Xifeng's <u>underhand</u>
<u>plan to fob off a different bride on Baoyu</u> — so I've let my
cousin down.

[3] 霍译:And to think that because of Xi-feng's <u>deceitful scheme</u>, I
have not been able to show myself at the Naiad's House and
have done nothing to show my sisterly affection!

[4] 邦译:Unfortunately Feng-Chieh has thought out a plan for
"<u>stealing the beam and changing the pillar</u>", she herself could
not well come across to the Hsiao-hsiang Hall. And so she has
not been able to show a little of kindness which there should be
between sisters.

源文节选自《红楼梦》第九十七回,说的是贾母和王夫人为宝玉娶亲,宝玉听说新娘是黛玉而欣然应允,王熙凤采取瞒天过海的计谋,在迎娶时将黛玉换成了宝钗。高鹗将这一事件用"偷梁换柱"来描述,以刻薄的语言描述了熙凤的手腕。

这一成语也经历了"现实、认知、语言"这三个环节的加工,其意义包括:

(1) 现实层面的经验事实;

(2) 认知层面的原型意义;

(3) 语言层面的字面表达。

上述三位译者在翻译时择用了不同的三个环节作为基点。杨宪益夫妇(Yang Xianyi & Yang, Gladys 1978)主要基于"现实层面",直接再现成语的使用语境,表述该成语在语境中所指代的具体事件,即王熙凤用计谋偷换宝玉的新娘。

霍克斯(Hawks 1973)则基于"认知层面",将其原型性内涵意义和盘托出,译为 deceitful scheme,丢弃了源文表达中的"梁"和"柱"。邦索尔(Bonsall 2004)则基于"语言层面",按照成语的字面表达进行了"如实"的转换,保留了beam 和 pillar 的物象,也译出了"偷"和"换"的意象。

下文将分别论述成语翻译的三层次观及其具体操作过程。

## 2. 语言层面

翻译最先接触到的是语言表达,因此译者常依据字面意义进行直译,此时翻译活动主要涉及的是语言表达之间的转换,将汉语成语的字面意义用英语对应的词语表达出来。如上文述及的邦索尔将"偷梁换柱"英译为:

[5] stealing the beam and changing the pillar

则是基于这一层面的思考。

在这一翻译过程中,译者仅只根据成语的字面意义来寻找对应词语,将其呈现于英语读者面前,而没有直接译出其原型性认知意义。英语中尽管没有这一成语,或许也没有类似的表达,但读了这一翻译,我想他们还是能基本理解其意义的:以假代真,以劣代优。

从操作方式来看,在语言层面进行翻译确实可有效地保留源文的意象,可使译文与源文在语言表达上取得最大程度的一致,较好地传达了源文词汇的表达风格,可让老外感受到东方情调,理解他国文化的要旨,这或许也正是鲁迅为何倡导"直译法"的缘由。

### 3. 认知层面

　　"认知"与"心智、心理"同义,凡事皆须经由人的大脑才可能被认识。传统的语义指称论将词语与事物直接联系起来,而忽略了人的因素,这显然是不妥的。我们认为,词语之所以能与事物取得对应联系,皆因"人之认知"所使然,正如体认语言学的核心原则所示,"人之认知"是"现实世界"与"语言表达"的必由之路。

　　在成语的形成过程中必定包含"认知加工",翻译时也可依据这一层面进行翻译,可以它为翻译的基本出发点。很多译者认为,有些带有显著民族特征的意象和表达不一定都采用"异化法"来处理,可抛弃其中所涉及的物象,而直接将其原型意义翻译出来。如汉语成语"偷梁换柱"的意思为:

　　　　玩弄手法、暗中改换内容,以达到蒙混欺骗的目的。

　　霍克斯并未从字面上进行直译,而是通过成语的语言表达获取其原型意义,将其意译为:

　　　　［6］deceitful scheme

直接译出了该成语所要表达的内涵意义。

　　译者通过该成语的字面意义,及其在上下文中的应用,掌握了它的内涵意义,虽然这一译法失去了该汉语成语中的物象,抛弃了隐喻表达的手段,但可以使得源文所欲表达的意义一目了然地呈现在英语读者的面前,意思清晰、表达简练,有"一步到位,直至要害"之效。

　　当然了,在这一翻译过程中译者需要调用隐喻思维,通过"始源域"与"目标域"之间的隐喻关系获得其内涵意义,只有付出较多的认知努力才能保证译文和源文在语义上最大程度的相近,尽可能完整传达源文内容。

### 4. 现实层面

　　正如上文所述,汉语成语究其根源来说来源于客观现实和生活经验,它最终又被运用于描述我们的生活世界场景。每一个成语都有其使用时的语境现实,其理解也包含了语境现实与成语意义之间的相互作用。当译者从成语字面获得意义之后,便会根据自己的知识体系来理解其所表达的原型意义,当它被应用于特定的上下文语境时就会指向这一语境中的具体事件,此时再基于理解所得结果进行语境化翻译,用译语文字来表达现实层面。如在杨宪益夫妇翻译汉语"偷梁换柱"时主要采用了这一策略,将其译为:

[7] Xifeng's underhand plan to fob off a different bride on Baoyu

既用 underhand 译出了"阴谋"之义,用 fob off 表达以某物取代另一事物",还将成语的认知意义与宝玉成亲的实际语境联系了起来,译出了王熙凤通过玩弄手段掉包新娘,使得译文直指具体的现实层面。

显而易见,这一翻译过程涉及更多的认知加工,对译者来说应该是最费力的一种翻译方法,既要通过成语的字面意义理解认知意义,也要兼顾对现实场景的解读。由于特定语言场景包含更多的语用特征,当原型意义被投入特定语境之后也会附带上这些语用特征,因此我们认为基于现实层面的翻译能最精确地传达源文的语用意义。

## 5. 小结

本节基于成语的形成过程,依据语言表达背后的"体"和"认"两隐含要素,剖析了成语形成过程中的体验认知、隐转喻和概念整合三种最重要的体认机制。人们根据对客观外界的互动体验,对某一特殊事件,或多个经验事实的体认加工,提炼出某原型意义,且将其词汇化为成语。这完全可用体认语言学的核心原则"现实—认知—语言"作出合理的解读。

既然一个成语同时体现了这三要素,语境意义、认知意义、字面意义。这就为译者提供了三种基本翻译方法,即成语翻译的三层次观:既可仅在语言的字面层次上直接进行转换,也可翻译出其原型性的认知意义,还可基于现实场景作出解读性翻译。

翻译成语的字面意义是基于语言层面的活动,完成了作为译者的最基本任务,它有助于完整传达源文的语言表达特征,是实现异化的主要途径,了解异国风情,传递他国文化,丰富本国语言。

翻译成语的原型意义是基于认知层面的活动,要求译者在语言阅读的基础上深入到成语的内涵意义,丢弃了成语利用物象进行隐喻认知加工的原策略。这一翻译方法有助于准确传达源文的语义特征,更能直接传递原作所欲表达的核心意义。

翻译成语的语境意义是基于现实层面的活动,需要译者将通过成语字面所理解的认知意义融入到源文的现实语境之中,既要译出其认知意义,也要做出应景性解读,兼顾到语用角度的考虑,需要付出较多的认知加工努力。

我们认为,基于语言层面的字面翻译属于直译法,而基于认知层面和现实层面的翻译则属于意译法,它主要包括两种基本方法:翻译认知意义和聚焦场景解读。

## 第四节　《红楼梦》中的成语英译

### 1. 概述

《红楼梦》凭借丰富的文化内涵,鲜明的语言特色,极高的艺术和美学价值,被誉为中国叙事文学的代表作,一部反映清代中国社会文化的百科全书。

该书包含了大量的具有民族色彩的成语,这使得文本的语言表达丰富,寓意深远,极富感染力。由于《红楼梦》本身的叙事性,这些成语具有鲜明的语境性。本节拟以书中成语翻译为语料,分析和比较《红楼梦》三个英译本中成语翻译的层次观,并探索它们在具体使用中的表达效果。

迄今为止,据不完全统计,《红楼梦》已被翻译成了 28 种语言,有近一百个译本,其中英译本 11 个。1830 年英国皇家学会会员戴维斯(J. F. Davis)将书中第三回的两首《西江月》译为英文,标志着该书英译的开端。在随后的100 年间,陆续又出现了 8 个节译本,由于当时西方人对中国社会缺乏了解,这些译本或多或少地带有偏见,没能准确反映源文的真实面貌。直到 1978年,由英国汉学家大卫·霍克斯(D. Hawks)率先出版了全译本,同时杨宪益和戴乃迭夫妇合译的版本也被大众所熟知,这两个译本首次向西方世界呈现出全景的《红楼梦》。另外,1991 年外文出版社出版了黄新渠翻译的英文简译本,也使读者可较为容易地理解这部名著。2004 年,中国香港大学图书馆将邦索尔(B. S. Bansall)神父翻译的《红楼梦》全译本制成 PDF 并提供下载,使得神父呕心沥血之作重见天日。该译本完成于 20 世纪 50 年代末,应当是目前所知首个英文全译本,被誉为《红楼梦》英译史上的里程碑。霍译本、杨译本和邦译本都完整地对红楼梦进行了翻译,得到了学界的一致认可。因此本书选取了这三个译本作为研究对象,对比分析三位译者在成语翻译过程中的层次观。

据统计,本书共有 1873 个成语,排除重复使用,共有成语 1162 个。由于数量庞大,我们采取抽样分析的方法,以《中国成语大辞典》(2005)收录的成语为标准,每三页中随机抽取一个成语,共得成语300条。再分别从三个英译版中找到对应的英文翻译(参见附录2)。笔者发现,这些译文在每一个翻译层次上的具体分布都有诸多变化,各有优劣,从而使得翻译作品丰富多彩,为我们的研究提供了语料基础。

## 2. 语言层面

正如上文所言,成语翻译主要体现在三个层面:现实、认知、语言,它们正好与体认语言学的核心原则相吻合。现在先来调查和分析《红楼梦》中基于语言层面的成语翻译。

> [8] 俗语说的,"物伤其类""唇亡齿寒",我自然有些惊心。(第七十三回)

> [9] 杨译:As the proverb says, "Everyone feels for his fellow creatures." And "when the lips are gone the teeth will feel the cold." How can I help being alarmed?

> [10] 霍译:You know the saying: "Like grieves for like." "When the lips are gone, the teeth will be cold." When I saw what was happening to Miss Ying, I couldn't help feeling nervous.

> [11] 邦译:The proverb says: "Creatures grieve for those of their own kind." "When the lips are gone, the teeth are cold." Isn't it natural that I should feel somewhat alarmed?

"唇亡齿寒"的字面意义是我们先民基于人身经验感受的结果,正因为全人类有相同的身体结构,它们的功能也相同,因此"唇亡齿寒"的道理自然也就相通,译出该成语的字面意义,英语读者自然就能理解它所表示的"两事物之间存在紧密关系,失去一者就会伤及另一者"的认知意义,这对于跨文化交际并非难事。

这一译法较好地传递了源文的信息,而且是基于语言层面上的翻译,较好地忠实于源文,达到了翻译的一个重要目的:向译入语输出异族的思维方式和语言形式,进而可丰富译入语的表达。通过对译文的深入分析,我们发现语言层面的成语翻译主要存在以下三种方式:

(1) 如上文"唇亡齿寒"的翻译,在译文中可找到所有词汇的物象和意义,在译语中可一一对应。

（2）在第二种模式中,源文成语中只有部分字词的意义可在译文中用对应的词语翻译出来。

例如:

[12] 黛玉纳罕道:"这些人个个皆敛声屏气,恭肃严整如此,这来者系谁,这样放诞无礼?（第三回）

[13] 杨译:Daiyu thought with surprise, "The people here are so respectful and solemn, they all seem to be holding their breath. Who can this be, so boisterous and pert?"

[14] 霍译:"Everyone else around here seems to go about with bated breath," thought Dai-yu. "Who can this new arrival be who is brash and unmannerly?"

[15] 邦译:Tai-yv thought to herself, "these people all of them stop talking and hold their breath like this. Who is this coming in such a loud unceremonious fashion?"

汉语成语包括"敛声"和"屏气"两个部分,在三位译者中只有邦索尔将它们同时译了出来,完整地传达了源文的字面信息,而杨宪益夫妇和霍克斯都只译出了"屏气",省略了"敛声",只翻译了成语字面上的一半信息,削弱了原成语的表现力,弱化了成语字面意义对语境应有的影响。

第三种方法为:当部分成语字面表达较难理解时,译者可将语言层面与认知层面结合起来进行翻译,这两个层面兼而有之,如:

[16] 司人间之风情月债,掌尘世之女怨男痴。（第五回）

[17] 杨译:I preside over romances and unrequited love on earth, the grief of women and the passion of men in the mundane world.

[18] 霍译:My business is with the romantic passions, love-debts, girlish heartbreaks and male philanderings of your dust-stained, human world.

[19] 邦译:I am in charge of the debts of romance among mankind. I control the grievances of women and the follies of men in the world of dust.

"风情月债"在字面上包含多个意象,其中的"风"和"月"不是指自然现象,若按照字面意义直译为英文,势必要用到 wind 和 moon,而在英语中这两个单词并不与男女恋爱之事有多大的联系,如此翻译也就无法很好地表现出汉语成语的原型性认知意义,说不定还会出现"不知所云"的状况。因此三位译者都没有用这两个英语单词,都用 romance 来指代源文中"风月"一词,这显然属于翻译中认知层面的运作。

同时,他们也都保留或基本保留了原成语中的"情、债"的字面意义,传承了这一部分的字面意义。在霍译用 love、romance 和 dedt,邦译中用后两个词,都意在译出汉语成语字面中这两个字的意义,而在杨译中用 unrequited,其意义为"不能偿还的",也含有"债"的义素。在一个成语的翻译中,对部分字词采取直译的方法,译出其字面信息;对另一部分字词采用意译的方法,译出其原型性认知意义,较好地将语言层面和认知层面结合起来进行翻译。

一个成语除了字面意义之外,更重要的还有隐含性认知意义,基于语言层面的翻译虽能最大限度地保留源文词语所直接传递的信息,但由于不同民族对客观外界的体认方式存在一定的,甚至较大的差异,译文读者可能无法从字面中获取完整的认知意义,因此将两者有机地结合起来,不失为一种可取之译法。

可见,语言层面的翻译主要有三种方法:

(1)完全按照字面直译;
(2)部分按照字面翻译;
(3)字词兼认知的译法。

这三种方法在三个版本中的分布情况如下①:

表 14-2

| 版本<br>语言层面<br>翻译方法 | A Dream of Red Mansions (by Xianyi Yang & Gladys Yang) | | The Story of the Stone (by David Hawks & John Minford) | | Red Chamber Dream (by B. S. Bonsall) | |
|---|---|---|---|---|---|---|
| 第一种 | 79 | 78.2% | 69 | 76.7% | 176 | 91.2% |
| 第二种 | 14 | 13.9% | 14 | 15.5% | 11 | 5.7% |
| 第三种 | 8 | 7.9% | 7 | 7.8% | 6 | 3.1% |
| 总计 | 101 | 100% | 90 | 100% | 193 | 100% |

从图可见,在基于语言层面的成语翻译过程中,第一种方法(即完全保留原成语的字面意义)仍然是最主要的方法,兼顾两个层面的翻译方法最少,因

---

① 感谢段艾俐提供的数据。

其付出的认知努力较多,语言表达也稍显累赘。在杨宪益夫妇和霍克斯的译本中三种译法比例相当,在邦索尔的译文中字面全译的比例最高,达 90％以上。在基于语言层面的翻译过程中,杨译和霍译虽主要采用的是"直译法",但也兼顾到其他译法,而在邦译中"直译法"更显著,这说明他对原成语字面所表达意义的"忠实度"最高。

### 3.　认知层面

大多学者认为,翻译应是一项以传递思想内容为主的活动,对于成语翻译来说,不仅要译出字面意义,更主要的是要译出其所表达的原型性认知意义。字面表达是传递认知意义的载体,后者才是成语理解的核心部分,因此很多学者认为成语翻译就当落脚于此。

从语料分析可见,基于认知层面的翻译主要存在两种方法:

(1) 直接译出原成语的原型性认知意义;
(2) 借用新物象或意象来反映认知意义。

第一种方法可谓言简意赅,一语中的,抛弃原成语中的物象或意象直接将其认知意义传达给译文读者,译者完成了从语言层面到认知意义之间的隐喻性映射过程,不再需要读者进行"透过表达看意义"的跨域认知操作,这既可避免读者因缺乏体认背景不知源文中物象的隐喻意义而导致的误解,也大大简化了读者的解读过程,降低了理解难度,使译文读起来更加顺畅,缩短了译文与读者的认知距离。

第二种方法则是借用译入语中已有的物象及其所表达的隐喻意义,或套用译入语中已有的成语,将源文成语的认知意义与译入语的习语事件相整合,形成译文。或曰,在保持源文基本意义不变的前提下,用新的物象来包装原成语的认知意义,如我们常说的:

[20] 说曹操,曹操到。
[21] 力大如牛

常用英语的习语来对译:

[22] Talk of the devil, and he will appear.
[23] as strong as a horse

在上面两个汉语成语的英译过程中,源文的"曹操"被更换为 the devil,"牛"

被译成"马",汉语中的物象和意象在英译时被"掉了包"。又如《红楼梦》中的"得陇望蜀"的译文：

> [24] 宝钗笑道："我说你'得陇望蜀'呢。我劝你今儿头一日进来，先出园东角门，从老太太起，各处各人你都瞧瞧，问候一声儿，也不必特意告诉他们说搬进园来。"(第四十八回)

> [25] 杨译："The more you get，the more you want！" chuckled Baochai. "As this is your first day here…"

> [26] 霍译：Bao-chai laughed，"You're like the famous general："one conquest breeds appetite for another." I advise you to take things more gently. Today is your first day in the Garden…"

> [27] 邦译：Bao-Ch'ai smiled and said："I said that when you have got Lung you look towards Shu. I advise you to wait a while. Today is the first day you have come in…"

比较三位译者对"得陇望蜀"的译文，邦译基于语言层面，严格按照源文的字面意义来翻译，但问题是：倘若译文读者不了解"陇"和"蜀"是中国地名，不知道这两个地方的相对位置，也不知道其所指代的历史故事(三国时期军事要地的争夺)，就不能很好地理解其字面意义，更不用说获取认知意义，这样的翻译难免会留下较大的遗憾。

杨宪益夫妇基于认知层面，丢弃了原成语的物象和意象，直接将其认知意义(贪得无厌)用译入语的现有习语转述出来，在意义上可以说是一目了然，同时也为译作增添了文采。

霍克斯的翻译理念虽也属于认知层面的操作，但与杨译不很相同，他的译文也用了一个习语，但其中采用了不同的物象或意象(general，conquest，breed，appetite)，以其来重新包装原成语的认知意义。

因此，杨译和霍译都舍弃了原成语中的"陇"和"蜀"之物象(地理名)，也就同时丢失了该成语所蕴含的历史故事，而是基于原成语的字面表达获取其认知意义，此后再用译入语中近义的习语(可基于不同的物象或意象)加以呈现。"得陇望蜀"的认知意义通过隐喻性映射，译文中的习语 The more you get，the more you want. 和 One conquest breeds appetite for another. 与原成语的认知意义相近，故而有此译文。

如此更换物象或意象的译法，既满足了译文读者的需要，因为他们对这类表达较为熟悉，可保证读者能透过译入语的物象或意象获取与原成语相似或相近的认知意义,且还增添了译作的文采,较好地传达了原成语的表达思路。

经统计,这两种方法在三个译本中的分布情况大致如下:

表 14-3

| 版本<br><br>认知层面 | A Dream of Red Mansions (by Xianyi Yang & Gladys Yang) | | The Story of the Stone (by David Hawks & John Minford) | | Red Chamber Dream (by B. S. Bonsall) | |
|---|---|---|---|---|---|---|
| 第一种译法 | 160 | 92.5% | 148 | 88.1% | 97 | 98.0% |
| 第二种译法 | 13 | 7.5% | 20 | 11.9% | 2 | 2.0% |
| 总计 | 173 | 100% | 168 | 100% | 99 | 100% |

从上表中分布可见,在基于认知层面的成语翻译过程中,两种翻译方法的分布大不相同。三位译者大多丢弃了汉语成语的物象或意象,主张将其认知意义直接翻译出来,既可用也可不用英语习语。

我们还可见,在三个译文中霍译更擅长采用第二种认知译法,即借用译入语的物象或意象来重新包装原成语的认知意义,比例达 11.9%,比杨译和邦译的比例高出了一半到六倍。特别是邦译,几乎不向译文注入不属于源文的物象或意象信息,因此他采用第一种译法的比例自然比其他两人都高。

无论第一种方法还是第二种方法,在认知层面的翻译过程中都需要译者进行复杂的认知操作,付出较大的认知努力。但对读者来说,优点是方便获取原成语的原型性认知意义,阅读起来会较为顺畅;但缺点是失去了原成语表达的生动性、隐喻义,丢失的不仅是原成语中的物象和意象,而是原成语所蕴含的历史故事和文化内涵。第二种译法虽能提供新的隐转喻映射,唤起读者在心智中相似或相邻的认知加工,但毕竟物非事迁,难免有"篡改"之嫌。

## 4. 现实层面

基于现实层次的成语翻译过程,也贯穿着对认知意义的理解,在获取该意义之后便将其与当下语境中所描述的事件联系起来。我们知道,认知意义具有高度的概括性和抽象性,它能适用于很多实际场景,也会缺失某些信息,从而使得成语信息有了一定的模糊性。

为能弥补这一缺陷,使其认知意义更为具体和直观,译者常会增添某些信息,以能保证译文读者较好地理解作者原意。所增添的信息常与作品当下所描写的现实语境相关。如上文所举的成语"偷梁换柱",其认知意义为"玩弄手段、弄虚作假",但英语读者不一定能很好地理解汉语中"梁 vs 柱"这两个物象之间的关系。为能清晰地表明这两个物象之间的更换与认知意义之间的有机联系,用 underhand 和 fob off 来表示"偷"和"换"的意义,又将其与当下的现实场景紧密接起来,直接点明了"换新娘"这一阴谋事件,这样便能更为准确地传递源文的要旨,较好地保留了源文的语用效果。又例:

[28] 果然蒋玉菡扮着秦小官伏侍花魁醉后神情,把这一种<u>怜香惜玉</u>的意思,做得极情尽致.

[29] 杨译:Then, sure enough, Jiang Yuhan came on in the role of the oil-vendor Qin, and gave an excellent performance of <u>how the young man cared for the courtesan</u> when she was drunk.

[30] 霍译:It was soon time for "The Queen of the Flowers", with Jiang Yu-han playing Master Qin, the humble oil-vendor. The scene in which he sits up with the drunken flower-girl Jasper Lute had just the right degree of <u>erotic tenderness</u>.

[31] 邦译:Chiang Yv-han did in fact personate the manner of the concubine Ch'in in attendance on Hua-Ku'ei after he was drunk and did that <u>pitiable fragrant jade idea</u> with unapproachable feeling.

"怜香惜玉"的字面意义是爱惜和怜悯"香"和"玉",这两个字在汉文化中常用以指"漂亮女子",比喻男子对所爱女子的爱惜之情,含"照顾体贴"之义。由于中英在认知上的差异,邦索尔认为,语言层面的字词对译几乎无法将原成语的认知意义呈现给英语读者,因为在英语世界中缺少"香、玉"与"漂亮女子"之间的隐喻映射,若采用字面翻译的直译法,英语读者似乎难明其义。因此杨宪益夫妇和霍克斯均采取在现实层面上翻译,直接将成语的认知意义与当下场景相结合,直接将"女子"说成 courtesan,将上下文中的男女情爱关系定义为 erotic 的关系,从而使得原成语所具有的褒义,在当下语境中被译成了贬义,虽符合了源文此处的真实意图,但与原成语的确切含义还是有了一定的距离。

基于语言层面和认知层面的成语翻译,主要译出了成语本身的字面意义和认知意义,而基于认知层面和现实层面的成语翻译,译者将成语的认知意义与当下的场景紧密结合起来,直接译出它在现实语篇中的具体运用。这种译法方便了读者,减轻了他们的阅读负担,但这对译者提出了更高的要求,不仅要译出成语的认知意义,还要译出它的语用意义,使得译文与语境相融合,但留给读者自我体会和思考的余地也就少了,使得成语失去了含蓄性,这是该译法留下的缺憾。

## 5. 小结

本章基于体认语言学核心原则"现实—认知—语言"的三要素,对所选300条《红楼梦》成语英译进行了分析和统计,发现杨译本、霍译本、邦译本在所基翻译层面上的不同分布,其统计结果如下:

表 14-4

| 版本<br>翻译层次 | A Dream of Red Mansions<br>(by Xianyi Yang & Gladys Yang) | | The Story of the Stone<br>(by David Hawks & John Minford) | | Red Chamber Dream<br>(by B. S. Bonsall) | |
|---|---|---|---|---|---|---|
| 语言层次 | 101 | 33.7% | 90 | 30.0% | 193 | 64.3% |
| 认知层次 | 173 | 57.7% | 168 | 56.0% | 99 | 33.0% |
| 现实层次 | 26 | 8.6% | 42 | 14.0% | 8 | 2.7% |
| 总计 | 300 | 100% | 300 | 100% | 300 | 100% |

杨译和霍译在成语翻译过程中主要基于认知层面,其比例都超过了一半,语言层面次之,现实层面再次之,蕴含等级(Implicational Hierachy)为:

[32] 认知层面 > 语言层面 > 现实层面

而在霍译中,语言层面居多,其蕴含等级为:

[33] 语言层面 > 认知层面 > 现实层面

可见,三位译者基于现实层面的译法所占比例最少,即不一定译出汉语成语在当下语篇场景中的语用意义,因为所新增添的内容显然在字面上与源文产生了差距,如杨译本将"怜香惜玉"英译为 how the young man cared for the courtesan,把犹如"香玉"般的女人直接说成"高级妓女",尽管在现实语篇场景中花魁是高级妓女,但在源文中说得较为含混,并未点明,这与"怜香惜玉"这个成语没有丝毫关系。在杨译中如此处理总令人觉得有点不快,是否有"篡改"之嫌。

在涉及现实层面的成语翻译中,霍译使用得最多,达42条之多,这说明他在处理汉语成语的过程中兼顾了语义和语用,这需要付出较多的认知努力。而在邦译中这种译法最少,仅有 8 例,这说明他最不关心成语的语用意义。

三个译本的差异主要在前两者上,杨译和霍译以翻译成语的认知意义为主,而邦译的功夫主要下在语言层面上,这也能看出他们在处理《红楼梦》中成语英译时的态度:是采用"直译法"还是"意译法",邦译明显主张前者,且比例较高,达 64.3%,比杨译和霍译的直译比例高出一倍。

我们还可发现,三个译本在基于认知层面上的成语翻译所占比例都不小,而且杨译和霍译在三种译法中所占比例最高,都超过了一半,在邦译中也达到 33%,这说明成语翻译在很大程度上主要应传达其原型性认知意义,这样既不会因字面表达的差异带给读者以困惑,也不会因兼顾现实层面的译法增加过多的额外信息以使译文有"走样"之嫌。采用认知层面的译法可使译者不必付出太多的认知努力,也降低了读者的阅读难度。翻译毕竟是思想和文化上的交流,形式仅是它们的载体,倘若语言形式与思想内容两者不能兼顾(不能兼顾的情况较多),意译法还是一个很好的选择。

这就涉及译界争论多年的"直译法 vs 意译法"。任何事物都有形式和内容这两个方面,两者相比时究竟哪个更重要,这真是一个公婆之争的问题。有学者主张当以形式为重,当基于"作者中心论"和"文本中心论"立场用直译法,认为翻译应以传播异国情调为主,可用他国语言的表达方法来丰富本国语言。还有学者认为内容比形式更重要,当基于"读者中心论"立场采用意译法,以清晰译出意义为主,在翻译过程中当两者发生矛盾时常是形式让位于内容。这或许是各有道理,因而两种译法并存于翻译界达数千年。当下大多学者认为,成语翻译在两者不可兼顾时,意译法更为妥当,这从上文所分析的《红楼梦》中成语翻译可见一斑。因为翻译活动要旨不在语言层面,而在于思想内容,传播文化,理解和翻译源文所要传达的意义永远是第一位。

# 第五节　结　语

我们以体认语言学核心原则为基本框架,对汉语成语的英译所基于的现实、认知、语言三个不同层次上的分布情况进行了初步探究,获得如下启示:

(1) 由于人类生活在相同(或相似)的现实世界之中,又具有相同的身体结构且它们的功能相同,这就注定了全人类必然会享有部分相同的体认成果,这就是我们所说的"语言的体认性",它也是实现跨语言之间沟通和翻译的必要前提。各民族在建构成语的过程中也是以"体、认"为基础的,基于此可将成语形成的过程描述为:人们通过与客观外界的互动体验,基于某一或某些事件,通过隐转喻和概念整合的认知方式形成原型性意象图式,再运用词汇化方法将其固定于语言之中,使它们逐步沉淀于自己的语言系统之中。

(2)据上可知,成语的体认过程包含三个环节:现实体验,认知加工,语言表达,它们也就在这三个层面上体现意义和功能:

  a)语言层次:成语的字面意义;
  b)认知层次:成语的内涵意义;
  c)现实层次:成语的语境意义。

这三个层次的意义可分别作为成语英译的基本出发点,由此构成本章的理论框架——汉语成语英译的三层次观——译者可在"语言、认知、现实"三层次上任选一者(或两者结合,极少见同时兼顾三者)来翻译。

基于语言层面的成语翻译主要限于字面意义的转换,它是两种语言字词表达之间的直接转化,这显然有助于完整地传达源文的语言表达特征,实现不同语言之间的交流互通,也能丰富译入语的表达方法。但由于不同语言在成语中常借用不同的物象或意象作为"始源域"来喻说"目的域"的认知意义,这就使得很多成语在基于源文进行直译时,往往会因物象的喻义不同而难以很好地传递其主旨意义,可给读者造成一定的障碍,影响他们的深刻理解,这就犹如"异化译法"之弊端。

基于认知层面的成语翻译主要基于原型性内涵意义,需要译者透过词语表达获取其认知意义,再用译语将该意义呈现出来。这种译法在一定程度上简化了理解过程,直奔主题,有助于准确传达源文的语义特征,也降低了读者的理解难度,但也使得译文读者不能很好地享受到异国语言表达的方式,这犹如"同化译法"之弊端。

基于现实层面的成语翻译,指译者常结合成语在实际使用时的语境意义,将所获得的认知意义融入到现实语境之中,既传递了原成语的语义,也兼顾到其语用效果,但对源文有一定的变动,似有"篡改"之嫌。

(3)细化了语言和认知两层面上的翻译方法。前者主要包括"完全翻译、部分翻译、双层面融合翻译"三种方法。后者主要包含两种方法:认知意义翻译和物象/意象替换。我们还基于《红楼梦》300条成语英译语料,统计了三个译本所采用的不同层次译法,且简述了它们的认知动因和语用效果,参见表14-4。通过《红楼梦》成语英译语料的调查还可见,在第一种认知译法中完全翻译的占多数,在第二种认知译法中认知意义(未重新用物象或意象包装)翻译占多数。

(4) 汉语成语在英译过程中,重点在于译出其原型性认知意义,其他两层面(即语言层面和现实层面)的翻译会根据译者的个人经历或翻译目的等因素而有所不同。语料还表明,译者时而可采用语言层面兼认知层面,或认知层面兼现实层面,几乎没有三层面同时兼顾进行成语翻译的现象。

# 第十五章　翻译隐喻观的体认分析(上)①

　　CL 和体认语言学认为:隐喻是人类认识世界的必由之路,它无处、无时不在,伴随着我们的一生一世,弥漫渗透到生活的各个领域。也就是说,我们的思维、行为和语言尽皆受控于隐喻机制,它是理解新概念,表达新思想,创造新意义、构建新学科的根本之计。海内外众多学者为能生动形象地阐述翻译或翻译学的性质、特征、法则、用途和方法,创用了近五百条隐喻表达式来描写它(堪称学科之最),以能揭示它的内涵,框定它的外延,帮助我们深刻认识该学科。本章尝试运用概念隐喻认知理论透视了这些有关翻译的隐喻表达式,发现它们基本都是围绕根隐喻"TRANSLATION IS COMMUNICATION"及其十一条派生性支隐喻而建构起来的,本章主要论述:UNDERSTANDING, MEIDA, MARRIAGE, MIMING, GAME 和 CHANGING。

## 第一节　概　述

　　"译事难",称其为"难似上青天"也不为过,难怪引来无数学者为其尽折腰,各种观点纷至沓来,各路流派登场亮相,展现着不同的理论思路,闪烁着各自的光芒,影响着不同的人群,在人类学术史上倒也留下一道亮丽的风景

---

① 本章和下一章为笔者与王天翼合作完成。

线。翻译既然有令人点赞之亮点,也就不乏引人微词之缺陷,乃至学界还有人大动干戈,讨伐之言不绝于耳,这也足以说明这门学科自有迷人之处,更有深奥之理。

或许,对于不知情的局外人而言,所谓"翻译"(翻①:翻转、复加;译:陈说、变化),不就是"翻翻"(to uncover what is covered behind the cover)和"译译"(transfer from one language into another)而已,哪来的那么多这个道道,那个法法。真是不涉足其间,不知其辛酸苦辣,"隔行如隔山"讲的就是这个道理,关于这一点国内外译界皆有所述。

德国语言学家、哲学家洪堡特(W. von Humboldt 1767—1835)在谈及翻译时说到:

> 所有翻译都只不过是试图完成一项无法完成的任务。任何译者都注定会被两块绊脚石中的任何一块绊倒:他不是贴近原作贴得太紧而牺牲本民族的风格和语言,就是贴近本族特点太紧而牺牲原作。介乎两者之间的中间路线不是难于找到而是根本不可能找到。

在他看来,兼顾"直译"和"意译"两种方法在理论上是不存在的。此话虽有点悲观,但也揭示了"译事难、译法杂"的道理。他也可算作学界率先提出"不可译论"的学者,从中也足以窥见该道理产生之原委。

理查兹(Richards 1953)也曾指出:翻译可能是宇宙进化过程中发生的最复杂的一个事件。我国清末民初的翻译家严复(1898)也有一句名言:

> 译事三难:信达雅。求其信,已大难矣! 顾信矣不达,虽译犹不译也,则达尚焉。

以至于常常陷入

> 一名之立,旬月踟蹰。

之窘境,这一名言却也道出了译事难的内情,因一两个难以翻译的拦路虎而大伤脑筋,对于每位译者或许是常有之事。

---

① 根据谢天振(2009:6),"翻"由"反切"之"反"引申得名。东晋时始用"翻"来指代翻译,译者通过仔细拼读字母才能得其音节词句,并用汉字来为佛经翻译中所用梵文、西域文字字母注音,按中国本土文化理解为"反语成字",用汉语表示拼音的"反"来表示字母的拼读,再由此引申指代以字母拼读为特征的佛经翻译,写作"翻",区别于中国传统的用两个汉字合起来为一个汉字注音的"反切"之"反"。在《说文解字》中把"翻"解释为"飞也",本义是"鸟飞";"译"解释为"传译四夷之言者"。

更有甚者,就翻译的理论和实践而言,各路人马不仅各执一词,说东道西,花样众多,称之为"百花齐放"倒也名副其实。更有甚者,很多学者还提出了两种完全对立的观点,这真叫人有点无所适从,颇感茫然,难以取舍。现简略收集几点,列表对比如下:

表 15-1

| | 一　　　说 | 反　　　说 |
|---|---|---|
| 1 | 翻译是科学(语言学派) | 翻译不是科学,是艺术(文艺派) |
| 2 | 翻译有基本属性 | 翻译没有基本属性 |
| 3 | 翻译有理论 | 翻译没理论 |
| 4 | 诗可译 | 诗不可译 |
| 5 | 翻译以意义为中心 | 意义边缘化,专注形式;抓住形式,放弃意义 |
| 6 | 翻译须表达源文的思想 | 翻译须表达源文的词语 |
| 7 | 译文读起来应当像源文 | 译文读起来应当像译文 |
| | 一　　　说 | 反　　　说 |
| 8 | 译文应当反映源文的风格 | 译文应当具有译文的风格 |
| 9 | 译文千万不可对源文增减字词 | 译文可对源文增减字词 |
| 10 | 译者要隐身 | 译者要现身 |

这正应了纽马克(Newmark 1998:xii)的一句话:

> ... the body of knowledge and of assumptions that exists about translation is tentative, often controversial and fluctuating. (关于翻译的现存知识和假设都是尝试性的,常是颇有争议、摇摆不定的。)

最能反映"译事难、译法杂"的恐怕要数对翻译所做出的林林总总的隐喻表达,据笔者所知,从来没有哪个学科用了那么多的喻体谈论翻译及其与其相关事宜。纽马克(Newmark 1981)在《翻译问题探索》(*Approaches to Translation*)一书的前言中一口气就说了 13 个翻译隐喻表达式:women、carpets、traitors、coats、mirrors、Turkish tapestry(the reserse side)、copper coins、false portraits、clear or coloured glass、musical transcriptions、wives、heroism、folly 等,这引起了我们研究这一议题的兴趣。我们通过阅读威尔斯(Wilss 1982)、贝克(Mona Baker 1998)、廖七一(2000,2001)、赵彦春(2005)、

朱建平(2007)等国内外著作,以及我国外语类期刊所刊发的有关翻译学方面的论文,共收集到近五百条对翻译活动做出的隐喻性描述和解释,颇能说明"译事难、译法杂"这一现象。

## 第二节　隐喻认知理论

很多学者都曾尝试寻找"先于逻辑""更为本质"的东西,卡西尔(Cassier 1874—1945)认为先于逻辑的东西就是"隐喻思维"(许钧 1998:151);梅肖尼克和海德格尔认为是"诗",它才是人类思维和语言中最为本质的东西,因为人类的思维共性不存在于逻辑结构中,而在于"隐喻思维"中。这就与犹太人的格言:

> 人一思考,上帝就笑。

完全一致,因为人在思考时会脱离真实,越是思考得深刻,越与事实背道而驰。这里的脱离事实,就是哲学界和文学界所说的"诗性",CL 中所说的"隐喻思维"。或许雷柯夫和约翰逊(Lakoff & Johnson 1980,1999)就是受其启发而提出了"隐喻认知论"。

我国的文学理论历来有"诗言志"的说法,出自《尚书》中的《舜典》:

> 诗言志,歌永言,声依水,律和声。

在《诗大序》中:

> 诗者,志之所以也。在心为志,发言为诗。情动于中而形于言;言之不足,故嗟叹之;嗟叹之不足,故永歌之;永歌之不足,不知手之舞之,足之蹈之也。

这都是对隐喻认知理论的肯定。

CL 和体认语言学认为,人类通过对现实世界的互动体验,逐步在心智中形成了"概念隐喻"(Conceptual Metaphor)这一认知机制,它是我们认识世界、理解意义、组织语言的必由之路,这就是雷柯夫和约翰逊(Lakoff & Johnson 1980)于 1980 年出版的经典之作书名的含义《我们赖以生存的隐喻》(*Metaphors We Live by*)。语言中实际使用的隐喻表达是心智中概念隐喻的产物,前者受制于后者,后者是前者的认知机制。现用体认语言学的核心原

则以图示之:

```
现实 ── 认知 ── 语言
      概念隐喻    隐喻表达
      认知机制    具体表达
```

**图 15.1**

CL 和体认语言学的核心思想在于追寻语言表达背后的体认机制,在这一点上与乔姆斯基的研究进路相似;但后者所坚持的

　　天赋观、普遍观、自治观、模块论、形式化、演绎法、句法中心论

等立场,却是前者所坚决批判的靶子,针锋相对地提出了

　　体验性、特殊性、一元性、完形性、非形式化、归演法、意义中心论

同时,学界还提出了十数种体认方式(隐喻便是其中一条十分重要的机制),尝试用它们来统一解释语言的成因(王寅 2007),这为当前全世界范围内的语言学研究开启了一个全新的窗口,从而引发了一场对乔姆斯基革命的革命(the revolution to Chomskyan Revolution)。

所谓"隐喻",就是用一者(如 B)来说明另一者(如 A);所谓"概念隐喻",就是用 B(常为"具体的、常见的、熟悉的")来认识 A(常为"抽象的、非常见的、生疏的")。如此说来,语言表达本身就是一个隐喻,用"声音系统"或"文字符号"(为 B)来表示现实世界或思想内容(为 A),这也是在用一者来言说另一者。纽马克(Newmark 1981:84)指出:所有语符都是事物的隐喻或转喻,一切词语都具有隐喻性。拉巴莎(Rabassa 1992:1—2)也持相同的观点:

　　A word is nothing but a metaphor for an object or … for another word, [and that translation is] a form of adaptation, making the new metaphor fit the original metaphor.[一个词仅仅是代表一个事物的隐喻,或者是另一词的隐喻。(翻译)是一种改编形式,使得新的隐喻能够适合于源文隐喻。]

罗宾逊(Robinson 1991:131—193)直接将翻译视为"转喻"(Metonymy)、"提喻"(Synecdoche)、"隐喻"(Metaphor)、"讽喻"(Irony)、"夸张"(Hyperbole)和"再转喻"(Metalepsis),据此可将翻译分为与上述六种修辞格相对应的六种翻译类型(谭载喜 1991/2004:284)。

依此可见,翻译本身也是一种隐喻,用一国语言去表示另一国的语言,或

用新的隐喻来适配原来的隐喻,正如埃文斯(Evans 1998:149)所说:

> Sometimes the translated text itself is viewed as a metaphor for the foreign text...（有时译文本身就可视为外国源文的隐喻……）

接着埃文斯引用了拉巴莎的上一段话。

库普兰(Copeland 1991:235)曾说,来自拉丁语的 *translatio* 与来自希腊语的 *metaphora* 竟然有同义关系,其构词思路为:

trans(across,over)＋late(carry,hold)

meta(over,above)＋phora ＝ fer(carry)

难怪这两个词有"不谋而合,殊途同归"之义。这也从词源上进一步证明,翻译本来就是隐喻。

为能说明概念隐喻的体认机制,现我们以"时间是金钱"为例来解释人们如何用具体的"金钱"来认识和理解抽象的"时间",在汉语和英语中都有如下具体的隐喻表达式:

[1] 一寸光阴一寸金,寸金难买寸光阴。

[2] 时间就是金钱,速度就是效率。

[3] to spend ( save, waste, cost, invest, budget, have, use, borrow, lose, steal)time

[4] I don't have the time to give you.

[5] Do you have much time left?

英语中原本用来与"金钱"搭配的动词"spend, save, waste, cost"等,现都被系统地转用来与"时间"搭配使用,汉语也有类似的搭配用法,这说明英汉两民族心智中根深蒂固地潜存着一个"TIME IS MONEY"的概念隐喻,由它才生成了有关的隐喻表达。

何为翻译隐喻表达式,这恐怕也是智者见智、仁者见仁的问题。有鉴于学界对翻译的修辞性解释太多,此类表达式的标准和数量就会难以界定。笔者主要从描写"译者"和"译文"的喻体入手来确定它们,即从较为具体的"人"或"物"入手,然后引出与其相关的表述。我们收集和整理到近五百条有关翻译活动的隐喻表达式,它们生动形象、活泼有趣、引发联想、寓意深刻,已日益引起了译学界的重视。

谭载喜(2006a,b)认为翻译比喻(相当于笔者的翻译隐喻)是翻译文化中的现实的、历史的现象,是描述翻译的独特手段。笔者现尝试运用 CL 中的

"概念隐喻认知理论"(the Cognitive Theory of Conceptual Metaphor,亦可简称:隐喻认知论)来透析这些隐喻表达式背后所反映出的人们对译者、译文、译学等的种种不同认识。通过分析发现,它们几乎都与"交际"有关,即这些表达式主要是基于下一"根隐喻"(Root Metaphor)这一体认机制之上而生成的:

[6] TRANSLATION  IS COMMUNICATION

THE  TRANSLATOR  AS COMMUNICATOR [①]

这便是奈达(Nida & Taber 1969/2003)、斯坦纳(Steiner 1975/2001)、哈特姆和梅森(Hatim & Mason 1990/2001)、贝尔(Bell 2001)等学者提出的观点:

翻译即交际;人类交际即翻译。

我们的分析和发现也有力地证明了他们的这一论断,倒也道出了翻译的最核心本质。笔者现拟将其视为"根隐喻",按照 CL 的研究方法用全大写字母来表示(Lakoff & Johnson 1980,1999),且在此基础上又派生出十一条支隐喻机制,它们是:

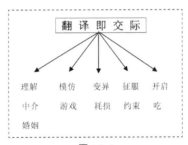

**图 15.2**

我们拟用此概念隐喻网络来分析有关翻译活动隐喻表达式的形成过程和体认机制,以能更好地理解它们如何借助具体形象来揭示翻译的特征、功能、方法、参与者身份等。

## 第三节　"理解"和"中介"支隐喻机制

与此根隐喻最为接近的是斯坦纳(Steiner 1975/2001)"翻译是理解"和利

---

① 此为 Hatim & Mason 于 1997 合作出版作品的书名。

科(Ricoeur 1987)"翻译是解释(诠释)"这两条隐喻,因为在交际活动中最重要环节就是"理解"和"解释"。当然了,谈到理解和解释,其中心就转移到了接受者(读者)一方,突显了译者阐释对翻译过程所具有的重要意义,译者的作用就此开始获得理论说明(参见杨晓荣 2005:198)。谈到"交际"或"沟通",就必然要涉及"传递、中介、媒介、通道"等,在根隐喻中首先就涉及如下一个"通道支隐喻"(the Branch Conceptual Metaphor of Passage):

[7] TRANSLATION IS MEDIA

正是在该概念隐喻的统摄下,很多学者常用如下喻体来认识和说明翻译活动及其相关事宜:

[8] 传递者、搬运工、商人、传播站、传递、搬运、关联、信使、搬运军火、运输精神食粮、容器、贩子、二道贩子

[9] 交通者、建筑师、筑桥师、摆渡人、船夫、搭桥工、换车者、信使、摆渡、搭桥、桥梁、造路、通道、过河、渡运、航路、换车

[10] 中间人、联络员、协调员、调停者、妥协者、居间人、居间调停者、独木桥、走绷索、走钢丝中介、穿针引线、脚手架、中介、把关人、操作工

[11] 跨越者、转让人、转换器、透明的光芒、转让、转换、照射

[12] 旅行者、独行者、旅行、独行、云游

[13] 神人、巫师、巫婆(介于神与人之间,既要通天意,又要说人话)、幽灵迷梦

翻译,究其本质而言,是将一种语言所表达的信息传递到操另一种语言的人群中,翻译自然就具有了"传递、运输、转让、搬运"等的性质,译者的使命就是奔走于两种语言和两种文化之间,真有的像商人(Merchant),在不同地方贩运货物,这倒也迎合了 translate(把某物从一个地方带到另一个地方)之本意。

鲁迅(1930,1933)曾分别用"为起义的奴隶搬运军火""运输精神食粮"来喻说翻译工作。刘华文(2007)曾以"换车"来喻说翻译,其目的就是把原来承载思想的车换成了另一辆车,后者同样能载得动原来车上的货物——思想。后现代译学理论否定将译文视为"容器"来载源文的信息,因为在传输过程中,信息必有所损益。

既然是传递和运输,就必然要有"通道",从而引出了有关"桥梁、过河搭桥、中介"的隐喻表达式(Goethe 1824;钱锺书 1979;王佐良 1979)。一桥飞

架,两语变通途,可这"桥"当因地制宜地造,从而就出现了不同形式的"桥"。"独木桥"虽算其中的一种,但它又不同于常见的平坦通途,而是"狭窄、唯一、难行、危险",一般人走不了或很难走,用其来形象化地比喻"意义理解和文字翻译的困难和危险"倒也有点新意。虽为"独木",但走好了还是能过得去的,尚不是无法通行的天堑,这与巴别塔故事的主旨不同。如若不能架桥,只好用"绷索"(许芥昱)或"钢丝"(楚至大 2004:79)取而代之,这比起"独木桥"来说,难度更大,且带有更大的"危险性",从这些隐喻中我们足以感知到翻译的困难与危险。鲁迅(1933)曾说过,翻译世界名作,犹如是在打通运输精神粮食的"航路",它现在已被聋哑的制造者们堵塞了。

传递信息如同传递事物,当有"中介"来"穿针引线",这就有了"中间人、联络员、居间人"(钱锺书、蔡新乐)、"居间调停者、妥协者"(王宏 2012:xvi,8)等隐喻表达式。"脚手架"也是一种中介,当房屋建成之后便可拆除,用其来说翻译,倒也有几分可取之处,一旦译者完成了翻译工作,他的使命也就宣告结束,广大读者(除研究人员之外)更注重译作的情节和内容,不知原作者的人甚少,而不知译者为何人实属常见现象,译者真的被"隐身"了。

本杰明(Benjamin 1923)曾期望理想化的翻译活动应像透明的光一样,能够不要遮盖原作,不要挡住原作的光芒,而应让那纯真的语言通过自身的介体,使光芒更饱满地照射在原作身上。

翻译可使信息在不同语言之间得以传播,即信息从一种语言"跨越"和"转换"到了另一种语言,它就像"旅行者"(郭建中 2002)从一个地方走到了另一个地方。而"独行者"(厄普代克)更加突显了译者的几分孤苦、略带冷清,常常是苦心孤诣、搜肠刮肚地寻词找语,真可谓"惨淡经营、辛苦遭逢",实有难以言表之痛。这也符合译者的工作状况,因为翻译就是一份"没有鲜花"的工作,一种"没有掌声"的职业。

余光中曾用"神人"来喻说译者,既要通晓天意,也要言说人话,起到沟通"神"与"人"的中介功能。译者一方面要知晓原作者(神意)的原信息,也要将其转译为另一种语言(人话)。该翻译隐喻还有"抬高原作"的含义,不经意间将原作奉为"神"。当然,用"巫师、巫婆"来喻说译者似有几分不敬,但倒也较为传神,巫师所从事的也是介于"神"与"人"之间的沟通,真是左右为巫难(许钧 2003)。至于鲁滨逊(Robinson 2001)将翻译比作幽灵,意在说明在《圣经》翻译过程中,译者像着了魔似的,在神的感召下从事翻译,使得译文具有某种神秘力量的感召力。

劳陇曾将翻译比作"迷梦",译者像游历了一场稀里糊涂的梦幻虚境一般,梦醒后再将各种梦中感觉表述出来。这与喻体"幽灵、巫师"有相通之处。

## 第四节 "婚姻"支隐喻机制

说到交际中的"中介"或"媒介",它们又与"婚姻"密切相关,这就生出了第二个支隐喻"婚姻支隐喻"(the Branch Conceptual Metaphor of Marriage):

[14] TRANSLATION IS MARRIAGE

主要用到如下喻体:

> [15] 介绍人、红娘、媒婆、媒人、说谎的媒婆、下流的职业媒人、说合者、牵线人、联结者、关联者、协调人、婚介所、做媒、婚姻、订婚、套上婚约戒指、结婚、通婚、婚事、结合、结缘、结亲、成亲、配对、找朋友(选作者)、假朋友、选对象、谈恋爱、搞对象、小孩、生来会说话的小孩、拼合、马赛克拼图、解约、悔婚
>
> [16] 翻译像女人、贞洁少女、半遮着面的女人、妻子、情妇、不忠的美人、美而不忠的女人、红杏出墙、引诱了有夫之妇、处女、处女膜破裂、男人、男性、父亲、阳物、父权、丈夫、阳性、剃发行为(割去阳具)、女性、阴性、女人、不守妇道、弃妇、(原作的)秘书、混血儿
>
> [17] 拉皮条的人、交媾、杂交、通奸、强奸、强暴、乱伦、性暴力、处女膜、乱点鸳鸯谱、俄狄浦斯情节、俄狄浦斯三角关系

这一组翻译隐喻表达式倒也十分形象,用与"婚姻"有关的一组喻体来描写翻译活动。所谓"结婚",就是男女双方的结合,译者就像媒婆(Go-betweens)一样撮合原作与译作结合在一起,使得国与国之间缔结了"姻缘",其中既有情愿者,也有不得已者,更有被强迫者。在这一翻译隐喻表达式中,国人大多将媒婆视为"说谎者、下流者、骗人者",以突显译者之"不忠"。但也有为媒婆鸣不平者,茅盾在《"媒婆"与"处女"》一文中说,"处女"固不易得,"媒婆"亦何尝容易做呀!(参见罗新璋等 1984)

创作此隐喻的国外学者有歌德(Goethe 1824)、纽马克(Newmark 1988/2001:224)等,国内有郭沫若(1921,孙迎春 2013:27-37)、茅盾(1934)、鲁迅(1935)等,将"源文"和"译文"这两者配对结缘,撮合在一起,从此它们的命运就被连接起来,两者就此"通婚"(Intermarriage,Neubert 2000:12)了。但这

其间还要涉及若干具体环节、要素以及丰富的喻义,现依据CL的隐喻认知理论的分析方法,列表对照如下:

表 15-2

| | 媒　婆 | 译　者 |
|---|---|---|
| ① | 为男方或女方物色人选 | 选择作者以及作品 |
| ② | 择时安排双方见面相亲 | 开始初读原作文本 |
| ③ | 双方可进一步深入了解 | 深入仔细阅读理解 |
| ④ | 满意之后可定亲(订婚) | 认为合适之后下笔 |
| ⑤ | 选择时机安排交换彩礼 | 联系出版社(交定金或预付稿费) |
| ⑥ | 登广告以通知世人知晓 | 登广告:"已在开译,万勿重译" |
| ⑦ | 若认为不合适还可解约 | 未能译出或译好出版社与之毁约 |
| ⑧ | 时机合适时则拜堂成亲 | 出版作品,译作与原作配对成功 |
| ⑨ | 婚后便可正常繁衍后代 | 对读者和译入语文化可产生影响 |
| ⑩ | 完成了家庭的香火延续 | 使得作者在新语境中再生与复活 |
| ⑪ | 婚前为处女,嫁给老外后只能生出混血儿 | 译者将外国原作娶进来,使原作失去了原有的清纯 |
| ⑫ | 男女双方的处境不平等 | 译文与源文处于不对等的境地 |

就拿选作者和作品来说,就如同找对象一样,背后尽皆彰显出时代特征和文化取向。中西方早期的翻译都肇始于"宗教",为能从宗教信仰中寻得"治理天下、教化民众"的方略。我国明清时代从"宗教翻译"转向"科技翻译",体现出"济世图强、富国惠民"的民族发展意识。从清末到20世纪上半叶又转向到"社科翻译",反映出译者的"胸怀天下,救国为民"的民族忧患意识。我国于20世纪下半叶又转向到"综合翻译",全方位吸取国外各类先进科技和思想,以实现"振兴中华、复兴民族"为治国战略的取向。这足以可见,我国的翻译家们将自己的事业和命运系于名声国运、民族兴亡之上,以翻译活动来实现自己的政治抱负,以后者来砥砺前者。

表15-2第②—⑧这几个要素的对比,实际上展现了翻译的一般过程,即"选—读—译—出版—影响"。至于第⑨点,则为德国哲学界赫尔德(J. G. Herder 1744—1803)的观点,这一隐喻倒也很耐人寻味。他说(参见何刚强2003):

一种语言在未被翻译之前就如同是一个处女,尚未与一个外国人同床共枕并生下混血儿。暂时来说,她仍然保持着其清纯与天真,代表着其人民性格特征的形象。

照此说来,原作一旦被"译者媒婆""嫁"到了译作之中,原作"少女"就会失去了清纯与天真,丧失贞洁,译作"孩子"就是个"混血儿"或"杂种"。赫尔德这一翻译隐喻既说出了原作与译作之间存在血缘联系,又揭示其存在本质性差异,含有将翻译活动喻为"毁灭"和"叛逆"之义,参见下文。

德国和欧洲最重要的哲学家、文学家歌德(J. W. Goethe 1749—1832)也有类似的观点,他说(转引自何刚强 2003):

翻译家应被看作是忙碌的媒人,他对一位还半遮着面的美人大加赞赏,说她真值得我们倾心。媒人就这样激起了我们对这位美人的爱慕,于是就一定要对她本来的长相看个究竟。

歌德不仅提到"媒人",还将译作喻说为"半遮着面的女人",只能看到她的半边脸,要能看全她的面孔,就要去读原作。在这个过程中甚至还会出现"假朋友"(false friends)的情况(Dollerup 2007:16),看上去关系挺好的,而实际上却貌合神离。

鲁迅于 1935 年在《非有复译不可》一文中也有一段关于翻译的婚姻隐喻表达,现摘录如下(参见罗新璋等 2009:369),以飨读者:

记得中国先前,有过一种风气,遇见外国——大抵是日本——有一部书出版,想来当为中国人所要看的,便往往有人在报上登出广告来,说"已在开译,请万勿重译为幸。"他看得译书好像订婚,自己首先套上约婚戒指了,别人便莫作非分之想。自然,译本是未必一定出版的,倒是暗中解约的居多;不过别人却也不敢译,新妇就在闺中老掉。这种广告,现在是久不看见了,但我们今年的唠叨家,却正继承着这一派的正统。他看得翻译好像结婚,有人译过了,第二个便不该再来碰一下,否则,就仿佛引诱了有夫之妇似的,他要来唠叨,当然了,是维持风化。但在这唠叨里,他不也活活的画出了自己的猥琐的嘴脸了?

美国女权主义翻译理论家张伯伦(L. Chamberlain 1988)曾以"性别与翻译的隐喻学"(Gender and the Metaphorics of Translation)为题论述了"不忠的美人"这一翻译隐喻,批判了"将作者视为男性,将译者视为女性"的根深蒂固传统观。现如今,译者应当夺回属于自己的男性身份,为他自己索取应有父权地位,他所要的是一个"阳物",这就会让原作者变为自己的"情妇"。这样就可将原作者的创造性角色转变为文本的被动角色,因为正是译者的工作,才使得原作获得了再生和来世,参见第二章第四节第6点。

她在文中还提到了格弗荣斯基(S. Gavronsky)的隐喻,尝试用"俄狄浦斯三角关系"(the Oedipal Triangle)来解释"主—奴"翻译隐喻模式,译者应当像俄狄浦斯那样,杀死父亲(原作者、源文本),反奴为主,以能获得自己的父权地位。她还提到了德兰特的"剪发行为",剃掉原作者的毛发,修剪他的指甲,割掉他的阳具,这就剥夺了他作为男性的权利,便可使得原作丧失了它的父权地位,可使译者获得解放,头顶华盖,登堂入室,反宾为主。

巴斯奈特和勒菲弗尔(Bassnett & Lefevere 1990)也曾将翻译比作婚姻,但与赫尔德的隐喻意义不完全相同。他们认为这种"翻译婚姻"不美满,因为原作者和译者这对夫妻双方的高度不同,翻译活动意在将他俩"摆平",或将译作提升至原作的水准;或看高译入语文化,使译出语文化与其相适应,这就是上文表15-2所述第⑩点的含义。他们(Bassnett & Lefevere 1993)还曾用"定形"来形容翻译,这也与"翻译婚姻"相似,更加突显了双方所确定的联姻形式。当然,他们这里所说的定形主要指"文化定形",认为译出语文化当有助于促进译入语文化的发展。

诗人余光中也曾基于我国的"中庸哲学"说过(转引自孙迎春 2013):"翻译如同婚姻和政治,是一种妥协的艺术,双方都得退让一步。"其意为,译作与原作各自当退让和妥协,达到大致对等即可。

当然了,媒婆或介绍人有当得好的,也有当得不好的。若是前者倒也好说,皆大欢喜;这对于翻译来说,好的译作可使原作者感到满意,也使译入语的读者感到舒坦,不管怎么评说,也都无关紧要。但对于后者,不负责的媒婆"乱点鸳鸯谱",促成了不合适的婚姻,不仅无功,反倒有错,不称职的"联结者、关联者"让一部好端端的作品落得个糟糕译文的下场,岂不糟蹋了他人成果,这种坏的联结或关联,赘言什么信达雅,实属多余。

在中国的文学作品,影视节目中,"媒婆"这个角色常给人留下一种不很好的形象,小脚、头戴两片黑瓜皮,太阳穴处还贴一小块黑膏药,使人常想到她们嘴里的那条三寸之舌挺能"花言巧语、巧舌如簧",因此后来有人就想到了另用两个替换词"介绍人"和"婚介所",前者意在说明译者仅对原作起个"介绍"作用,当将成果归功于原作者。好的介绍人封他一个"红娘"称谓倒也十分妥帖,说明他做了件"红色"之喜事。

至于说"翻译像女人"则带有明显的贬义,常指"不忠的美人"或"美而不忠的女人",译者要么忠实于原作,采用直译法,这样的译文常会不通顺,语言不美;要使得译文通顺,语言漂亮,又会损伤源文意义,因此就有了"忠而不美,美而不忠"(Ménage 1690;Simon 1996:10—11)的说法,这倒也揭示出"形vs义"之间不可调和的矛盾。

在翻译过程中,难免要发生一些类似于"不忠的女人"(Ménage)、"红杏出墙"(Ablancourt)、"不守妇道"等一类的"绯闻"。正如17世纪的梅纳日所说,"他(指阿布兰库)的译作使我联想起一位我在图尔时曾经爱恋过的女人,她很美,但不忠"。是啊,那些在译入语中找不到与译出语对应的表达,"意译"就派上了作用,"不忠实"译法也就在所难免。这一隐喻虽有点不好听,但也道出了"直译vs意译"之争的紧要处。"忠"与"美"就成为翻译活动中一对难以和解的冤家,这真是又一出to be or not to be活生生的"闹剧"。

婚姻是男女相欢之事,但也常有悲剧发生,出现了与"性"相关的事情,如德里达曾说过:"翻译的过程是处女膜破裂的过程,是对原作的粗暴进入。"(转引自何刚强2003)意在说明翻译必然要对原作产生一些无可挽回的破坏。更是甚者,有学者直接将翻译说成"拉皮条的人"(苏格拉底)、"强奸"(赵彦春2005)。前者指促成非法的性关系;后者则反映出一方愿意另一方不愿的情况,硬性发生关系。有婚姻,必有房事;有强奸,必有伤风化,译者必然要侵入原作,做出一番动作。德里达曾描述了处女膜的双重性,它是贞洁,也是晚婚的标志。他继而认为,翻译既是原创的,也是派生的;既未受污染或侵犯的,又是侵略性的(参见Chamberlain 1988)。

用这类词语来描述翻译,虽不好听,但也不是一点道理没有。难道所有的作者都愿意将自己的作品译成外语,难道每一位译者都十分情愿地从事翻译活动,译者的每一句翻译是否都符合原作者意图,有没有将自己的思想强加给原作者的现象?倘若双方中有一方不情愿,便会出现"强行结合"的情况,将其喻说成"强奸"虽不登大雅之堂,倒也入微。

当然了,说到婚姻就有男女角色的问题,那么谁是男谁是女?学界常将原作者和原作品视为"男方、阳性",为主动角色;将译者和译文视为"女方、阴性",为被动角色,这种"男尊女卑"的不对等关系,在古今中外的文明进化过程中,一直被固定在历朝历代的传统道德和经典教义之中。在男权社会中,男人常享尽优势权利,可随心所欲、随想而发、随笔而就;而女人常属于劣势群体,男尊女卑、三从四德、夫唱妇和,难道作者永远就高于译者,原作永远优于译作?这也不尽然。如歌德读了法译本的《浮士德》后竟然对自己失去了信心,"自感原作不如法译本"。他说:"我对《浮士德》德文版已看得不耐烦了,这部法译本却使全剧更显得新鲜隽永。"(转引自谢天振1999:216)哥伦比亚作家马尔克斯所著《百年孤独》,拉巴萨译的英语译本很快成为畅销书,马尔克斯读后感慨,英译本比原著要好。钱锺书在阅读了外国原著后,总还是钟情于林纾译本。

在古代宗法社会,妻子因为不忠会受到社会谴责,甚至要被"逐出家门",遭到"公审",甚至要遭遇"沉江、判死、家法侍候"的惩罚。翻译批评家们在评论时就像七大姨八大姑议论邻家媳妇守不守妇道一样,使她们(或译作)常受不白之冤(刘军平 2004)。而"丈夫或原作"却可独享尊优,搞个三房四妾,受到法律保护,社会认可;即使有了私情,也无人怪罪。文明发展时至今日,这还公允吗? 因此,作为"女方"的译者和译作,对于作为"男方"的原作者和原作品所建立的"忠贞型"契约关系,当予重新审视,不合理条约,该废的就得废!

将翻译比作"结婚",多少还有点喜庆;而"拉皮条"则明显含有贬义;喻说成"拼合、马赛克拼图"(王东风 2007)则算中性。这里的"拼合、拼图"不仅可指翻译学具有跨学科性质,从诸多学科中借来了不同的理论和观点,而且也可指各人的译文之间不可避免地具有互文性。

德里达曾把翻译比作"生来会说话的小孩",意在强调翻译也是一种书写形式,是语言交际中不可或缺的一个形式(参见王斌 2006)。他在《他者之耳》(The Ear of the Other)中还曾将译者喻比为原作者的"秘书",也表明了译者的附庸地位。

## 第五节　"模仿"支隐喻机制

传统翻译理论,或常人所理解的翻译任务,主要是在交际与沟通中以"保真"或"尽量保真",以"等值、忠实"为首要,怀揣"依样画葫芦"的心态,这就有了第三支隐喻"模仿支隐喻"(the Branch Conceptual Metaphor of Miming):

[18] TRANSLATION IS MIMING

基于此概念隐喻,很多人趋向于将翻译喻说成:

[19] 摄影师、画家、画师、雕刻家、雕塑家、艺术家、音乐家、演员、照相师、是画家而不是摄影师、乐师、复写者、绘画、临画、雕刻、塑像、画像、临摹古画、画画、写生画、照相、舞台演出、影像、艺术(art)、技巧(craft)、音乐、表演、以某种乐器演奏原为他种乐

器所谱的曲调、傀儡

[20] 复制品、仿制品、照镜子、照猫画虎、依样画葫芦、鹦鹉学舌、沐
猴而冠、传真、翻版、副本、复印、复写、影印、复制、复原、重建、
透明玻璃、再现、铸模、模式

[21] 传声筒、反光镜、透视镜、录音机、复印机、翻译机器、模仿、摹
本、绘地图、复印、复写、近似物、相似品

[22] 替代品、拆砖盖房的人、代码转换、用升换用加仑计量、衣服装
箱、替代、换汤不换药

[23] 隐形人、隐身人、幕后者、隐形、隐身、退居幕后、舌人

说起模仿,人们自然会想到绘画(drawing,painting),若模仿是图式,绘画就是它的原型例示。因此很多学者,如 15 世纪的布鲁尼(Bruni 1424),17—18 世纪的德莱顿(Dryden 1685)、达西尔(Dacier,参见 Lefevere 1992b/2010:11)、叔本华(Schopenhauer 1800,参见桂乾元 2004:27),以及 20 世纪的萨文利(Savory 1957)、郑振铎(1921)、陈西滢(1929)、傅雷(1951)等,都喜欢把翻译比作绘画、雕刻。特别是萨文利,还提出了如下两个隐喻:

[24] 文学翻译可比作绘画;科技翻译可比作摄影

他且认为后者当比前者更为逼真。郭沫若(1921)曾将翻译活动喻为"鹦鹉学舌""告知读者世界花园又添新花",将译者喻为"鹦鹉名士"。他还说"译诗不是鹦鹉学话,不是沐猴而冠[①]"(参见罗新璋等 1984/ 2009:400,405)。曾虚白(参见陈福康 2000:315)于 1928 年将翻译喻说为"翻拍"或"翻版",他认为文学创作类似于摄影,直接取生活之景,而翻译相当于翻拍他人已拍好的底片。这一比喻倒也耐人寻味。

与该隐喻相似还有用如下的喻体"照镜子、照猫画虎、依样画葫芦、依葫芦画瓢、传真、翻版、副本、复印、影印、复制、复制品、仿制品、近似物、复原、重建";另外还用到了诸如"模仿、摹本、绘地图、传声筒、反光镜、透视镜、录音机、复印机、翻译机器"等喻体,以说明译文和源文之间应具有"模仿性、相似性"(Similarity,Resemblance Hatim & Munday 2004/2010:56)。克罗齐曾说过,有些译者认为自己在做着如下的工作:把一种表达形式"铸模"成另一种表达形式,或"移瓶注水",就好比把水从一种形状的瓶子倒入另一种形状的瓶子中,参见本章第六节[35]。这与本杰明将翻译视为"模式"(Mode)有相

---

① "沐猴"即"猕猴",让它带上帽子,装得像个人,而实际上并不像。

通之处(Benjamin 1923)。

　　韦切斯勒(R. Wechsler)曾将翻译比喻成"没有舞台的演员",可将译者喻说成"艺术家、表演家、音乐家"(Nossack 1965;余光中 1969)。叔本华将翻译比作以某种乐器演奏原为他种乐器所谱的曲调(钱锺书,参见罗新璋等 1984)。他们都在将他人的作品通过自己的艺术再现给世人,只是呈现方式有较大的差异而已。钱锺书在《翻译术开宗明义》一文中指出,翻译正如用琵琶、秦筝、方响等奏雅乐,节拍虽同,而音韵乖矣(参见罗新璋等 1984)。

　　萨文利、奈达等将翻译视为"艺术"(art),雅克布逊(E. Jacobson 1958)将其视为"技巧"(craft),屠国元等(2004,2009)进一步将"翻译是艺术"的隐喻命题发展为翻译是一门"遗憾的艺术"。这些都可视为此类支隐喻机制的产物。

　　法国翻译家穆南(Mounin)曾将翻译比喻为:把用升计算的一桶液体改用加仑来计算,但液体总量始终未变(参见许钧 1998:31),这与绘画和摄影的喻底基本相通。奈达(Nida)将翻译说成"类似于将衣服置于不同的行李箱中,箱子的形状可有不同,但衣服总还是相同的"(转引自许钧 1998:78)。这与"代码转换"和"拆砖盖房"似有不谋而合之处,代码换了,但内容没变;原来的房子被拆卸成了砖块,可用它们再盖起一座与原来一样的房子,这有点像"建筑搬迁"[①],译者就有了"建筑师""造物主"的称号。

　　韦努蒂(Venuti 1995:1)开篇就引用了诺曼·夏皮罗(Norman Shapiro)的语录,认为翻译当具有"透明性",应透明得像玻璃一样,好似未经翻译一般,只有当玻璃上有了划痕等瑕疵时才会注意到玻璃的存在,这就是"译者隐形论"(Translator's Invisibility),译者不能干扰源文,也无权干扰源文,译文越忠实,源文的作者和意义就越显形。这一隐喻高度概括了传统译论的精髓,译者当处于"隐形"的地位,充当"隐形人"的角色。

　　他还根据"隐形论"提出了"异化翻译论"(Foreignizing Translation Theory),进一步延伸了传统的"直译观",大大丰富了其内涵。但另一方面,他也揭示了译者隐形的不合理性,极力主张译者可通过异化翻译的各种方法让自己"显形",可为译者挣得"著作权"之一席之地,可在译作上标明译者的"著者"身份,尊重译者的劳动投资。

　　我国古代将从事翻译的人称为"舌人",不免使人想到汉语中"鹦鹉学舌"的成语,其中含有"模仿"之意。当然"舌头"还与"说话、语言"密切相关,这似

---

　　① "拆砖盖房"还有另一种理解:在拆卸和重建过程中必有损耗,强调了差异。编者注。

乎与西方用表示舌头的词根"lingua"构成了一组与"语言"有关的词语,其间的理据倒也有不谋而合之处。

## 第六节　"游戏"支隐喻机制

"模仿"是一种活动或游戏,在"翻译是模仿"的统摄下形成了"翻译是游戏"的支隐喻机制:这就有了"游戏支隐喻"(the Branch Conceptual Metaphor of Game),即:

[25] TRANSLATION IS GAME

所用到的喻体主要有:

[26] 游戏者、竞争者、对手、情敌、玩游戏、语言游戏、游戏、竞赛、下棋、博弈、球赛、足球赛

[27] 拼板游戏、万花筒、迷宫、摔跤、变戏法(juggling 又译:篡改)的人、玩杂耍的人(juggler)

[28] 钢琴演奏家(协调人)、变调、以某种乐器演奏原为他种乐器所谱的曲调、提琴拉不出钢琴声

"玩游戏、竞赛"(许渊冲)却也道出了译文与源文之间的关系,两种文本都是维特根斯坦所说的"语言游戏"的产物,但各自好像在玩着不同的游戏,遵循着各自的规则。两者还可能处于一种"竞赛"状态,互相比美,是原作好,还是译作好?

列维((Levy 1967)和桂乾元(2004:IV)曾将翻译喻说为"下棋"(博弈),倒也从积极意义上阐述了译事难之真谛,前者意在说明译者要通观全局,且要精打细算,处理好每一步;后者强调译事如同赛事,千变万化,竞争激烈,要相互配合,攻守平衡。桂乾元还按照此原理用"足球赛"作为始源域来喻说翻译。

纽马克(Newmark 1988/2001:8)在《翻译教程》中也列述了几个与游戏有关的翻译隐喻:拼板游戏(jigsaw puzzle)、迷宫(maze)、万花筒(kaleidoscope, Newmark 1981:98;Gorlée 1986)、变戏法(juggling 又译:篡改)等,强调了"玩"(play)的意思,突显其"活动性、随意性、不认真性"(without seriousness)。奈达 & 塔布(Nida & Taber 2004:Preface)也提到了"玩杂耍的人"(juggler)这一喻体。戈莱(Gorlée 1986:103)也曾用万花筒来喻说翻译,

意在说它是"永无休止的创造性心智游戏"(never-ending game of creative mental skill)。

唐人曾将翻译比作"摔跤"(参见罗新璋等 1984/2009:587),原作是你摔跤的对手,你应有能力把他抱起,把他上下或左右翻转,然后再把他按照你要他站立的姿势叫他站立。这一隐喻倒也有一番新意,既点出了原作与译作之间具有"对手"的关系,也强调了译者对"原作"的驾驭能力。

钢琴演奏时,必须是十个指头高度协调,才能演奏出一个完美的乐曲。译者也是如此,必须具备"协同"能力,要有周旋在多种要素(语言、文化、作者、译者、读者、出版商、赞助商)中间的能力。余光中(1969,罗新璋等 1984/2009:824)所说的"变调""四弦的提琴拉不出八十八键大钢琴的声音"则与钱锺书(1979,见罗新璋等 1984/2009:33)所说的"叔本华将翻译比作此种乐器演奏原为他种乐器所谱的曲调"有异曲同工之妙。钱锺书还说:正如用琵琶、秦筝、方响奏雅乐,节拍虽同,而音韵乖矣。这类隐喻都指出了翻译不可避免地要产生变异。

# 第七节　"变异"支隐喻机制

本章论述了"翻译是模仿"的支隐喻机制。既然是"模仿",就不可能百分之百地全真,其中必有部分差异和不足之处。也就是说,任何事物都具有两面性,有人求"模仿",以求其间的相似性;但模仿品毕竟不是原物,必有若干不同之处,这就引起人们"求异"的兴趣,强调译者的主动权和创造性,倒也引出了"翻译是创造性模仿"的观点,两者相互依存,相得益彰。若站在"求异"的立场来看待翻译,就有了第五条的"变异支隐喻"(the Branch Conceptual Metaphor of Changing):

[29] TRANSLATION IS CHANGING

基于这一概念隐喻所形成的喻体主要有:

[30] 变色龙、油漆匠、千面人、折射器、诱者、巴别塔的腔调、转灵、转生、转世投胎、投胎转世、投胎重生、冰块(融化后冰)、变形、变异、折射、篡改、位移、错觉、游标尺

[31] 叛徒、叛逆者、忠实的叛徒、嚼饭哺人、捏面团的师傅、叛逆、叛变、反叛、对抗、操纵、解放、红杏出墙、捏面团

[32] 催化剂、转瓶倒酒人、宽颈瓶中的水灌入狭颈瓶中、移瓶注酒、移瓶注水、新瓶装老酒、化学反应、把茅台酒装入 XO 瓶里、植物从种子中生长而出、枯藤(劣作)、投入坩埚、粗糙的复制品、拙劣的仿制品

[33] 裁缝、换衣人、换外衣、换衣裳、换衣服、披外衣(披上中国外衣的外国作家)、着新装、缝制新衣、穿中山装、华人穿西装、大使的服装、改头换面、翻锦绣、翻花毯、忒修斯船

[34] 移居者、改写者、移民、异化者、归化者、杂化者、小偷、骗子、乞丐、改写、再现、再生、发光、重新编码、改码、建构、重构、第二生命、第二生命形态、入新国籍

[35] 本杰明的五个翻译隐喻:超越、森林、回声、切线、陶罐(瓦罐)

[36] 罗滨逊的六个辞格隐喻:转喻、提喻、隐喻、讽喻、夸张、再转喻

原作好似"变色龙",其外表可随不同环境而换上不同的颜色;译者就像"油漆匠"(董秋斯),可使外文作品变换外在颜色,而内囊仍为同一物。德里达曾将翻译比作"巴别塔的腔调"即"解构主义上帝的腔调",可不断使得语言多元化,用新奇的表达来丰富语言(参见王斌 2006)。余光中(1969)曾指出,理想的翻译者应该是"千面人",而不是"性格演员",应不断随文而变,随情而异,随景而译。

余光中(1968)还说,真有灵感的译文,像投胎重生的灵魂一般,令人觉得是一种"再创造"。一个作品如无人翻译,只能在本土流传,或使用同一语言的国家间传阅,其国际影响力较小。若能将其译为不同文字,则会流传更广,就会产生较大的国际影响力。翻译可以使得一个"作品转灵"(叔本华)、"转生"(冯明惠)、"转世投胎"(the transmigration of soul,钱锺书 1979),躯壳换了一个,而精神依然故我。通过翻译,源文就在另语、另地、另时、另境中获得"新生、再生"。若从这个角度来看译者,他就不仅仅是个简单的从事语言转换工作的人了,而是使得外国作者在本土获得了新生的能人或伟人。

美国翻译家佩登(Peden)的冰块隐喻也可很好地说明翻译活动(摘自何刚强 2003):

　　我喜欢把原作想象成一块方方正正的冰。翻译的过程就是这块冰融化的过程。待到变成了液体状态时,每个分子都变换了位置,没有一个分子与其他的分子再保留着原来的关系。它们开始了在第二种语言里形成作品的过程。分子有逃逸掉的,新的分子涌了进来填补空缺,但是这种成形和修补的轨迹完全是隐性的。在第二语言里确立起来的译

品是一块新的方方正正的冰块,它虽与原来冰块不同,然而外表看上去却是一模一样的。

这个隐喻妙就妙在十分形象地描画了翻译的过程,译者要将原作文本词句进行融解和消化(冰块溶解),然后用译入语重新组装(重新冰成一块固体),在此过程中水分子的位置不同了,喻说原作词语与译作词语的位置也必然要发生调变。

传统观认为,写作是现实生活的反映,译作与其相同,可视为原作的反映,相当于物理学中的反射。而很多学者认为"反射"是不可能的,在转换过程中总归要有些变化,出现了"位移"和"错觉",因此主张用"折射"(Refraction,Lefevere 1982)、"折射器"(Refractor,Lloyd 1982)来喻比翻译活动,这也不无道理。若"折射"所占比例过大,就会导致另一现象出现——"篡改"和"欺骗",这就直接威胁到原作之原义。

"篡改"无异于"叛逆"(traitor,betrayer)(Escarpi 1985),其同义词还有:叛变、反叛、叛徒(谢天振 1999)。当然,翻译也不是完全与原作对着干,"丢开原作闹翻译"仅是一种说法而已,不会有追随者的,因为翻译活动还是要以原作为蓝本的,可带有一定的创造性(Escarpi 1985),特别是文学类的作品,如诗歌翻译,就类似于或等同于创作(克罗齐、郭沫若),将这类活动称其为"再创作"(韦努蒂)、改写、改写者(Oettinger 1963;Lefevere 1992/2004;Bassnett & Lefevere 1993)也就顺理成章了。诸如"再现"(Reiss 1971)、"重新编码"(Jäger 1975)、"改码"(Koller 1983)、"替代"(Winter 1964)等隐喻,与上述翻译隐喻表达式相通。

此后还分别出现了根茨勒(Gentzler 1993:59)的"忠实的叛徒"(Faithful Traitor),以及埃斯卡皮(Escarpi 1958,王美华等译 1987:139)的"创造性叛逆"(Creative Traitor)这两种隐喻说法。

与"变异"相关的隐喻表述还有:

[37]"捏面团"(赵彦春 2005):面团随着厨师的意愿而成形,甚至还有以下的意味:你爱怎么捏就怎么捏,捏成什么样,就成什么样,尽管面团还是那个面团,外形可大不相同,但"面粉"的性质不变。

[38]"嚼饭哺人"(鸠摩罗什):妈妈喂幼儿时,常将一口饭嚼一下,再喂给孩子;译员就像妈妈一样,先将原作咀嚼一下,再将其倒出来哺育读者。

[39]"移瓶注酒"(克罗齐)、移瓶注水(雨果):"移瓶注酒"指将一个

瓶子中的酒倒入到另一个瓶子中,酒虽然还是那些酒,但装酒的容器变了,它会随着装它的容器形状和所贴标签而有所变化。雨果的"从宽颈瓶向狭颈瓶里倒水,傍倾而流失者必多"的比喻与其相仿,但更突出了原作意义丰富(宽颈),一下子很难全部倒入到译作之中,必然会有不少流失的现象(钱锺书,见罗新璋等 1984/2009:32)。凯利(Kelly 1979:216)曾创造"坩埚"隐喻,认为译者在翻译过程中实际上是在将源文"投入坩埚",不停地将译者自己的思想与原作内容相融合。说译文像"复制品、仿制品",意在揭示"翻译是模仿"的隐喻机制,若在其前加上诸如"粗糙的、拙劣的"等形容词,则其模仿的性质就发生了重大变化,意在强调翻译的"变异性"或"耗损性"(参见下节)。

[40] "种子移植"(Transplanting the Seed)与上述隐喻表达基本相同。巴斯奈特(Bassnett & Lefevere 1998:§6)认为,诗歌可译,其过程是:"拆散"(Dismantle)原诗的文字,然后用译入语"重组"(Reassemble)它们;可见,译诗的过程就不可能是复制源文,而是在创作相似的文本,可称之为"种子移植"。雪莱曾说过,植物从种子中生长而出,两者虽"同根同源",但形状不同。据此,不好的译作就有了"枯藤"的隐喻。

[41] "化学反应"(许钧 2010):前几种隐喻表达式属于"物理变化",与其相对的是"化学变化",即这类变化使得一种物质成为另一种物质,若将"翻译"视为化学变化,则强调译文与源文发生了质变。"神似说"也有此意,翻译不在表面,而在于"神",其中包括:表达优美、语句出彩、文风雅致、深层意蕴、文化内涵等,都意在摆脱源文的羁绊。好的译作可起到"催化剂"作用,催促一个民族在思想、文化、社会等方面发生变化。

[42] "红杏出墙"(阿伯兰库):上篇在"翻译是婚姻"中述及此喻,但从内涵意义上来说,将其归为此类也较为合适。原作好像是闺阁中的处女,一旦被译成了外国文字,犹如"红杏出了墙",作品出了国,当可视为"不忠"。

[43] "换外衣、缝新衣"等也是一种很适合描写翻译的隐喻表达式,它与"改头换面"蕴意相同;译文是给原作穿上了新外衣,将外国作品译为汉语后,就好像给它们穿上了"中山装",比喻得倒

也十分妥帖。

鲁迅也曾将翻译比喻为"换衣裳",他(1933)说:

> 不过它原是洋鬼子,当然谁也看不惯,为比较的顺眼起见,只能改换他的衣裳,却不该削低他的鼻子,剜掉他的眼睛。我是不主张削鼻剜眼的,所以有的地方,仍然宁可译得不顺口,只是文句的组织,无须科学理论似的精密了。

这一段话说出了鲁迅在翻译活动中一贯坚守的"直译法"或"硬译法",可使译本"不但在输入新的内容,也在输入新的表现法"。

"翻锦绣"(赞宁)和"翻花毯"(塞万提斯)更强调是其"背"和"面"同样华丽,即译作和原作有同等的美妙之处。法国学者阿伯兰库(Ablancourt Parrot de 1606—1664)曾将翻译比作"大使的服装","大使必须穿所派驻国的服装式样,以免得让当地人感到好笑"( …ambassadors usually dress in the fashion of the country they are sent to, for fear of appearing ridiculous in the eyes of the people they try to please. Lefevere 1992b/2010:6)。

[44] "忒修斯之船"(the Ship of Theseus[①])。因忒修斯船的船板破旧需要不断被更换,当所有船板被更换之后,这条船依旧可被视为原来那船。但使人更为不解的是,当所有被换下来的旧船板又被组装成一条完整的船,就停泊在那只船旁边时,哲学家开腔问道:这还是那条"忒修斯船"吗? 这两条船是什么关系? 这就是译界常说的"忒修斯船之谜"(the Puzzle of the Ship of Theseus),这其中还蕴含着生命中的变与不变之悖论(参见 Eoyang 1993:§7;Tymoczko 1999/2004:279—280)。由新船板构成的那只船,就被映射为"译入语文本",它替代了该船中的破旧船板。由破旧船板构成的船,就被映射为"译出语文本",这两只船的关系就是这两个文本之间的关系。

翻译是变异,就像一个移民更换了国籍一样,意在强调源文的表面特征(即身份)发生了变化,但还含有"人还是那个人"的意思,是否喻指翻译后的文本仍能保持源文的内容,不得而知。而"改写者、改写、再现、再生、重新编码、改码、建构、重构、第二生命、第二生命形态"强调的是内容上的变更,仅译

---

① Theseus 为古雅典国王,以杀死牛首人身的怪物而闻名。

者译出的作品可以使得原作获得一次新生,即本杰明(Benjamin 1923)所说的
"再生"(Afterlife),原作在译者的手中获得了"第二生命"或"第二生命形态"
(谢天振、查明建 2004:11)。尼采曾将翻译喻为"征服"(详见下文),他还打
了个比方:罗马人抹去了古希腊文物上的灰尘,把古老的东西翻译成现代的,
使之发出新的光辉(仲伟合等 2001)。

　　本杰明还就翻译问题共提出了五个隐喻表达:

　　　　[45] 首要者为"超越",即译入语在形式层面和意义层面都可能超
　　　　　　越源文本,这与许渊冲所说的"竞赛"似有异曲同工之妙。正
　　　　　　如本杰明(Benjamin 1923)所说:"如果译作的终极本质只是为
　　　　　　了效犟于原作,那么要完成翻译就渺乎其难了。"他的另外四
　　　　　　个有关翻译的隐喻表达式也很耐人思索,各有一番风味,都可
　　　　　　用以深入解释"翻译超越论"(参见刘宓庆 2005:426—437):

　　　　[46] 森林(Forest)之喻:译者不可陷入原作的语言之林,而应站在
　　　　　　森林之外眺望林木覆盖的山岭,统筹规划,且要注重内省,以
　　　　　　能把握原诗透溢出来的外在的召唤,深刻领会到原诗的形象、
　　　　　　意象和音象。译作与原作的关系具有松散性、交融互补性。

　　　　[47] 回声(Echo)之喻:沿着上一隐喻可知,译者只需站在原作语言
　　　　　　之林这一整体的外面来呼唤原作,便可听到一个以自己之声
　　　　　　回荡在陌生语言里的回声,这就是译者的任务:在译入语中激
　　　　　　起原作的回声,找到体现在译入语中的效果,即意向性
　　　　　　(Intention)。

　　　　[48] 切线(Tangent)之喻:译文与源文如同切线与圆周,只是在意
　　　　　　义这个无限小的点上轻轻触及一下原作的意蕴,两者随后就
　　　　　　在语言之流的自由领域继续各自的行程。切线不可能随着圆
　　　　　　圈转,它可实现对圆的超越,以能展现自身的价值。这倒有点
　　　　　　像李商隐的"心有灵犀一点通"。

　　　　[49] 陶罐(Vessel)之喻:先将陶罐打碎,再将其碎片重新粘合起来
　　　　　　成为另一只陶罐。要能实现这一点,必须有一个条件:碎片尽
　　　　　　管形状有异,但须能彼此吻合,因此译作须将原作的意蕴细致
　　　　　　入微地吸收进来进行合理组装。在某种程度上讲,它已不是
　　　　　　原先的那个陶罐,但视为同一个陶罐也未尝不可。因此,译作
　　　　　　不必以传达原信息为要旨。

　　我国著名翻译家许渊冲不仅提出了译诗的"三美"原则,且还提出了"翻

译的竞赛论",认为"译作可以超越原作","令源文逊色",即译者必须与原作者比美,要有"试看谁人作品更精彩"的精神,公开宣称译者可以改变并美化源文,且还要将源文比下去,这便是对本杰明上述翻译思想的一个最好回应,对于文学翻译具有一定的参考意义。

另外,罗宾逊(Robinson 1991:131—193)曾用六个辞格来喻说翻译的六种类型(Robinson 1991;谭载喜 1991/2004:284),它们是:

[50] Metonymy(转喻)、Synecdoche(提喻)、Metaphor(隐喻)
　　 Hyperbole(夸张)、Irony(讽喻)、Metalepsis(再转喻)

据此我们就有了:

(1) 转喻型翻译:用译文的部分内容来替换源文的部分内容,主要依据"部代部"的转喻认知机制。

(2) 提喻型翻译:用译文的部分内容来替换源文的全部内容,译文对源文做了"缩减",主要依据"部代整"的提喻认知机制。

(3) 隐喻型翻译:用译文的整体内容来替换源文的整体内容,主要依据"整代整"的隐喻认知机制,以求译文与源文的完全对等。

(4) 夸张型翻译:对源文进行了较大的修正、改进或夸大,常拔高原作,在译文中加入了译者的思想,创造出一个原作者没有的意图。

(5) 讽喻型翻译:承认翻译可以仿造事实;亦或直接否认,亦或不否认完美翻译的可能性。

(6) 再转喻型翻译:译者忽略了文本的时空转译,创造出一个虚幻的译文时空,如将古希腊的荷马史诗译为现代英语。

我们知道,语言表达主要有两大方法:

(1) 完全依据事实的客观叙述;
(2) 经主观加工的"修辞"表达。

所有修辞,都是背离事实的表达,便可认作"假话",当然这里的"假话"与"小偷偷了东西不承认时说的话"不同,前者仅指"与事实不完全相符"的各种表达式。若有 100 个辞格,就意味着有 100 种"讲假话"的方法,因为在我们的语言交际中,不可能也不需要都按照事实来叙述(我们在哲学和逻辑学常讲的"命题"便是这一种类型),其中必然要掺入讲话人的主观看法(如情态动词等就起这个作用,我们还有否定句、疑问句、祈使句、感叹句等,它们都谈不上与事实相符)。这些辞格都可视为 CL 中的"Metaphor"(隐喻),这就与世

界著名认知语言学家雷柯夫和约翰逊(Lakoff & Johnson 1980)论著的书名
*Metaphors We Live By* 完全相吻合。所谓"隐喻",就是用一个事物来喻说或
理解另一个事物,其本质就是"不真"。据此,这个书名还可解读成"我们不说
'假话'就没法活",这正是后现代哲学家所坚持的基本观点,否定绝对客观真
理的存在。

　　罗宾逊尝试用辞格来喻说翻译活动,其核心就是译文不可能与源文完全
一致,所谓的"信"和"忠"一类的说词,严格说来是达不到的,源文一经翻译,
其间必然要有所"变异",这是不可避免的,就像辞格一样,必然要与事实有某
种程度的违背。因此罗宾逊的这六个翻译辞格隐喻的核心还是"变异",这就
是笔者将其归入这一类的主要依据。特别是第(5)和第(6)两小类,直接点明
了翻译具有"时空变异性",否定完美翻译的存在。前四小类主要围绕"部分"
与"整体"之间的两两关系提出的思考,我们知道两两关系(2 x 2 = 4)主要有
四种:

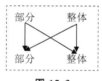

图 15.3

这就有了:

　　(1) 部分代部分——转喻型翻译
　　(2) 部分代整体——提喻型翻译
　　(3) 整体代部分——夸张型翻译
　　(4) 整体代整体——隐喻型翻译

右边就是罗宾逊的理解。

　　我们认为,在翻译中既有转喻[第(1)和(2)可合称为转喻],也有隐喻,
这就是我们上一章所提及的"Metaphtonymy"(隐转喻),但此处的"隐喻"并
不是按照罗宾逊的"用译文整体替代源文整体"来理解,因为如其所述的
"文本等同"和"完全忠实"是办不到的,这正是后现代译学批判传统译论的
要害之处。此处的"隐喻"是按照广义的"用译入语替换译出语"的思路来
理解。

　　值得称道的是,罗宾逊率先摆脱了依据文本类型和传统方法来探索翻译
活动,尝试用修辞格来建构翻译隐喻表达式,以其来重新解读翻译的性质,确
实是一种理论上的创新,值得点赞!

## 第八节 结 语

本章主要依据 CL 的隐喻认知理论,通过语料分析发现了翻译隐喻的根隐喻机制为"翻译即交际",且主要论述了"理解与中介、结婚、模仿、变异"支隐喻机制。笔者还发现,这些支隐喻表达式出现频率较高,现按我们所收集到的语料排列如下:

变异(79)＞模仿(68)＞婚姻(66)＞理解与中介(56)

通过这几类翻译隐喻,可很好地帮我们更加深刻地认识译者的身份、翻译的性质以及功能。从上可见,频率最高的为"变异"和"模仿",这也完全符合后现代译学和体认翻译学所持的观点,翻译为"创造性模仿"的体认活动。

# 第十六章　翻译隐喻观的体认分析(下)

我们发现,有关翻译活动(以译者、译文等为主)的约五百条隐喻性表达式,是基于根隐喻"翻译即交际"及其十一条支隐喻机制形成的,其中5条"理解、中介、结婚、模仿、变异"已在上一章论述。我们知道,既然是"模仿",就不可能百分之百地全真,其中必有部分差异和丢失。本章先论述"损耗"支隐喻,接着分析"征服、约束、开启、吃",以及我国古代学者有关翻译的语音隐喻表达式。通过上述分析可见,概念隐喻、结构性隐喻不仅对于翻译隐喻表达式有强大的解释力,加深了对翻译活动的理解;而且进一步论证了概念隐喻论对于人类理解、学科建构发挥着关键性统摄功能,拓展了CL的研究范围。

## 第一节　"耗损"支隐喻机制

我们在第十五章基于[6]解读了派生性支隐喻"模仿"和"变异"。说到"模仿",就不可能是照实克隆,只能"模"与"仿",不必全像,其中必然要涉及局部性变异,在某种程度上会"损耗"源文的形式或意义,这就派生出第六条"损耗支隐喻"(the Branch Conceptual Metaphor of Loss):

[1] TRANSLATION IS LOSS

基于此就生成了如下喻体:

[2] 管道中的流水、葡萄酒被掺水、酒之被水、乳之投水、嚼饭与人、

驴蒙狮皮、蜡制偶人、点金成铁、沸水煮过之杨梅、羽毛拔光之
飞鸟、死鸟、隔被嗅花香、失去胳膊的维纳斯、从版刻中复制出
原画的色彩、美化原作的译者如同在朋友面前为穷女婿遮遮掩
掩的丈母娘、铁锤(砸烂原作)、削鼻剜眼

[3] 漫画家、艺术家、流失者、飞散

[4] 哈哈镜、多棱镜、粗糙的仿制品、伪造者、商人、平庸者、平庸之
作、伪造

[5] 补偿、增益

　　喝没有被掺水的葡萄酒,原汁原味,甘甜清醇,当葡萄酒被掺水(道安,见
罗新璋等 1984/2009:28)或牛奶被掺水(道朗,见罗新璋等 1984/2009:59)之
后,其浓度就被稀释了,原来的味道就被冲淡和损耗。"嚼饭与人"(鸠摩罗
什,见罗新璋等 1984/2009:32)也含有这个意思,经别人咀嚼过的饭菜,必然
要少一道口味。但鸠摩罗什还认为,不仅少一道味,且还令人作呕。郭沫若
(1954)也有类似的论述,他说:

　　　　一杯伏特卡酒不能换成一杯白开水,总要还他一杯汾酒或茅台,才
　　算尽了责。假使变成一杯白开水,里面还要夹杂些泥沙,那就不行了。

　　钱锺书在《管锥篇》第四卷中一连用了好几个翻译隐喻,如"驴蒙狮皮"
(asses in lions'skins)、"蜡制偶人"(the Madame Tussaud's of literature)、"点
金成铁"(the baser alchemy)、"沸水煮过之杨梅"(a boiled strawberry)、"羽毛
拔光之飞鸟""隔被嗅花香"(smelling violets through a blanket)等(参见罗新
璋等 1984/2009:33),其喻义大致与上述相通。瓦莱利(Valéry 1953)曾将不
好的译作(特别是将诗歌译为散文的译作)喻为"死鸟"(dead bird)。

　　"失去胳膊的维纳斯"(刘华文)总是一种缺憾,使人产生"若有所失""不
尽全美"的感觉。在从版刻复制出原画色彩(伏尔泰)的过程中,总归是要有
所损失的。译作必有短处(犹如穷女婿),但作为译者(丈母娘)总要美化一
下,遮盖其缺点,这其中也含有"翻译损害原作真面貌"的意思。

　　从这些隐喻表达式可见,经过译者处理后的作品总归要有所损耗,某些
信息会被遮掩起来,完全复制并百分之百地保留原作的色彩和内容,无论是
在理论上还是在实践中,都是一种天方夜谭,实属痴人说梦。这就像"铁锤"
一样,先砸烂原作,然后再重新组装,其间必有损耗,此乃正常情况。

　　鲁迅大力倡导"直译法"或"硬译法",主张译作应当"欧化""洋气",以使
读者能够"移情"和"益智",这样就能保持源文的味道,既可引入新的思想内

容,也要输入新的表现手法。坚决抵制对源文做"削鼻剜眼"的处理(鲁迅1933),倘若改动过大,译文的损耗就太大了,见不到一点洋味,也就失去了翻译的真谛,未免太遗憾了。这一翻译隐喻与他"宁信而不顺"的翻译思想是一脉相承的,当算近代译学中提倡"异化"译法的先声。

正如上一章所言,传统学者常将翻译比作绘画,意在强调绘画时要忠实于所画对象,这类隐喻强调的是"模仿"和"相似";而漫画家与此不同,更具艺术性,译者就是艺术家(德莱顿、穆南、萨沃里、托尔曼、加切奇拉泽等),既有对现实生活的模仿,也有提炼和丢失,这就是我们所说的文艺"既来自于生活,又高于生活",允许它与生活(或原作)有所不同。所谓"漫画",必与其所画对象之间有一定或较大的差异,要"既像又不像"。作品要能传神地将所画对象的主要特征和精气神展现出来,达至"出神入化"的境界,这说来容易做来难。

麦娜基(Ménage 1690 / 参见谭载喜 2004:88)曾将译作比作"美而不忠的女人",歌德曾将译者比作"下流的职业媒人",以及茅盾(1934)、鲁迅(1935)曾将译者比作"说谎的媒婆",都意在揭示译作不忠实于原作的现象。类似的隐喻还有"哈哈镜"(参见 Gademer 1960,洪汉鼎 2010:392),它不同于普通的日常使用的镜子,常会扭曲照像之人或物,以能取得某种搞怪或令人愉悦的效果。杨晓荣(2005)所说的翻译标准像"多棱镜"颇具另一番道理,强调了翻译的多元变化,标准的多重角度,评估译文的质量不能用一把尺子量到底!

萨文利(Savory 1957)曾将译者比作奸诈的"商人"(Merchant),总归不能足斤足两地出售货物,他说:

> If a translator finds himself compelled to omit something, he may be
> execused if he offers something else in its place, as if he were a merchant
> who, having promised to deliver a specified weight of some commodity,
> has failed do do so and must make amends by the gift of an unexpected
> bonus. (如果译者发现自己不得不省去某些词语,他可能会宽恕自己在
> 此处写了些其他内容。这就像一个商人,答应要提供额定重量的商品,
> 但未能做到,必须用意外红利作赠品做出赔偿。)

"粗糙的仿制品"与"模仿"有所不同,常为人们所摒弃,至于"伪造者、平庸者"就具有贬义了,"伪造"和"平庸"(Newmark 1981:6)似乎是在谴责译者水平低下,译文不能吸引读者。童明的"飞散说"则较为形象地揭示了翻译过程的基本面貌,译者会使源文意义在译文中飞散而出,这倒有点像德里达解

构哲学中的"撒播",这倒也有点类似于艺术家的创作风格。

既然有"损耗",就会有人想到要补救一下,这就是译学中所说的"补偿"(Compensation,Hatim & Munday 2004:31),译者常会想方设法地用"注释、脚注、尾注、括号、破折号"等方法将译文中没法通顺译出的意思补充进来。译者若一不小心在译文中出现多于源文的信息,或故意增加些源文没有的词语(如有关背景知识等),以使读者能更好地理解原作,这种情况就叫做"增益"(Enrichment,Gain)。

## 第二节　"征服"支隐喻机制

"征服"主要指一方使用武力迫使另一方屈服,以占领他国领土、侵用他国资源、奴役他国民众为目的。翻译活动犹如武力征服,译者就像征服者,要对源文进行"掠夺、挪用、侵占",将其所获之物带回到译入语之中,这就是第七支隐喻机制:"征服支隐喻"(the Branch Conceptual Metaphor of Conquering)

### [6] TRANSLATION IS CONQUERING

据资料,哲罗姆(Jerome 347—420)早就用"征服者"来喻说译者,后来尼采(Nietzsche 1844—1900)在《愉快的知识》中又论述了"翻译是征服"的思想。他认为翻译就是征服的另外一种形式,例如罗马人在翻译过程之中不仅把在他们看来过时的东西悉数略去,并且加上了一些内容,借以提及现在。他们甚至删掉源文作者的名字而公然署上自己的名字,且还认为这不是剽窃,而是"罗马国家至高无上的帝权"。尼采的这一翻译观与他的后现代哲学思想是一脉相承的,否定真理,解构文本的固定意义,反对译者的盲从,反对译者将自己委身于原文本、趋作者之炎、附原作之势,主张译者要充分放开手脚,不拘泥于源文,要充分体现自我意志的力量和冲动(参见仲伟合等 2001)。

在这条支隐喻机制的统摄下结构性地生成出如下喻体:

> [7] 掠夺者、搜刮者、侵略者、挪用者、霸权者、干涉者、操纵者、被操纵者、反操纵者、被操纵的操纵者、操纵手、调控者、操控者、摆布者、被摆布者、帮凶、共谋、摔跤手、采矿者、殖民者、掌权人、投降者、拒绝投降者、乞丐、仆人、奴隶、妥协者
>
> [8] 掠夺、搜刮、侵占、挪用、无情开发、搏斗、抵制、竞争、竞赛、摔跤、操纵、操控、摆布、侵入、侵略、暴力、霸权、奴役、干涉、抵抗、

　　　　抵御、抓俘虏、搬运军火、开采露天矿、殖民、殖民地、帝国

[9] 利器、锤子

[10] 选择者、替换者、替身

　　巴斯奈特和勒菲弗尔(Bassnett & Lefevere 1993)在后现代哲学思潮的影响下提出了"操纵观",认为翻译没有绝对的"等值"和"忠实",译者可在翻译过程中发挥自己的主观能动性,兼顾各种社会文化因素后作出合理取舍,"改写"源文,发挥译者的操纵作用。这一思想与"挪用"(Impropriety)、"掠夺"(Pillage)、"侵占"(Transgression)有相似的喻义(Parker 1987)。王宏(2012:xvii)曾将译者喻比为"被操纵的操纵者"很有见地,这说明译者一方面要受控于作者和源文,不可"过度创作";另一方面也会发挥主观能动作用,可采用"归化法"对源文作适当调整,改写和编译。当然了,他的译文也会对读者发挥"操纵"功能,产生深远的影响,如陈望道(1920)的译本《共产党宣言》影响了一代又一代中国共产党人,为中国革命和世界革命而奋斗。王宏的这七个字倒也说出了后现代哲学视野下翻译观之精髓。

　　斯坦纳(Steiner 1975/2001)直接指出,译者如同"侵略者"或"搜括者",把掠夺来的东西带回家(带到译入语中)。这其中就必然涉及"暴力"(Violence, Niranjana 1992;Venuti 1995)以及"霸权"(Hegemony, Iser 1995)等问题。他还根据哲罗姆的"抓俘虏"隐喻造出"露天矿(an open-cast mine)"隐喻,开采露天矿虽然较易,但也要揭开矿产表皮才能获得矿藏;翻译要侵入源文之后才能获取意义,且将其义带回到译入语之中,但也不可避免地要"在地上留下伤疤"(leave an empty scar in the landscape,Munday 2001/2010:164),以此喻说:翻译过程必定要在一定程度上伤害源文的意义。

　　有"操纵者"就必有"被操纵者",有"侵略者"就必有"被侵略的人",有"主人"必有"仆人、奴隶",谈到翻译过程中的"源文"和"译文",它们常会游弋于这两个对立的角色之间,这就需要根据翻译活动的需要,在两者间不断的"调整"和"平衡",这就是在第十五章第七节所说的"游标尺"隐喻。

　　后殖民主义学者更是青睐哲罗姆的"抓俘虏"隐喻,认为译者要"侵入到源文去中去抓俘虏",这里的"俘虏"主要指"意义、意图、信息"等,这就有了与"征服"相关的"殖民类"喻体,倒也十分形象,翻译就是将源文移植到他国文化中去,意在征服殖民地的劳苦大众。后殖民主义者还常用"帝国"(Empire, Cheyfitz 1991)来喻说翻译,说它常像帝国主义具有侵略他国领土和文化一样的本性。

　　鲁迅曾将翻译比作"为起义的奴隶搬运军火",是直接为革命服务的(参

见陈福康 2000:286),这也与"争斗、征服"相通。昆体良(Quintillian 约 35—95;或 35—100)提出了与西塞罗"译者是解释员、演说家"、贺拉斯的"翻译不是死译"不同的译论,认为译者在表达同一内容上可与原作"搏斗"和"竞争",鲁迅的上一翻译隐喻观与其相类。如此说来,译作当可被视为"利器",用这把锤子可砸烂旧世界。

韦努蒂(Venuti 1995)认为,后现代译论家所主张的"读者中心",特别是以英语为母语的学者,意图通过"归化"的方法,追求语句通顺,不惜篡改源文内容,要求译作符合译入语(或目的语)文化,从而将本国文化强加到他国文化之上,实现了"抵抗"和"侵吞"他国文化的目的。这显然也是一种殖民心态,是白种人族中心主义的表现,当予抵制。因此他本人倾向于"异化"翻译方法。这就是本杰明(Benjamin 1923)所说的"走出牢笼"隐喻,即"翻译就是将意义从牢笼中解放出来"(the liberation from imprisonment)。

至于译者是"仆人"(法耶特夫人 Madame de La Fayette 1634—1693;巴特 Batteus 1713—1780)、"奴隶"(德莱顿)、"乞丐"("a beggar at the church door Steiner",Bassnett 1980:77),则顺应了传统翻译观,将译者视为原作者的奴仆,只能唯原作马首是瞻。杨绛(参见楚至大 2004:40)所说的"一仆事二主"比法耶特夫人更到位,意在强调译者既要受制于原作者和原作品,也要服从于译入语读者的需求,理应兼顾双方的要求和利益,似乎比上述的"仆人隐喻"又多了一具枷锁。

雅克布逊(Jakobson 1956:241)认为,人类的言语通过"结合"(Combination)形成"横组合"的邻近结构,通过"选择"(Selection)形成"纵聚合"的替换关系,这两者控制着语言的各个层级。前者由部分构成小整体,小整体构成更大整体,因而具有"转喻"关系;后者在一个同类词语场中进行选择,产生"替代",因而具有"隐喻"关系。据此,译者就被视为"选择者"和"替换者",同时运用了隐喻和转喻认知机制。该翻译隐喻曾受到很多学者的质疑,似乎译者仅在从事一种机械性选择配件和替换性的活动?倘若如此,翻译交给计算机也就毫无问题了,只要程序设置好了,计算机就可"代替"人了,可事实远非如此!译者不是只发挥着"双语词典"的作用(参见 Tymoczko 1999/2004:281)!

## 第三节　"约束"支隐喻机制

有"征服"就有"约束",在征服过程中,侵入者对殖民地人民强加各种约束;而在翻译过程中,译者在征服源文时,也企图用译文来影响和约束读者,另外一则也当在一定限度内约束自己,不可过度放任。根据中篇所述的"翻译是变异",也可推导出"程度性"问题,不能变得放纵无边,某些激进后现代译论家提出的"踢开原作闹创译""爱怎么翻译就怎么翻译",使得译论又走向了另一极端,即使将翻译说成是"创作",但也应"创而有度",必须受到某种"约束",这就有了第八支隐喻机制:"约束支隐喻"(the Branch Conceptual Metaphor of Binding):

> [11] TRANSLATION IS BINDING

它是对第七支隐喻的一个补充。诸如:

> [12] 奴隶、仆人、奴仆、一仆二主、阶下囚
> [13] 当差、跟屁虫、应声虫、寄生虫、走狗、活麻雀胜死老鹰、活犬胜死狮、舌人
> [14] 把关人、穿着紧身衣的作家、带着镣铐在绳索上跳舞的人、不出舞池的跳舞、穿小鞋的女人、雕虫小技、紧箍咒

等,都是第八支概念隐喻的产物。

巴托、德莱顿都曾认为原作者是主人,译者仅是奴仆而已(Pasquier 1576;Chapelain 1619—20;Dryden 1697;Fayette 1693;Batteux 1750),只能像"跟屁虫、尾随者、走狗"一样一脸的奴相,紧跟在作者主子后面亦步亦趋,忠实地再现原作的思想和风格。德莱顿(参见 Lefevere 1992b/2010:24)还用"种葡萄"做比,译者就像奴隶一样只能在主人的庄园里辛劳耕作,给葡萄追肥、整枝,然而待葡萄成熟后所酿出的酒却是主人的,奴隶没有份(谭载喜 1991:153)。或者说,葡萄盛产了是奴隶的本分,若歉收则奴隶难逃其责;作者可以是他思想和词语的主人,而可怜的译者被绑在人家的思想上,拼命却往往徒劳无功地追赶源文(夏平 2010)。也就是说,译者一直是处于被奴役的位置,只有干活的份,而无任何露脸的机会。纽马克(Newmark 1988/2001:224)将译者说成"parasites"(寄生虫),基本思路与其相同。

而后现代哲学家主张将译者视为"作家",这可算是一个翻天覆地的变化,脱下了紧身衣服,顶起了华盖大伞;种地的奴隶翻身闹革命,反奴为主,当上了葡萄庄园的主人;追随者也可脱胎换骨,不再依靠他人过日子了。也有学者将译员比作"把关人"(郑宝璇 2004),他的身份显然比"奴仆"要高多了。

亦有学者敏锐地认识到,译者与作家还是有所区别的,前者当有所限制——也就是"须给他穿上紧身衣",不能随便乱"创",更不能放手去"作",须

在原作划定的范围内做有限的创作。据此我们认为"穿紧身衣的作家"这个翻译隐喻表达式倒也较为合适。"穿小鞋的女人"与其相仿,多少道出了翻译活动的真谛,它应当是"有限制的创作、模仿兼创作"。

而德莱顿(Dryden 1680)的"戴着镣铐在绳索上跳舞"(Schulte 1992:18)则在逻辑上有问题,戴着镣铐连步子都迈不出去,又如何能跳起舞来,岂不自相矛盾?笔者据此将其修补为"不出舞池的跳舞",脱去镣铐,方能迈步,但不能跳到"舞池"之外,这舞池是由作者和原作所划定的,且受制于译入语国家的意识形态、诗学形态、文化系统(Lefevere 1992/2004)。亦有学者(桂乾元 2004:IV)将翻译视为"杂技演员",捆住他们的手脚,却还要在舞台上表演,这与"戴镣铐跳舞"颇为接近。

不少人曾将翻译视为"雕虫小技",使得此项工作在很长时间里不入主流,登不了大雅之堂,译者地位低下,只能夹着尾巴做人。"杂耍"类似于"三脚猫",与"雕虫小技"意思相当,多含贬义,什么都会点,什么也不精。将译者视为"打杂的",倒也说出了翻译之不易,只能为主子提供服务,且个个行当都要懂点。这两则比喻对译者的"鄙视"之义显而易见。只是近年来随着翻译学作为一门独立的学科登堂入室,其地位得以确立和提升,翻译的理论研究和实践价值才越来越受到重视,也出现了一些含积极意义的翻译隐喻,如将翻译视为"下棋"和"足球赛",参见第六节。

学界普遍认为,就严格翻译而言,译者虽有一定的主动权,但这个权的使用要有限度,它就像套在孙悟空头上的"紧箍咒"一样,译者不能"天马行空、目无源文"。

## 第四节　"开启"支隐喻机制

"交际"或"沟通"为的是揭开原作的意义,以期能让读者打开心扉,开启智慧。依据根隐喻"翻译即交际"自然就能延伸出第九支隐喻机制:"开启支隐喻"(the Branch Conceptual Metaphor of Opening)或"解放支隐喻"(the Branch Conceptual Metaphor of Liberation):

[15] TRANSLATION IS OPENING or LIBERATION

翻译一方面要打开源文之意,揭示出被译出语符号所遮蔽的信息,因此很多人将翻译视为(参见廖七一 2001:1):

[16] 开荒人、开拓者、采矿者、榨汁机、解放者、普罗米修斯、走出牢
　　笼的人

[17] 开启、启发、启智、开门者、开窗人、开门、开窗、拉开窗帘、撬开
　　贝壳、砸硬壳、揭盖子、撩开面纱、开井盖、拉帷幕、榨橘汁、找
　　开箱的钥匙、窃火种

[18] 加油器、光线、食物、水

[19] 天才、大师、先知、启明星、专家、圣人、法师、三通人才、三合人
　　才、能人、急先锋、领路人、神似

[20] 作者、创作者、创造者、再创造的能人、再创作、制造商、制造
　　者、天马行空者、造物主、工匠、创作、再创作、二度创作、制造

　　波拉德(A. Pollard)在论述翻译圣经的重要意义时说:"翻译如同打开窗户,让阳光照射进来;翻译如同砸碎硬壳,让我们享用果仁;翻译如同拉开帷幕,让我们能窥见最神圣的殿堂;翻译如同揭开井盖,让我们能汲取甘泉。"(《圣经》1611年钦定本译者序言,见廖七一 2004:1)开门可以见山,打开窗户便可让阳光照射进来,这"山"和"阳光"可用以喻指原作之意图,波拉德所说的"开门"就是这个意思。

　　同样,砸开硬壳便可享用果仁,打开井盖就能汲取甘泉,拉开帷幕就能见到真相,撩起面纱就可见到美丽姑娘的真面目,这些都与"开门见山"和"开窗"的旨趣相同。这是1611年翻译《圣经》钦定本的译者们所做的隐喻,他们用"光线、食物、水"等作为始源域来喻说翻译,将这一活动视为人类生存须臾不能离开的必需品。

　　至于"榨橘汁"和"窃火种"倒也有几分新意,译者应将源文的意义"榨"出来,自然含有"取其精华,去其糟粕"之义。从原作中若能盗得火种,就像普罗米修斯(鲁迅 1930;胡风 1999:403;陈福康 2000:286)一样,"窃火给人",通过翻译给我国文学带来新的火种。让我们来重温一下鲁迅八十多年前的一段话:

　　　人往往以神话中的 Prometheus 比革命者,以为窃火给人,虽遭天帝之虐待不悔,其博大坚忍正相同。但我从别国里盗得火来,本意却在煮自己的肉的,以为倘能味道较好,庶几在咬嚼者那一面也得到较多的好处,我也不枉费了身躯……然而,我也愿意于社会上有些用处,看客所见的结果仍是火和光。

　　当然了,译者若能找到打开箱子的钥匙,也就能见到藏于箱子(原作)中

的真货(鲁迅,参见杨全红 2010)。但该隐喻不如"榨桔汁"更合理,因为在开箱之前或之后,箱中所存放的实物确是一成不变的,而译文必定与源文要有一定的差异。但从鲁迅坚持"直译法"来说,大力倡导"宁信而不顺",该翻译隐喻表达式倒也较为合适。

"解放"与"开启"有共同的含义,将翻译活动视为"解放"的喻义也很深刻,译者就像解放者一样,可使源文本从译出语的束缚中解脱出来,从而在译入语中获得自由和发展,据此就可建构后现代译论所大力倡导的"翻译是创造性改写"这一全新命题。正如巴斯奈特(Bassnett 1980:6)所说:译者可使文本从原作者所使用的固定符号中解脱出来,使它不再隶属于源文本,清晰可见译者填补译出语作者和译入语读者之间空白的尝试。与"解放者"类似的喻体还有:开门者、开荒人、开拓者、采矿者、普罗米修斯、走出牢笼的人等。

译作要能对读者产生"开启"功能,当须具有灵动性和感召力,这就有了19世纪菲茨杰拉德(FitzGerald 1859,1878)所创造出的下面两条翻译隐喻"宁愿是只活麻雀,而不是只死鹰""活犬胜死狮"。"活麻雀"和"活犬",虽比"鹰"和"狮"体积上来得小,生物链上的地位较低,但它们毕竟是有生命的,总比没有生命的大动物要强得多。这就意味着译文当具有灵动性和感召力,似乎在批评死译。唐人(罗新璋等 1984/2009:587)在把翻译比作"画写生画"时,意在强调创作写生画时要"传真、传神、惟妙惟肖、栩栩如生",以能达到感人的目的。这与菲茨杰拉德上述两条隐喻似有异曲同工之妙!这或许就是为何我国译界著名学者陈西滢、傅雷、汪榕培等要提出"神似、传神达意"作为翻译本质之初衷(参见附录 3)。

译者是"媒婆",关注的是"联结者"社会角色,将译入语文本和译出语文本关联起来,使得两者取得了一种"联结",进行概念整合运作;他同时又是"创造者",起着创造性模仿的角色,这可用概念整合论中的"新创结构"(Emergent Structure)做出合理解释。特别是在后现代译论的统摄下,译者不再被视为"奴隶、仆人、阶下囚",而是"主人、座上宾、征服者"。源文正是在译者的手下在异国他乡得以复活和生存,这都是翻译家的功劳。因此"译者就是作者"应运而成,翻译就是再创作,"创作者、先知"等桂冠自然就被戴到了他们的头上。文化派将这一观点表述为"译者是文化创造者"。

用"加油"作为始源域来喻说翻译,意在强调译作可促进译入语国家的文化进步、社会发展。许嘉璐(2005)曾将翻译比作"加油器",很有新意,强调此项工作可促成不同社会、不同地域、不同文化背景的国家和民族之间的沟通与交流,可为人类带来巨大的社会推动力,这是社会变革和文化进步不可缺少的"加油器"。

　　杨武能(1987)给译者身份做出了"三合一"定位:接收者、阐释者、创造者,这也揭示了翻译活动的一般程序:接收者始于阅读原作,然后对其作出阐释和理解,最后将其创造性地译出。从这一隐喻中可见,译者实为多面人,集三重身份"作者、译者、读者"于一身,进一步论证了翻译主体的多重性,将对翻译主体的研究从单一的译者扩展到三者,拓宽了译者主体性研究的范围。这三者在整个交际活动中发挥着不同的作用,译者当是整个翻译活动的枢纽,发挥着最积极的作用;原作的作者自然居于主导地位,因为是他提供了整个活动的基础;而译本的读者并非处于消极被动的无足轻重的地位,译本的读者也参与了译本和原著的价值创造。这一论述较为全面、周到!

　　能开启心智的工作必不是一般人所能为之,国外、国内皆有学者对译者给予了高度评价。英国翻译家德莱顿(Dryden 1631—1700)尊译者为"艺术天才";当代英国翻译家斯奈尔—霍恩比(Snell-Hornby 1988:132)称译者为"语言大师"。

　　德国文学家歌德(Goethe 1749—1832)视译者为"人民的先知";康德的弟子赫尔德(Herder 1744—1803)还冠之以"启明星"的称号。他们都认为译者具有引导和传播国外先进文化的功能,一个好的译本可教化民众,开启心智,推动社会进步,这样的译者便可视为人民的先知。威尔士(Wilss 1980)将翻译隐喻为"领路人",与歌德的思路相同。难怪德国当代目的论倡导者弗米尔(Vermeer 1989/ Hatim 2001:73)待译者为"专家"。我国先哲也曾为译者冠以华丽的头衔,一度将"圣人、法师"等桂冠戴在译者的头上(马祖毅 2001:39);梁启超(1873—1929)尊译者为"三通人才",即"于华文、西文及其所译书中所言专门之学,三者俱通"。

　　"翻译"究竟是什么?似有多种答案,它可包括:翻译研究、翻译产品、翻译行为等,在汉语中还可指从事翻译工作的人,蔡新乐(2005)认为"人生就是翻译"。学界常将翻译分为"狭义的翻译"和"广义的翻译",前者指严格的忠实于源文的翻译,符合"信、达、雅"标准的译文;后者则可采用"择译、编译、改译"等手法解构源文,译者具有较大的自主权。若站在后者的角度来看,解构"信、达、雅"就可成立(但不可扩大至一切翻译),这就有了"翻译就是创作"一说,译者就是作者,将他们喻比成"创作者、制造者、天马行空者"也就水到渠成。

　　王佐良(1979)曾将译者比作"再创造的能人",这与后现代学者所说的"译者就是作者"的隐喻相通,道出了后现代译论重新认识翻译活动的心声,终于打破了"译者是仆人"的传统观念,将译者置于与作者搞创作的同等重要地位,因此就有了翻译就是"创作"或"再创作、二度创作",此时译者兼作者就在"改写"原作,"建构、重构"译入语的新作品。制造商(Manufacturer, Newmarker 1981:5)、制造、造物主、造物、工匠等与此同义(参见第七节[34])。

罗选民(2011:9)曾说:

> 翻译是一把利剑,在一个国家处于危难的时期,它常常是冲锋在前,所向披靡,很难想象没有翻译,中国的现代化社会是如何形成的。

不难看出,这一比喻也是基于"开启"隐喻机制而形成的。

# 第五节　"吃"支隐喻机制

"开启"支隐喻主要指打开堵塞物以使封闭于容器中的东西能够流出或释放出来,多为单向运作;而"吃"包括双向,既可"进",也可"出"。当语言信息在交际中传授到受话人兼译者时,他就要接受它,这就有点像"吃进";若谈到翻译,译者不仅要先"吃进",还要"吐出",这就引出了第十支隐喻:"饮食支隐喻"(the Branch Conceptual Metaphor of Eating):

[21] TRANSLATION IS EATING

具体的隐喻表达式有:

[22] 吃人、食人、食人者、食人说、食人行为、嚼饭哺人、叫花子、吸血鬼、杀父、弑父、再生者、采购员、嚼饭与人的保姆、奶妈

[23] 输血、消化、移植天堂、传输光明、移植魔鬼、吸收、吸取、医疗、医治、医术、治病、死亡、死人、忘我者、悬搁者

[24] 野餐会

古罗马人曾将翻译比喻成"吸取",说译者要像人吃饭一样,不断吸取营养。鸠摩罗什也有此观点,翻译活动如同妈妈将饭经咀嚼后再喂给孩子一样,经译者咀嚼过的译文,显然与源文有些不同,但基本内容未变。"吸血鬼"似乎含贬义,大有瞧不起译者的含义。还有比"吃饭"更惊人的隐喻——"吃人"。

巴西诗人兼翻译家坎波斯兄弟俩(Harold and Augusto de Campos

Brothers)敏锐地注意到巴西 Tupinamba 部落的"食人文化(Anthropophagy 或 Cannibalism)",在此文化中,部落人群将逝世的德高望重者吃进去,就像他们食用他们的图腾动物"貘"一样,可从他身上获得力量,从而创造出了"食人隐喻"。坎波斯(1981:209,208)说:

> 创造性翻译以弑父(颠覆原作)的方式忘却一切。
> 翻译是一种输血行为,颇为讽刺的是,过去被我们当作吸血行为的翻译现在却被视为译者所提供的精神养料。

坎波斯(1986:44)强调,该部落只吃他们认为德高望重、比自己强大的人或敌人,这样就能从他们身上吸取精髓和蛋白质,增强和激活自身的能量。"食人隐喻"旨在批判"欧洲中心主义",瓦解了源语与译语之间的二元对立,动摇了本原的绝对权威,否定将其作为力量的唯一源泉,主张将物质机体与精神力量紧密融合起来,且通过自身能力与他者能力的结合,以期获得更强大的生命力,以批评的态度吞食世界文化遗产,这是一种实践巴赫金"复调对话"(Polyphonic Dialogue)的样板,清除了独白式真理的乌托邦。据此,翻译不是复制和翻版,也不是从原语文化到译语文化的单向流动,而是一种双向的、互动的、对话式的跨文化交流。

他们还基于"吃人(食人)"翻译隐喻引出另外一些相关喻体,如上所述的"输血",通过翻译可从国外作品中获得"新鲜血液"(新知)。另外,他们还用了诸如"穿越天堂"(Transparadisations)、"传输光明"(Translumination)、"移植魔鬼"(Transluciferations)等隐喻表述,使得我们对"吃人翻译隐喻"有了更深入的了解,参见第二章第四节第 7 点。

当然了,无食可吃时就得乞讨,自己没有思想,写不出来作品时就要向别人行乞,这就是斯坦纳(Steiner 1975/2001:284)所引述的 20 世纪上半叶法国翻译家 Larbaud 说过的话,翻译就像教堂门口行乞的叫花子,颤颤巍巍的手中提着个破毡帽,伸向不屑一顾的有钱人。至于将翻译者喻比为"嚼饭与人的奶妈""保姆"上文已有论述,此处不再赘言。

倘若吃得不合适就要生病,这就引出了翻译是"医疗、医治、医术、治病"等隐喻表达式。

若要"吃",就应先买来食材。莫娜·贝克(Mona Baker 2005)曾说过,翻译学者越来越倾向于"四处采购"分析工具,不论其源自何方,都可兼收并蓄。这样,翻译研究的语言学途径与非语言学途径之间已经不像过去那样泾渭分明了。

吃进某食物,它就消亡了,在宗教哲学中常将"消亡"视为"再生"。本杰明常将翻译视为"使得原作再生"(Afterlife)的活动。是啊,原作者在写完作品之后便失去了对自己作品的操控权,这就是巴尔特所说的"作者死了"。此时,作品的命运将由译者、读者、社会等来决定。特别是原作被译者"吃进"后再"吐出",外国作品就在他国得以传播,使得原作得以复生。这也充分反映出译者的重要性,如此说来,译者给予了作者第二次生命。他的译者身份不该被淹没,当变"无名无姓"为"有名有姓",这就是韦努蒂(Venuti 1995)所说的译者当显身,在作品上该写上他的大名,享有无可争辩的译作权。

翻译尽管是在通过变易言语来达至相互理解,但到头来翻译却常会走向反面,它会"遮蔽、堵塞、设置陷阱",这就是豪普特(M. Haupt)所说的"翻译是理解的死亡"(乔曾锐 2000)。信也,不信也,读者自有定夺。

在尼采的"上帝死了"和巴尔特的"作者死了"的影响下,福柯喊出了更为骇人听闻的口号"人死了",人死在被自己创造的语言或话语之中。有学者将其引入译学研究,认为译者为能做好翻译,第一步就当读好、读透源文,要有效地与作者沟通,沉浸在原文本之中才能与作者和原作达到心心相印的程度。在这个阶段,译者就当是一个"忘我者""悬搁者"(把自己悬搁起来)、"死去的人",他应忘掉自己、超越自己,或先让自己"死去",在这一境界下"文本"才能活过来(王宏 2012:5)。这就好像我们常说的演员应当进入角色才能演好戏。现实生活中也确实有这样的人,多少年轻人在看《红楼梦》时,不知不觉地把自己视为贾宝玉或林黛玉了。这一隐喻突显了原作者和原作品的地位,强调了译者首先应作为一个优秀"吸收者"的功能。

艾柯(Eco 1997:28)曾将翻译比作在"野餐会"吃饭,作者带去的是词语,译者带去的是意义。这一隐喻倒也蛮具新义,突出了译者的主体性,他肩负着赋予源文词语之意义的特殊使命。


# 第六节　我国古代学者论翻译隐喻观

我国地域辽阔,民族众多,各种语言、方言遍及大地,他们在互相交往之中必定离不开翻译。在《礼记·王制第五》中就有这样的记载:

> 五方之民,言语不通,嗜欲不同。达其志,通其欲,东方曰寄,南方曰象,西方曰狄鞮,北方曰译。

文中所提及的"寄"(寄付)、"象"(象胥)、"狄鞮"('鞮'与'知'语音相近,通传夷狄之语与中国相知)、"译"(陈说外内之言)都是从事翻译工作的官职。

这充分说明我国古代贤王早就认识到这项工作的重要性,且还对从事不同地域的语言翻译者授以不同的官衔。但自汉朝以来,此项工作主要为与北方民族打交道(兼通西语),故而用"译"来通称(赞宁,参见罗新璋等 1984/2009:88)。在佛经典籍的翻译中还常用"出、释、易、翻"等术语来指称这项活动(张佩瑶 2009)。若从宽广意义的角度来说,这些描写翻译活动的名称都具有隐喻性。

不仅如此,我国古代学者还常用"音训法"对"译"做出了多种不同解释,认为"译"就是:

[25] 易、依、宜、怡、异、疑、移、艺、意

等。这些音训法概念隐喻也主要是基于"翻译是交际"(TRANSLATION IS COMMUNICATION)这一总括性根隐喻而形成的。它们可大致分为三小类:

## 1. 译者,易也

唐朝的贾公彦(约 7 世纪)在《周礼义疏》中指出:

> 译即易,谓换易言语以相解也。

宋僧赞宁(919—1001)也有相同的解释(赞宁,参见罗新璋 1984/2009:92;张佩瑶 2008,2009):

> 译之言易也,谓之所有易所无也。譬诸枳橘焉,由易土而殖,橘化为枳。枳橘之呼虽殊,而辛芳干叶无异。

这里所说的"易"正是我国古人用音同的方法来解释"译","易换、相解、言易"相当于今天所说的"翻译",它是"交际"的核心内容。这与英语的"Translate"构词原理似有异曲同工之处:"trans-"意为"across","late"意为"carry",可见"翻译"就是将原作信息带入到另一种语言,在这个过程中不可避免地要进行语言的"换易"。赞宁还有一个形象的比喻(参见罗新璋等1984/2009:88):

> 如翻锦绮,背面俱花,但其花有左右不同耳。

文艺复兴时期的西班牙小说家、剧作家、诗人塞万提斯(M. de Cervantes Saavedra 1547—1616))的见解与其有相同之处。他曾在长篇小说《唐吉诃德》(下)借主人翁之口说出了自己的翻译观(摘自杨绛 1987:421):

一般翻译就好比弗兰德斯的花毯,反到背面来看,图样尽管还看得出,却遮着一层底线,正面的光彩都不见了,至于相近的语言,翻译只好比誊抄或录写,显不出译者的天才。

宋僧赞宁用"锦绮"做比,而塞万提斯用"花毯"做比,两者都在说同一织品的正反两面有同有异。但是塞万提斯多了一层"从反面看花毯"的意思,有译文次于源文的含义,而赞宁的隐喻中却无此判断,他仅以一种实事求是的语调,指出翻译同中有异、异中有同的一面(张佩瑶 2009)。

"易"即"变易",翻译就是将一种语码变换为另一种语码,在变换过程中还应当考虑到以下几个因素:

(1) 变易的基础为"依",即要依靠源文本进行翻译;
(2) 变易的过程为"宜",即进行语码转换时要合适;
(3) 变易的目的为"怡",即译文与源文要适切怡人。

很明显,这一解释更接近传统翻译论的立场。

## 2. 译者,异也

既然是"交际",所传递的信息就不可能百分之百地传递到受话人,其中必有些信息会丢失,时而误解也是在所难免。这里的"异"即变化和差异,重点突出了文本经历了翻译处理之后,在交际过程中会出现"不同",这其中又包含了以下几个因素:

(1) 异化的基础是"疑",因疑而生惑,因疑惑而生异化;
(2) 异化的过程是"移",译文经历了语码的转移而生异;
(3) 异化的目的是"艺",视翻译为艺术后就定会有不同。

这与后现代主义翻译观相接近。

## 3. 译者,意也

或曰"译者,义也",这一说法指出了翻译交际活动的核心为"意义"。不管翻译是"易"呢,还是"异"呢,两者都离不开"意义"这一中心问题,详见第六章。

## 第七节 结 语

### 1. 达与损,同与异

基于 CL 的"概念隐喻论"的分析可见,汉英语中有关翻译活动的近五百条隐喻性表达,都是基于根隐喻"翻译即交际"(TRANSLATION IS COMMUNICATION),以及由其派生出的十一条"支隐喻"所形成,这就是雷柯夫和约翰逊(Lakoff & Johnson 1980)所论述的"结构性隐喻"(Structural Metaphors),即始源域"交际"的概念结构可系统地转移到目标域"翻译"中去,使得后者可按照前者的结构来系统地加以理解。正如第十五章第二节在论述隐喻认知理论时所举的例子,描写"钱"的有关词语可系统地转用来描写"时间"。现小结如下:

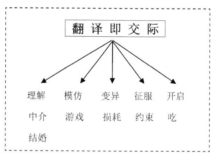

**图 16.1**

基于这一结构图还可进一步提炼出两大要素"同"和"异"。在交际过程中,信息传递时既"达"又"损","达"关涉"同",而"损"则指"异",用我国古人所说的"和而不同"来喻说翻译活动倒也恰如其分。基于这两大要素当今后现代译论中就有了"创造性模仿"一说,"模仿"强调是"同"或"相似",而"创造性"则指"异"和"造",突显了译者从"奴仆、二道贩子"的地位上升为"主人、作家"。这一说法不无道理。正如奈达和塔布(Nida & Taber 1969/2003:5)所指出的:

> 要保留源信息内容就必须改变形式。

这其中包含了模仿(保留源信息),也提到了改变。但仅将其说成"形式改变"似有不妥。根据认知语言学家蓝纳克(Langacker 1987,1991)所提出的

"象征单位"(Symbolic Unit),形式与意义为一个密不可分的整体,两者在使用过程中不可分割,因此形式上的变化必然要产生意义上的变化。如是说来,翻译过程中的变异是不可避免的,部分信息的丢失也是常有的事,其中就蕴含了"创造性"。

模仿和创造或许是形式上的、内容上的,或许是文风上的、语用上的等等。当今学界普遍认为,翻译标准与文本类型密切相关,科技作品的翻译当以"忠实"为首选;而文学作品的翻译,特别是诗歌,追求"完美的忠实"是不可能的,也没有必要,只要将主题思想和基本情节保留下来,能满足译入语读者的"欣赏"和"陶冶"目的即可,在具体文字上则不必那么顶真。勒菲弗尔(Lefevere 1992/2004)在书名中直接用上了"改写"(Rewriting)一词,用其来指导文学作品的选编、批评和编辑等各种加工和调整过程,以使译作能符合译入语国家的意识形态和诗学形态,切合不同历史条件下的文化体系,尽可能为更多的读者所接受。

例如电影翻译则是以"变异"和"改写"为主要特征的(Cronin 2009/2011),大致保留原义和情节,不仅在台词上,而且要在口型上、节奏上、语气上做出一系列的变异,才能达到艺术作品的宣传目的,满足译入语读者的要求。至于电影片名的翻译,更彰显了译者大胆变异的才华,为吸引观众,赢得高票房率,他们可谓挖空了心思,在片名上大做特做文章,如将英语以人名、地名等专名命名的影片:

[26] *Adam's Rib* 　　　　　　　《金屋藏娇》

　　　 *All about Eve* 　　　　　　《彗星美人》

　　　 *Big Jack* 　　　　　　　　《绿林怪杰》

　　　 *Blue Hawii* 　　　　　　　《檀岛嬉春》

　　　 *Bonnie and Clyde* 　　　　《雌雄大盗》

　　　 *Broadway's Bekkery* 　　　《金粉帝后》

　　　 *Cantar Cid* 　　　　　　　《万世英雄》

　　　 *Caruso the Singer* 　　　　《歌王情泪》

　　　 *Come Back，Little Sheba* 　《兰闺春怨》

　　　 *Cyanide and Raindrops* 　　《雨夜奇案》

　　　 *Dodsworth* 　　　　　　　《罗愁绮恨》

　　　 *East of Eden* 　　　　　　《天伦梦回》

　　　 *Great Waltz* 　　　　　　　《翠堤春晓》

等等,我们真是对译者的良苦用心"创造"和"篡改"之术敬佩得五体投地,这种"张冠李戴"的隐喻式翻译方法,博得译界的一片喝彩声。

从读者反应论和翻译文化派角度来说,这样的中文翻译没有照直音译英语源文的专有名称,而是在吃透剧情的前提下重新包装艺术作品,此类译名在汉文化中文字优美,表述高雅,极具吸引力,而且有些译名本身就是成语,它能激活读者对同类故事的遐想,引起人们对该片的浓厚兴趣,使得国外影视作家在中国观众中获得了新生。

更有甚者,我国民国时期的著名学者林纾(1852—1924),他虽不懂外语,但在有生之年竟然与16位懂外语的人合作,翻译了多达183种、1000多万字的译文作品,主要奉行的就是"意译、创译、编译"原则,竟也征服了那么多的中国读者,倾倒了一批东方学人情圣,堪称学界的一件奇事,成就了一段译史佳话。这也有力地说明了翻译不必照搬,变异和损耗之法常为必要手段,不必忌讳,用得好则可为文学翻译大加添色。

所谓的"变通",意为"变"而"通"之,以调整、改写,甚至篡改源文为手段,以使译入语读者达到"通"之目的,后现代学者莱斯和弗米尔的"目的论翻译观"具有很好的解释力。

## 2. 隐喻认知观的解释力

通过这两章的分析,一方面说明雷柯夫和约翰逊所提出的"概念隐喻"的认知分析法具有较强的解释力;另一方面也足以证明,这些翻译隐喻表达式为翻译研究的独特视角,通过具体形象及其相关事宜来描述或解释翻译活动(包括译者、原作、译者、读者等),确实给人留下了难忘的印象,意在透过隐喻窗口生动地反映出翻译过程的某一或某些方面的特征,明白地昭示了翻译活动的艰巨性、复杂性和多面性,深刻地揭示了人们隐藏于翻译活动背后的体认机制,也彰显了各种翻译隐喻所包含的文化意蕴,它们必将大大有助于我们加深对翻译学的认识和理解。这也为将 CL 与翻译学紧密结合起来建构"体认翻译学"提供深厚的理论基础。

分析这一概念隐喻网络的主要目的有二:

(1) 有力地论证了奈达(Nida & Taber 1969/2003)、斯坦纳(Steiner 1975/2001)、哈特姆和梅森(Hatim & Mason 1990/2001)、贝尔(Bell 2001)等学者提出"翻译即交际"的根隐喻,以及与之相关的派生观点。

(2) 可使我们更好地认识到国内外各路学者,就有关译者身份和翻译活动所建隐喻的形成过程和体认机制;更好地理解这些隐喻表达式是如何借助具体形象来揭示译者的身份、译文的性质,以及翻译的特征、功能和方法等。

## 3. 其他隐喻

另外,很多学者还就翻译本身所属范畴说出了一些隐喻表达式,如:翻译是语言水平、是应用(Performance)、是活动,是能力(Schäffner & Adab 2000/2012),是科学(Nida 1946)等,这些界定都体现着他们对翻译性质的理解。说是"语言水平",恐怕范围太窄,不能体现出翻译所涉及的文化、体认等因素;说是"应用",忽略了翻译的理论层面,更谈不上它的综合性;说是"活动",它毕竟与人类其他的体力活动有重大区别,其前须加不少定语来限制才能成立;说是"能力"〔(可分为 Global Competence(综合能力)和 Sub-competence (次能力①)〕,或许受到乔姆斯基的"语言能力观"(the View of Linguistic Competence)的影响,将其视为与"生存能力、思维能力、语言能力、隐喻能力"等量齐观的能力,似乎还不足以触及翻译的本质。因此这些论述仍有值得推敲之处。如此说来,纽马克(Newmark 1981/2001:100)所说的:

> Translation is a skill and an art as well as a science.(翻译是科学,也是技术和艺术。)

倒也显得较为全面,但受到那个年代的限制,他没能从"文化转向"和"认知转向"的角度来认识翻译,也是情有可原的。

我们也必须清醒地认识到,上述有些翻译隐喻表达式不免有"刻意求新、哗众取宠、出语惊人"之嫌,它们仅有部分说服力,既不完整,还可能有误导、歪曲之处,我们应当有所"戒备",权且听之,不必全信。

从上分析可见,不同的民族,不同的学者建构了不同的翻译隐喻,这充分说明翻译在本质上具有"多元性"。正如谭载喜(2006b)所言:

> 在理论上,人类关于翻译的思想有多少变化,所创造的翻译比喻就可能有多少变化;人类的翻译思想永无止境,翻译比喻的创造也就会永无止境。

---

① 纽布特(Neubert 2000/2012:7—11)细分出 5 个次能力(或能力的 5 个参数):(1)语言能力(Language Competence);(2)组篇能力(Textual Competence);(3)主题能力(Subject Competence);(4)文化能力(Cultural Competence);(5)转换能力(Transfer Competence)。笔者认为这种划分有较多重复,如第(1)、(2)、(5)可合并为一条,第(3)和(4)也可合并,这样翻译能力可大致划分为两大类:语言能力、背景知识能力(Background-knowledge Competence)。

　　所有这些翻译隐喻表达式,试图用具体的人或物来喻说"翻译活动(首先是译者和译文)",都揭示了翻译活动某一个侧面的特征,毫无疑问,这近五百个表达式都可视为"部代整"转喻机制的具体应用。但它们又都是"用一物来喻说或理解另一物"的,也具有"隐喻"性质。铁木钦科(Tymoczko 1999/2004)仅注意到翻译中的转喻过程,而忽视了隐喻过程,这是不妥的。我们认为,翻译过程既涉及隐喻(用一种语言来替代另一种语言),也涉及转喻(部整互代,部代部),可用"隐转喻"(Metaphtonymy)来做出合理和全面的认知解释。

## 4. 余言

　　亚里士多德(参见吴寿彭译 1997:1)在《形而上学》开篇就指出:

　　All men,by nature,desire to know.(求知是人类的本性。)

　　我们要能求得他国的"知",就得通过翻译。译事虽难,但不可不为,这是由人之本性所决定的! 因此,每个时代的知识界都留下了不畏艰辛、流传百世的译者之名。虽难,当知难而上,人类知识宝库中闪烁着译者们智慧的光芒,也留下了他们难以言表的辛酸烙印。虽难,当殚精竭虑,上下而求索,为国内外翻译的理论研究和实践运用铺出可行之路,为繁荣和振兴中华文化大业而勤奋劳作,为发展和丰富世界非物质文化遗产而奋斗终身!

# 第十七章 "译可译,非常译"之转喻修辞机制

　　"修辞"被定位于"照实陈述"的对立面,后现代哲学不仅将其视为人类认识世界的必由之路,而且为主要途径,以否定传统形而上学的基本原则。这也适用于翻译,便有了"翻译修辞学"这一全新研究方向。老子名言"道可道,非常道"蕴含以下两个命题:思维具有模糊性和世界具有不可言说性,此两者必然要导致"部分代整体"的转喻修辞现象。若一定要将不可言说的"大道"表达出来,只能说出其中一部分,可称之为"小道"。这与日常语言交际的基本原理完全一致:说出来的仅是想说的一部分。同样,经过翻译过程处理后的译文信息常会少于源文,可归因于"翻译转喻"或"翻译修辞"这一体认机制。笔者尝试以"道"的 33 种译法来说明该机制的解释力。

## 第一节 引　言

　　张伯伦(Chamberlain 1988)在 40 年前就提出了"翻译修辞学"(the Rhetoric of Translation)这一术语,弗洛托(Flotow 1997:42)时过 10 年对其作出了补充论述。弗朗斯(P. France)于 2005 年发表了题为"The Rhetoric of Translation"的论文,再次详述了"翻译修辞学"。《当代修辞学》2014 年第 3 期发表了刘亚猛的论文《修辞是翻译思想的观念母体》,郦青和杨晓波(2014:66)直接道明"翻译即修辞""翻译是一种修辞选择""翻译学就是翻译的修辞学"。他们在国内率先将修辞学与翻译学这两个学科结合起来,为学界开拓

出一条新风景线,难能可贵!

一般说来,修辞是"照直陈述"的对立面,为使语句更为优美,更易动人,增加语句的说服力而"罔顾事实"(参见 Meyer 2008,史忠义 2014:8)。翻译是将一种文字的作品转述为另一种文字,它与修辞学之间似乎无甚联系,倘若我们跳出狭义理解的小圈圈,在后现代哲学视野下重新审视"修辞学"这门学科的内容,必将会另有感受。

雷柯夫和约翰逊(Lakoff & Johnson)于 1980 年出版了 CL 界的经典著作《我们赖以生存的隐喻》(*Metaphors We Live By*),其核心思想为:隐喻(含转喻)不是语言层面的问题,而是思维问题。他们(1980:3)开门见山地亮出了全书的中心思想,

> We have found, on the contrary, that metaphor is pervasive in everyday life, not just in language, but in thought and action. Our ordinary conceptual system, in terms of which we both think and act, is fundamentally metaphorical in nature. (我们的发现正相反,隐喻渗透于日常生活之中,它不仅在于语言之中,而在于思维和行动之中。我们所据此思维和行动的日常概念系统,在本质上主要具有隐喻性。)

也就是说,隐喻不是一种语言层面的修辞现象,更是一种基础性的认知方式,即为世界观问题。尽管我们常想如实反映世界,照直思考,但事实上却怎么也难以全部做到这一点,必然要打上"人本"和"主观"的烙印,马克思(1944)所论述的"人化的自然"(Humanized Nature)则是一个很好的总结。

因此,在我们的思维和表达中不可能总是以事实为依据,而总会涉及"修辞",常见之法就是用一个"事体①"(Thing)去理解和喻说另一个"事体"。不仅如此,且还要依靠这种"错位"方式生活于世,了此一生,别无他者!换句话说,没有隐喻,不用修辞,我们就无法生活,这便是雷柯夫和约翰逊(1980)这本书的主旨。于是,"修辞"就被上升为人类认识世界唯一方式的高度,大大突显了人本精神,这与传统的狭义修辞学过于偏重辞语表达手段而大相径庭。

我国语言学界的同仁大多读过这本书,对这一核心观点也很熟悉,学界反复引用,但对这段话的理解却大有程度之别,其后隐藏着数个重要的哲学

---

① 英语中的 Thing 是一个概括性较强的词,即可指称具体的或抽象的事物,也可指代事件,笔者拟译为"事体",既包括具体的事物,也包括抽象的概念或事件。

命题,常被语言学界部分同仁所忽视,现列述如下,以飨读者:

（1）亚里士多德分别写了《形而上学》《工具论》和《诗学》《修辞学》两类书。前两本为哲学、逻辑学之基础,奠定了西方传统的客观主义形而上哲学的主体方向,被视为"毕因论"（即本体论、存在论）的主要代表作①。哲学家一直以"追求客观真理"为圭臬,"爱智求真""实事求是""透过现象看本质"等被视为终身追求的目标。他们常自命清高,以"真理化身"而自居,藐视修辞,且常将其斥为诡辩,鄙视充满幻想和想象的文学家,认为他们都在"说假话",因为一切修辞都是违背事实的表达,可划归为"假话系列"。

亚氏的后两本书被学界视为"文学""文论""辩论术""修辞学"的经典代表作,主要论述文学作品的创作方法,语言层面的词句加工手段,意在提高艺术创作能力,增强语用效果,感染读者,不惜运用大量的修辞手段,以能"美化"语言。这其中就充满了想象、虚构、夸张、拟人等手法,以"诗性表达"为主要特征,这常被哲学家所不屑一顾。

（2）顺着哲学家的形而上学思路,世界存在一个永恒的客观真理,可人们总会情不自禁地要质问,有这样的真理和本质吗？为何我们的认知一直在不断的变化？真理与权力之间又是什么关系,世人常为之而困惑。

传统形而上哲学还指出,人们要能获得客观真理,就必须遵循"镜像反映论",即思维只能像照镜子一样如实地反映外部世界,一点也不可掺杂主观偏见、个人价值。请问:人类能做到这一点吗？后现代哲学家一直在为"人本"呼喊,为"偏见"昭雪,为"主观"申冤,雷柯夫和约翰逊也顺应了后现代哲学家的研究思路,这本专著的根本目的也意在于此,且严肃地指出:隐喻不是语言层面的修辞问题,而是思维机制,关涉世界观,即我们本来就是以"哈哈镜"的方式来看世界的,从来都是以 B 来理解和表达 A 的,不可能完全遵循"A 就是 A""B 就是 B"的形而上客观方式（即分析命题）来认识世界,所谓的"客观反映"纯属虚无缥缈,到头来只是一场游戏一场梦而已。

（3）亚里士多德在"哲学"和"文学"之间深挖出了一条难以逾越的鸿沟,被世人奉为基本原则,在全世界流行数千年,前者要追求客观真理,后者大胆想象和虚构,各行其道,互不干涉,可谓井水不犯河水。雷柯夫和约翰逊在后现代哲学思潮的冲击下率先加入了"挑战传统观念,填补两界沟壑"的行列,认为哲学家所谓的依实直说,充其量只能是一种理想化的单相思,异想天开。

---

① 倘若哲学家用到了修辞,这便是一种"哲学修辞学",柏拉图称其为"辩证法",有助于推动精神向着真实前进,排除矛盾。

他们于 1999 年再度合作,出版了《体验哲学——体验心智及其对西方思想的挑战》(*Philosophy in the Flesh: The Embodied Mind and Its Challenge to Western Thought*)一书,揭示了哲学常论述的六大命题"时间、事件、因果、心智、自我、道德"也是基于概念隐喻建构而成的,倘若没有隐喻,这些论述就不可能成为一个完整的体系。正如他们(1999:543)的一段经典名言所述:

> The extended analyses of philosophers' conceptual metaphors that we have given in this book show that it is the metaphors that unify their theories and give them the explanatory power they have. There is no philosophy without metaphor. (本书用长篇幅分析了哲学家的概念隐喻,可见正是隐喻才将他们的理论整合起来,产生了他们所具有的解释力。没有隐喻就没有哲学。

照此说来,哲学家和文学家却原来是同路人,都要用隐喻"说假话",横越在这两者之间的隔墙在他们这批后现代哲学家的猛烈抨击下轰然倒塌了(Derrida 1967;Rorty 1979)。

(4)雷柯夫和约翰逊在 1980 年全书中共列述了 82 条概念隐喻(用全大写字母书写),正是这些违反真实的"隐喻机制"决定了我们认识世界的基本方式,没有它们,我们就不能了解世界,也不可能知晓自身。正如书名所示:

> 隐喻,我们赖以生存的方式

终于将局限于语言修辞层面的隐喻上升到人类的思维和世界观层面。一切隐喻,在大部分哲学家眼里原初都是"假话",可在后现代哲学家眼里,没有隐喻,即不说"假话",我们就连日子都过不下去了。"用 B 来理解和表达 A"是人类赖以生存的最基本策略。正是他俩的努力,终于将后现代哲学思想引入语言理论之中,正式在语言学界开启了批判传统客观主义形而上哲学(如索绪尔的先验语言系统论和乔姆斯基的天赋语言论)的大幕,这才是本书的根本目的。若认识不到这一点,不能上升到世界观和哲学高度来认识这一点,当属一件憾事!

(5)体认语言学认为,人类的语言不是从天上掉下来的,也不是头脑中固有的,而是遵循着"现实—认知—语言"的原则,即通过对现实世界的互动体验和认识加工建构而成。在心智中内嵌的概念隐喻,都是来自于"生活体验",正是它们才决定了语言中的隐喻表达。也正是它们,我们才有了抽象思维。完全可以想象,婴幼儿起初只能认识到具体事物,它们是看得见、摸得着的,对这些物理性事物的认识构成了"人之初"。到一定年龄后才有抽象概念,逐步学会了抽象思维。雷柯夫和约翰逊认为,人们在体验基础上建立起概念隐喻,然后再以此为基础发展出抽象概念,从而健全了概念系统和知识大厦。这也是他们分别于 1980 和 1999 年出版的两本书的书名含义之一,抽象的哲学概念依靠体验性概念隐喻建构而成。这是我们所论述的 CL 中的唯物论,而不是指人们所说的每个语句都遵从了事实。

由此可见,所谓哲学家仅陈述事实和命题,这是全然不靠谱的,误导了全世界的哲学研究方向。因而他们俩将西方形而上哲学中的经验论和唯理论的主要观点归结为"客观主义"(Objectivism),并针锋相对地提出了"非客观主义"(Non-objectivism)后现代哲学理论,"体验哲学"(Embodied Philosophy)便是其中之一。

一言以蔽之,与事实相违背的"修辞表达",其主要机制是隐喻(含转喻),即以 B 来喻说 A,这才是我们赖以生存的基本方式。没有它,就没有我们的一切。按此思路前行,在翻译过程中所择用的语言表达自然也离不开修辞。在后现代哲学的观照下,修辞被视为一种载义、求效的认知行为,它是无处不在的思维和言语["逻各斯"(Logos)就同时含有这两者]活动,属于世界观层面上阐释世界的必由之路①;翻译也是一种无处不在的阐释性思维活动,当须遵循跨语言文化系统的修辞规律。据此,将这两门学科整合为"翻译修辞学"顺理成章,不足为惊,而且还应成为后现代哲学时代中语言界的主要研究对象,为翻译理论的发展开辟了一个新方向,功在千秋!

## 第二节 语符两面性与"道不可言"

语言用于表情达意、交流感情,满足人类交际的需要,正应了古人所云,

> 言以足志,文以足言。(左丘明《左传》)
> 心生而言立,言立则文明。(刘勰《文心雕龙》)

但在表达时也常有"言不达意""常恨词语浅"之感,更有

> 此中有真意,欲辩已忘言。(陶潜《饮酒》)

---

① 张春荣于 2001 年出版的《修辞新思维》一书的书名,倒也十分深刻地反映出后现代哲学家对修辞的新认识。

等现象,总要遇到很多维特根斯坦(1922)所论述的"不可言说"之事。更不用说跨语言翻译了,常为"难以言传""一言未定,旬月踟躇"所困扰,挣扎于

　　　　意不称物,文不逮意。(陆机《文赋》)

的心境之中。"译可译,非常译"的现象俯拾即是,伴随着人类理解和表达的全过程。

　　老子留下的传世名篇《道德经》,思想精辟,内容丰富,引无数中国后继学者为之着迷,就一个"道"字,竟有若干解读,其含义可谓博大精深,至高无上,统领一切,且不可言说。如《道德经》第25章所言:

　　　　吾不知其名,字之曰"道"。

　　为能更深刻地理解老子这句话的意义,现摘录林巍(2011)的译文:

　　　　I do not know its name, so I give it a makeshift name the "Dao".

　　老子还在第32章中解释说"道常无名",林巍将其译为:

　　　　The Dao is forever nameless.

　　但是,人们在思考哲学问题,探讨隐藏于现实世界背后的形而上学原则时,又不得不说它,一旦将其说出来,这个"道"就已经不是原来意义上的那个"道"了,这便是"道可道,非常道"之常见解释,此处蕴含以下两个重要命题:

　　(1)语言符号具有两面性:"明示性 vs 遮蔽性"。庄子(前369—前286)就曾指出过这一现象,一方面它既能达意,是人们赖以交际的主要途径,另一方面,它也能成为遮蔽意义的东西(王寅 2002:92)。两千多年后的海德格尔(1920s)才注意到语言符号的这一特征。钱锺书(1999:407)也认为语言是一把双刃剑,他说:

　　　　语文之于心志,为之役而亦为之累焉。

即:语言文字既可为仆役,也已成为障碍。

　　(2)顺着"遮蔽性"便可自然得出维特根斯坦所论述的"不可言说"哲学原理。他(1922)在《逻辑哲学论》最后一节指出:

　　　　对于不可言说的东西我们必须保持沉默。

　　陈嘉映(2003:151)解释道,语言只能言说那些和语言同构的东西,能分析的东西,而神秘领域中的一切都是不可分析的。黄华新(2005:15)指出,维

氏认为语言的功能就是图像般地描述世界，在此之外只能保持沉默。这就意味着，可说的东西可以通过反映事实的命题来说清楚，即通过形式逻辑来说清楚；不可言说的，就不能改写为形式逻辑，当然也就说不清楚了，此时的可行之道便是"保持沉默"。

其实，这一观点也不是维特根斯坦的首创，古希腊哲学家柏拉图（Plato 前427～前347）早就指出了语言这一缺陷：

> Hence no intelligent man will ever be so bold as to put into languages those things which his reason has contemplated，especially into a form that is unalterable．Names，I maintain，are in no case stable．

钱锺书（1999：408）将其意译为：不堪载道，名皆非常。而林巍（2011）主张将其译为：

> 智者之虑，众人所仰，付诸文字，意随境迁，覆水难收，慎哉，慎哉！

后来的古罗马哲学家普罗提诺（Plotinus 205～270，1956 Edition：121－122）也明确指出：

> The one is，therefore，truly ineffable：for whatever you say about it，you will always be speaking of it as "something" … it has no name … We only try，as far as possible，to signal to ourselves about it … We do indeed say something about the one，but we certainly do not speak it … But it is something higher than we call "being" … higher than speech．

林巍（2011）将其译为：

> 所要表达的，实难言传：因为所要说的，永远是"某一事"，不可言状……而人们总是试图加以名状……某些事的确可以"说"，纵然不可"言"……因为有些事高于"实体"，高于言论。

这足以表明，在"道可道，非常道；名可名，非常名"上，中西学者可谓不谋而合①。这些论述都可被视为语言哲学之先声！

我们承认，世界上若干事情是可以言说的，还有一些确实是不可言说或

---

① 中西学者还有另一不谋而合之处，即汉语中的"道"对应于西方语言中的"logos"，这两个词都包含两项内容：(1)规则；(2)言说。用这两个词同时表述这两者，似乎在表明规则是可言说的，但另一方面中西学者又强调"道"和"logos"具有不可言说性，这是一个长期困扰学界的悖论。

难以言说的。头脑中想到的东西,不一定都能找到适切的词语将它们表述出来,即使硬要将其表达出来,也常要丧失部分信息。老子心中存有的"道",含"理想化、概括化、抽象化、神秘化"之义,它是不可言说的,很多学者称其为"大道";但是,我们在论述它时又不得不说它,一旦说它出来,必然要遮蔽或失去若干信息,这可称之为"小道"。显而易见,言说者在此运用了"部分代整体"之修辞策略,这便是 CL 所重点论述的"转喻方式"。

## 第三节　转喻体认方式

### 1. 转喻是交际和翻译的基础

我们认为,言语交际主要基于转喻方式,因为在实际言谈中,说出来的要比想说的少,且少得多,这就相当于我国古人王弼所说的"言不尽意"。也才有了语用学的一条基本原则:可对字面语句添加若干背景信息,才能建立有机联系,这就是"语用推理",心理学称类似现象为"常规缺省值"(Default Value)。而且,这样的"填入"可能是无穷无尽的,这就是社会学家在"常人方法学①"中所述的"无尽的索引性""无底之船"(a boat without a bottom)(参见杨善华 1999:58)。

跨语言的词语所含意义大多是部分对等,如在一部汉英词典中,一个英语单词之下往往要列出若干汉语词语;在一部汉英词典中,一个汉语词语之下也会列出若干英语词语,它们绝非一一对应,而是"全方位、多层次"的交叉。所谓的"对等词"(Equivalent),其实有点不恰切,它充其量只能是"部分对等"(Partial Equivalent),或者是一种权宜性对等,因为两种语言中完全对等的词语少之又少,除了个别专业术语之外。若用逻辑学术语来说,两个概念常常处于"交集"状态,可用"欧拉图"(Ouler Diagram)来表示。据此,在词

---

① "常人方法学(Ethnomethodology)"为美国著名社会学家加芬克尔(H. Garfinkel)根据维特根斯坦后期理论所倡导的"回归生活世界""关注日常语言用法""语言游戏论"等原则建构出的一种社会学研究方法,认为社会学家当关注普通人如何处理日常生活中的社会活动,且提出了"日常实践理性"的概念,总结出其 4 大特征:权宜性、局部性、索引性、可说明性。所谓"索引性"是指人们在使用日常语言进行自然对话时,一个表达行动必然要诉诸(即索引)其他表达行动的意义才得以被理解,任何一个表面上孤立的表达行动都是一条"无穷无尽的索引链"上之一个环节,永远不可能归结到一个不受索引性问题困扰的最终基础,这才有文中"无底之船"一说。

语择义的翻译过程中,转喻方式必为"华容道",非走不可。

词层面以上的构式也是这样,根据克劳夫特(Croft 2001)的"激进构式语法"(Radical Construction Grammar),两个语言中不存在完全相同的构式,它们都只具有部分对应性,如英语的"存在构式"在汉语中可有数种表达方式,英语的"动结构式"在汉语中也有若干对应表示形式。这就是说,在翻译词层面以上的构式时,转喻现象也是在所难免。

正如上文所述,语符既然具有两面性,就决定了它具有模糊性;"道不可言"就决定了硬要言说不可言之事时,必定要借用"转喻方式",别无他路! 此时的言说和翻译,充其量也只能说出源文中的一部分内容而已,"以偏概全"在所难免。可见,转喻是上述两个命题的必然结果:言说总要遮蔽或丢失一部分内容,说出来的话也只能是想要表达的一部分而已,翻译也不例外。现运用体认语言学核心原则"现实—认知—语言"和"转喻方式"作如下解读。

## 2. 三类转喻与汉英互译

隐喻主要指"跨域"思维和表达,而转喻主要发生于"同域"之中,其中又包括三种情况:整体代部分(整代部)、部分代整体(部代整)、部分代部分(部代部)。我们发现,在汉英互译时也存在这三种类型。

(1) 整代部

如汉语常说"他懂汉语"。常被译为 He speaks Chinese. "懂汉语"可包括很多内容:看得懂、听得懂,还可包括能理解"指桑骂槐"式讽刺挖苦之类的言词,而英语仅用了一个"speak",显而易见,其内涵比汉语的"懂"要少得多。

我国学者将马克思(1848)《共产党宣言》中的最后一句"Workingmen of all countries, unite!"译为"全世界无产者联合起来!"便是"汉整英部"的最好例证,参见第四章第三节第 4 点。

(2) 部代整

汉语的民间谚语"桂林山水甲天下",前四个字被译为 Guilin's scenery,显而易见,英语的 scenery 要比"山水"所指范围广。我们常说"把油箱加满油",可译为 fill up the car。在翻译过程中汉语的"油箱"说成英语的 car,后者的概念更大。

又例,1792 年英国国王乔治三世写给我国清朝乾隆皇帝的国书,当它被(从意大利找来的两位中国神甫)译为汉语呈交给乾隆皇帝手中时,其译文仅说出了其中的部分信息。同样,乾隆皇帝写给乔治三世的回信,在翻译成英语的过程中,也出现了类似的情况(详见第三章第四节第 6 点)。现对比下一组表达:

> [1] 她每天要为柴米油盐酱醋茶操心。
>
> [2] She has to worry about daily necessities every day.

汉语讲得比较具体,英语用 daily necessities 一言以蔽之,也为"英整汉部"的转喻方式使然。

汉英语在表达同一概念时还有可能各自都会运用"整代部、部代整"的转喻机制,如汉语的"过门"仅是结婚的一个环节而已,它相当于英语的整体概念 get married;而英语的部分环节 go to the altar 又常被译为"结婚"这一整体概念。

(3) 部代部

一个事件或动作会包含很多环节,环节之间的互相代替(部代部)也经常出现在翻译过程之中。如我国"正月十五"所过的节日常被称为"元宵节",突显的是"吃元宵"而忽略了其他很多内容;这一节日在英语世界常叫做 Lantern Festival,突显的是"挂灯笼、猜灯谜"这一系列的事件。

英语中 Wet paint、bird flu 译为汉语的"油漆未干"和"禽流感"便是以汉语"结果"表示英语"过程"的转喻译法(详见第九章第二节第 3 点和第十一章第三节第 1 点)。汉语表达"批改试卷"相当于英语表达 grade the papers(在试卷上打上分数),这就是汉语以"过程"代替英语"结果"的转喻方式。

此类例子可谓不胜枚举,只要留心,俯拾即是。


## 3. 转喻方式之元体认机制

体认语言学认为,语言是人们在对现实进行"互动体验"和"认知加工"过程中逐步形成的,其核心原则为"现实—认知—语言"。由于人们面对相同或相似的现实世界,又有相同的身体构造,其器官功能也相同,因此在思维和语言中必定有部分共同的内容;但各民族也有各自的体认方式,因此也会存在不同的形成途径,这便是我们(王寅 2005)相对于乔姆斯基"先天普遍性"提出的"体验普遍性"。

该核心原则表明:从左向右是决定关系,即现实决定认知,认知决定语言;从右向左是影响关系,即语言影响认知,认知影响现实。现以此为基础分析人类"转喻"形成之元体认机制。

(1) 滤减像似性

现实中蕴藏着无穷奥妙,人类不可能穷尽性认识它们,只能认知其中的一部分,老问题解决之时便是新问题出现之时,人类的文明就是在这一无穷反复的过程中前行的,这里就有一个转喻过程。当将认知结果转化为语言表达时,由于受到种种限制,总会有上文提到"言不达意"的情况,只能表达出其中的一部分,这又是一个转喻过程。因此,在从左向右的决定关系上,还存在

$$现实 > 认知 > 语言$$

的关系。人类为何能掌握转喻方式,皆因"滤减像似性"所为。如上文所述及的"无底之船、常规缺省值",都因其而使然。

另外,我们在命名事物时,只能认识到事物的一个或局部特征,然后冠之以一个名称,我们不可能认识到事物的所有特征,也不可能将这些特征都囊括于一个名称之中,人类办不到,也不需要如此办理,可行之法只能是窥斑见豹,抓住一点,不及其余,这又是一个转喻过程。这三个转喻过程,可统一称之为"命名转喻观"(王寅 2009)。

(2) 跨语言翻译

我们可根据该核心原则推导出图 17.1:即在翻译两种语言时会涉及两套核心原则的对比和转换,分析这一过程有助于我们深刻认识翻译中存在"部分对等"的转喻现象的体认原因:

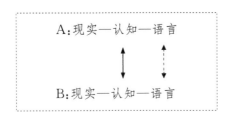

A:现实—认知—语言

B:现实—认知—语言

**图 17.1**

语言 A 或 B 在基于对现实的"体验"和"认知"之上形成时,右项不可能完全反映左项,中间必有滤减现象,这就是产生"转喻"的元体认机制。当用语言来表达"现实"或"认知"时,充其量只能说出其中的一部分,不可能和盘托出。当这两种语言进行对比和翻译时,不可避免地还要经历一次滤减过程,即在翻译过程中,我们不可能百分之百地将源文信息翻译过来,还要再经历一次滤减过程,即再经历一次转喻过程。

因此,当 A 和 B 两民族使用各自语言进行交际和翻译时,就要经过两次滤减或转喻过程,本来就缺少了若干信息,再经过语言翻译的转换,就会离其本真面貌差距更远,转喻现象更为突出,这便可解释为何两语言中词语和构式大多只能是部分对等的体认基础。特别是在跨文化、跨语言交流时,这种"不可言说"或"难于言表"的现象十分常见。如自我国改革开放以来出现了若干新词语,将其译为外语时,颇伤脑筋,大费周折,常常是难以下笔。但这些词语又不得不译,只好借助"转喻方式"作权宜性处理,其中所传递的信息不可能等值。

(3) 从少到多的体认规律

我们的知识总是从少到多的积累起来的,这就是我们常说的一句话,"一口不能吃出个胖子来",人类经过数万年的进化至今,才逐步认识了世界和自己,取得了很多进步,但还有很多未知领域等待我们去开发。这一体认规律也可运用"转喻"机制来作出合理解释,我们永远走在"从部分到整体"的路途之中。

翻译也是如此,世界文学宝库是通过各国的文学作品建构而成的,因为各个国家的优秀文学作品都为这一宝库总体添砖加瓦,作出了贡献,使之成为全人类的财富。

(4) 仿拟老子名言为"译可译,非常译"

老子的名言"道可道,非常道"主要蕴含以下两个命题:思维具有模糊性和世界具有不可言说性,这也可用来解释"转喻体认方式"。不可言说的"大道"一旦被表达出来,只能是其中的一部分,此为"小道"。因此"道不可言"就决定了硬要言说不可言之事时,必定要借用"转喻方式",别无他路! 此时的言说和翻译,充其量也只能说出源文中的一部分内容而已,"以小代大、以偏概全"在所难免。可见,转喻方式可谓是老子所言两命题的必然结果,因为,思想一旦被言说出来,总要遮蔽或丢失部分内容,说出来的话也只能是想要表达的一部分而已,汉英互译也不例外。若将老子的上述名言用来解释翻译,便可仿拟出"译可译,非常译",我们不难悟出其中的深刻涵义。

我们认为,"一词多译"构成了一个"近义场",可通过分析这个近义场来探索我国(或他国)译者对于同一外语词的不同理解和表达方式,可望为体认翻译学增添一种较新的分析路径。近义场中的各个词之间具有"隐转喻"关系,本书在第十二章中曾运用"识解"较为详细地分析了同一首《枫桥夜泊》的40 篇英语译文,这不仅是一次实践描写翻译学的练习之作,而且还提出了用分析"一词多译近义场"的具体方法和路径,进而可深入探索译者主体性。研究发现,在一词多译中不仅透视出译者的隐转喻体认方式,而且在近义场中的所有译法之间也具有隐转喻关系。笔者在下文将再提供几个基于转喻体认方式进行翻译的例子,且在第四节中详析33种"道"的不同方法,这一方面可用"大道 vs 小道"来解释转喻翻译机制,另一方面可用收集到的33种译法来解释翻译过程中"部代整"的转喻本质。

## 4. 翻译中的转喻修辞例证

(1)"不折腾"的英译

近年来,我国外语界学者对翻译汉语的"不折腾"这一新词语引起了不少讨论,先后出现了十几种不同译法,且朱纯生和张俊峰(2011)又根据英语翻译,将其回译为汉语,值得我们在此再"折腾"一下:

表 17-1

|  | 汉　译　英 | 英　回　译　汉 |
|---|---|---|
| 1 | Don't get sidetracked | 别走岔路,别被引入歧途 |
| 2 | Don't flip flop | 别翻来覆去 |
| 3 | Don't stray back and forth | 别前后摇摆 |
| 4 | no dithering | 不踌躇 |
| 5 | no major changes | 没有大的变化 |
| 6 | avoid futile actions | 避免无谓的行动 |
| 7 | Stop making trouble and wasting time. | 停止找麻烦和浪费时间。 |
| 8 | no self-consuming political movements | 不要自我消耗的政治运动 |
| 9 | avoid self-inflicted setbacks | 避免自我挫折 |
| 10 | no trouble-making | 不找麻烦 |
| 11 | Don't zheteng | 别折腾 |
| 12 | bu zheteng | 不折腾 |

我们知道,汉语语境中"不折腾"有其深刻的历史背景、丰富的政治含义、辛辣的调侃风格,将这一口语化的词语用于严肃的政治文体中,就带有浓厚的修辞色彩,反映了共产党人和广大人民群众对近几十年的反思,当中国人听到这种表达时,其中的种种"辛酸苦辣"之含义大多能被很好地理解,而且还觉得这一表达十分到位,既传神也达意,代表着国家领导人实事求是、拨乱

反正、解放思想、与时俱进的姿态。这对于不了解或不很了解中国国情的西方人来说,在理解上难免会有几分困惑。当那位译员听到中国领导人说"不折腾"时,采取了"零翻译法",将其直接译为"bu zheteng",或采用"音译与意译、归化与异化"相结合的办法处理为"don't zheteng",既反映出这位译员对该词语深刻含义的几分无奈,也表现出他的机敏智慧——要了解何为"不折腾",就请先了解中国的社会文化吧!

表 17-1 的 12 种译法都有一定的道理,都能与"不折腾"沾上边,当然,其中有的边沾得大点,有的边沾得小点,即各种译法与"不折腾"在概念上的交叉范围不同,相当于上文提到的欧拉图,两个圆圈的交叉程度有大有小! 一言以蔽之,它们仅只反映了"不折腾"的部分信息,而不可能是全部,即两个圆圈不可能完全重叠,这便是本文强调的后现代修辞学视野下的"转喻方式"在翻译中的不可避免性,即转喻方式不仅是人们在同一语言交际中的基本体认方式,同时也是跨语言翻译中不可或缺的体认方式。我们(2007:236)曾提出可仿拟雷柯夫和约翰逊(Lakoff & Johnson 1980)的书名 *Metaphors We Live By*,写出一本 *Metonymies We Live By*。正如很多学者所指出的,在很多情况下,转喻比隐喻是一种更为基本的体认方式。

习近平同志所提"中国梦"的核心概念为"实现中华民族伟大复兴",其中的"复兴"在译界也出现了多种不同的译法,如 revitalization,rejuvenation,renewal,resurgence,revival,renaissance,这几者围绕"复兴"形成的一组同义词,实质上是一个由"转喻关系"形成的义群网络,它们都与汉语的"复兴"共享部分或大部分意义,也具有"部整关系"。一般说来,前两种译法较好,即与"复兴"共享较多义素;而后几者虽也含有此义,但还蕴含其他义素,并不与"复兴"完全对应。

再说近年来我国社会上出现的一种新现象"托儿",用以指称那些专为骗子等充当帮手的角色,该词的英译方法颇多:human bait,cheat,fake customer,decoy,salesperson's decoy,come-on,tout,shill 等,还有人直接根据汉语的读音译为 Tuo r。根据上文所述,它们都与汉语的"托儿"具有转喻关系,形成了一个"转喻场",因为这些英译词语都在某种程度上反映出了"托儿"的部分或大部分含义,而不可能穷尽其含义。真可谓"译可译,非常译"。

另外,我国古代学者提出的很多中国语境中的哲学观点,内容丰富,寓意深刻,常具有"不可言说"的性质,有时也很难译为妥当的英语,如"道""仁""中庸"等。"道"的不同译法参见下文;"仁"可译为 Benevolence,Kindheartedness,Humanity 等;"中庸"有如下诸多译法:the Golden Mean,

Equilibrium, Center, Impartiality, the Familiar, Commonality 等。根据上文可知,这诸多译法分别构成一类义群,它们在某种程度上都在揭示有关核心概念的某一方面,其间具有转喻关系。还有学者认为,既然汉语中这些词语意义如此丰富,难以用一个英语单词来表达,不妨采用音译法,如可分别译为"Dao/Tao, Ren, Zhongyong"等,这也不愧为诸多译法中的一种上佳选择。

（2）英诗汉译一例

笔者日前收到钱雪昌老同学发来的一首网络英诗汉译例子,真是意味深长,读到颇有感触,也可用来说明"翻译转喻"的可取性。英语原诗为:

> You say that you love rain,
>
> but you open your umbrella when it rains...
>
> You say that you love the sun,
>
> but you find a shadow spot when the sun shines...
>
> You say that you love the wind,
>
> But you close your windows when wind blows...
>
> This is why I am afraid,
>
> You say that you love me too...

同样一首英语诗歌,网民们竟然做出了 7 种不同的译本,且将每一译本标上了不同的文体名称,可谓高明,笔者情不自禁地要为他们点个赞!现摘录如下,以飨读者。

1）普通翻译版:

> 你说你喜欢雨,但是下雨的时候你却撑开了伞;
>
> 你说你喜欢阳光,但当阳光播洒的时候,你却躲在荫凉之地;
>
> 你说你喜欢风,但清风扑面的时候,你却关上了窗户。
>
> 我害怕你对我也是如此之爱。

2）文艺版:

> 你说烟雨微茫,兰亭远望;
>
> 后来轻揽婆娑,深遮霓裳。
>
> 你说春光烂漫,绿袖红香;
>
> 后来内掩西楼,静立卿旁。
>
> 你说软风轻拂,醉卧思量;
>
> 后来紧掩门窗,漫帐成殇。

　　　　你说情丝柔肠,如何相忘;
　　　　我却眼波微转,兀自成霜。

　3) 诗经版:

　　　　子言慕雨,启伞避之。
　　　　子言好阳,寻荫拒之。
　　　　子言喜风,阖户离之。
　　　　子言偕老,吾所畏之。

　4) 离骚版:

　　　　君乐雨兮启伞枝,
　　　　君乐昼兮林蔽日,
　　　　君乐风兮栏帐起,
　　　　君乐吾兮吾心噬。

　5) 五言诗版:

　　　　恋雨偏打伞,爱阳却遮凉。
　　　　风来掩窗扉,叶公惊龙王。
　　　　片言只语短,相思缱倦长。
　　　　郎君说爱我,不敢细思量。

　6) 七言绝句版:

　　　　恋雨却怕绣衣湿,喜日偏向树下倚。
　　　　欲风总把绮窗关,叫奴如何心付伊。

　7) 七律压轴版:

　　　　江南三月雨微茫,罗伞叠烟湿幽香。
　　　　夏日微醺正可人,却傍佳木趁荫凉。
　　　　霜风清和更初霁,轻嚬蛾眉锁朱窗。
　　　　怜卿一片相思意,犹恐流年拆鸳鸯。

说到此,网民们颇有感慨,云:

　　不知道这世界上是否还有第二种语言能像汉语这样,拥有如此美的韵律。当我们不假思索地跟随着众人疯狂地学习英语、韩语、日语……的时候,是否能偶尔停下脚步,回过头来欣赏一下我们自己的文化呢?

是否能偶尔静下心来品味一下汉语带给我们的感动呢?

他们在赞叹汉语美,既美在形式多样,又美在韵律丰富,但他们却不知道同一首汉语诗歌也能译成若干不同的英语表达,参见本书附录 2。但感叹词中的"文化"二字却不经意间紧扣了后现代译论的核心,从语言出发,追问其后的文化含义,也算其高明之处。是啊,不同的文化必然要产生不同的语言表达方式,出现不同的文学创作形式,各自抒发了各自的情怀,这或许可用"转喻"来统而冠之,"对等"是无从说起了。不管汉译省去了英语源文的信息,还是添加了若干不同新意,总摆脱不了"部分代整体""整体代部分"的体认机制。

## 第四节 译"道"之转喻本质

后现代哲学思潮强调意义的差异性,理解的多元性,意义的模糊性,认识的多视角,翻译的不确定性。根据德里达的解构主义,意义处于不断"延异"的过程中,随着时间的延续和空间的差异,文本符号意义必有变化,留下的痕迹将会不断被抹去和改写。老子在《道德经》文首的一句话"道可道非常道"有多种不同的理解,便是一个很好的例证,它可被理解为:

道,可道,非常道。
道,可道非,常道。
道,可道非常,道。
道,可道非常道。
道可,道,非常道。
道可,道非,常道。
道可,道非常,道。
道可,道非常道。
道可道,非,常道。
道可道,非常,道。
道可道非,常道。
道可道非常,道。

现代汉语用标点符号才有百年的历史,正因为古汉语不用标点符号,这才给老子的这句名言留下了上述不同的加标点的 12 种可能,且还不能算已包含了原初那句话的全部意义了。

众所周知,原初意义的"道",内容丰富,博大精深,高度概括,只能意会,难以言传,具有较高的"模糊性","恍兮惚兮,窈兮冥兮,玄之又玄",可称之为"大道"。一旦将它说出来,就不是原来的那个"大道"了。因此,被说出来的那些"小道"只能是"大道"这个整体概念中的一部分。上述 12 种解释正是这样的"小道",仅道出了高度概括的、理想的"大道"中的一小部分内容,充其量只起到一个转喻性释义的作用。这也证明了本书所说的"理解转喻性"。我们认为,翻译同样具有转喻性。

老子的《道德经》不仅在汉语界有不同理解,在外译过程中同样也具有模糊性和转喻性。译本众多,对"道"的解释也甚多,莫衷一是。到目前为止,《道德经》共有三百多个外译本(杨柳、衡浏桦 2011),"道"(在书中一共出现76 次)译为英语时主要有三十多种译法。将这些"小道"再译为外语时,又要经历一次转喻过程,或许只能是"小小道"了。在两次理解和翻译的过程中,"转喻方式",就像一只看不见的手,一直在心智中"指挥"着我们。

现根据姚振军所收集到《道德经》的 78 种英语译文,将"道"的 33 种译法整理如下表:

表 17-2

| | 译　文 | 词　性 |
|---|---|---|
| 1 | be told/discussed /described/expressed | V |
| 2 | Atheism | N |
| 3 | the Cosmic consciousness | N |
| 4 | Cosmos | N |
| 5 | Creator | N |
| 6 | (the)Dao(DAO) | N |
| 7 | Existence | N |
| 8 | Fate | N |
| 9 | God-the-Father | N |
| 10 | Guide | V |
| 11 | Harmony | N |
| 12 | Heaven | N |
| 13 | Infinity | N |
| 14 | Law | N |

(续表)

| | 译　　文 | 词　性 |
|---|---|---|
| 15 | Life | N |
| 16 | Masters | N |
| 17 | Natural | Adj |
| 18 | Path | N |
| 19 | Primordial Conscioueness | N |
| 20 | the Principle | N |
| 21 | the Principle of Heaven | N |
| 22 | the Principle of Nature | N |
| 23 | Reason | N |
| 24 | Road | N |
| 25 | Route | N |
| 26 | The saints/sage | N |
| 27 | The Spirit | N |
| 28 | (the)Tao(TAO) | N |
| 29 | Taoist | N |
| 30 | The Universe | N |
| 31 | The way | N |
| 32 | The Way of Tao | N |
| 33 | Words | N |

　　我们认为,上述 33 种译法,它们都从某个侧面揭示了不可言说的"大道"中一部分信息,这就是本书所说的译"道"之转喻本质,各位读者兼译者都在有意识或无意识地运用"部分代整体"转喻方式,来突显作者所理解的那一部分的含义。

　　再从动作的"过程 vs 结果"角度来分析,说出来的是"结果",而"过程、方法、步骤"等往往没说,或根本就说不出来或很难说得出,其实在语言交际中若无特殊需要也不需要将它们说出来,若真能将其表达出来,就不是老子所认为的那个形而上之"大道"了。如表 17-2 中仅有 2 例译为动词,其他都处理为名词,在名词当中尤其以"道路"译法居多,如 road,route,path,way 等,特别是"(the)Way,Ways",在姚振军所收集到的 78 个译本中有 20 例,占 26%。这都是汉语中"道"之原初意义〔参见《现代汉语词典》(商务印书馆

2012 第 6 版:268）],然后再将其隐转喻为"方向、方法、道理、道德"。这再次证明了"转喻方式"的解释力,用动作的"结果"代替了其他部分。

当然,碰到这种文化内涵极为丰富,民族性特强,且难以翻译的词语时,最方便的办法就是上文提及的"零翻译法",即将"道"音译为:

> （a,the）Dao;
> DAO;
> （the）Tao;
> TAO

在姚振军所收集到的 78 个译本中有 45 例,占 58 ％。我们在语料中还发现,部分译者采用"双译法",即一个英语单词加上一个音译词或反之,两者之间有时用连词符,如

> the Tao-path

有时用括号:

> a way（dao）;
> the way（Tao）;
> TAO（THE LAWS OF THE UNIVERSE）

这种"音译兼意译、归化加异化"的方法,会有助于外国读者更容易地理解"Dao"或"Tao"的基本含义,使得转喻方式从"部分代整体"演变为"多部代整体",不失为一种可取之道!

当然了,在将汉字的"道"音译为"Dao"或"Tao"时,这本身就是一种"以部分代整体"的转喻性译法,仅传递了"道"的声音,而未能表达出"道"的含义,即使加上了诸如"path,way,law"等英语词语来传递其基本意义,也不可能传递出老子所说之"大道"的全部含义。可见,从上表中所列述的 33 种译法以及 4 种"双译法"来看,怎么也跳不出"转喻译法"的基本机制。这正应了钱锺书（1999:409）的一句话:

> 道之全体大用,非片词只语所能名言。

为便于读者更好理解钱先生这句话的深刻含义,特引用中国澳门理工学院林巍（2011）的译文:

> The totality of the Dao and its profound influence is something that can never be named by any single word or phrase.

　　据此,我们或许可设想:老子在这里亦已认识到"转喻方式"的奥秘了,奥妙无穷的"道"只可存在于人们心中,只有靠"悟""禅悟""思"来接近它,更多的是它只可意会,难以言传。在此情形下,若人们坚持要将其表达出来,只好走"转喻"之华容道,权宜地说出或译出它的一部分含义而已,别无他哉!

　　美国后现代哲学家奎因(1960)在其名著《词与物》(*Word and Object*)中就论述了"翻译的不确定性"。美国后现代文学理论家兼翻译家斯皮瓦克(Spitvak 1976)在翻译德里达《文字学》的译者前言中依据德氏观点指出,文本没有固定的同义性,因此翻译不可能完全实现意义的转换。她(1993:179,181)后来又强调了这一基本观点,认为翻译过程中充满着"磨损中的撒播,合理中的挪用"现象,具有语言暴力的特征。韦努蒂(Venuti 1992,1995,1998)依据解构论提出了"翻译不可能再现源文意义"的观点,只能通过文本符号不断建构意义,重构自身文化身份。

　　我国学者王东风(2004,2005)则根据西方后现代哲学思潮的立场提出了解构"信、达、雅"的翻译观,有力地推动了我国翻译理论研究逐步融入于全球后现代哲学大潮之中。

# 第五节　结　语

正如铁木钦科(Tymoczko 1999/2004:282)所说:

　　... the metonymies of translation *per se* are rarely named explicitly and have yet to be fully explored. Such metonymies are to be found in the way that translation is always a partial process, whereby some but not all of the source text is transposed, and in the way that translations represent source texts by highlighting specific segments or parts, or by allowing specific attributes of the source texts to dominate and hence, to represent the entirety of the work. Metonymy operates also in the way that translated texts are written and read as representations of their source cultures and in the way that translations, as elements of the receiving literary system, metonymically encode features of the receiving cultures. (……翻译转喻本身尚未有明确的称号,也未得到深入探索。翻译总是一种局部过程,因为只转写了译出语文本中的部分而不是全部内容,译文通过突显特定部分来表征译出语文本,使其特定属性取得决

定性地位,从而代表了整个作品,这就是翻译中的转喻。转喻运作还有如下反映:译文是作为译出语文化而被译写和阅读的,而且译作也是作为接受语文学系统的一个组成部分,转喻性地编码了接受语文化的特征。)

我们在第十五和第十六章中论述了约五百条翻译隐喻表达式,它们都可视为"部代整"转喻机制的具体应用,但它们又都是在"用一物来喻说和理解另一物",当可视为隐喻。因此翻译活动既涉及隐喻,也涉及转喻,是名副其实的"隐转喻"(Metaphtonymy),根据上述分析可暂且理解为:在宏观运用隐喻机制的同时,实践着若干转喻行为。本章所论述的翻译转喻观,可视为铁木钦科(Tymoczko 1999/2004)所述思想的一个继续,且在标题中套用了《道德经》首句,将其仿拟为"译可译、非常译",以能说明该观点的悠久历史。

前半句的"译可译"意为:从理论层面来说,一切文本都有被翻译的可能性,即使诗歌也是这样。根据体认翻译学中"体验普遍观"(王寅 2005)可知,既然语言来自于对现实世界的互动体验和认知加工,各民族又同居于地球村,客观现实具有若干基本相同或相似之处,且人的身体结构和器官功能也都相同,因此,人们的"认知"和"语言"就不可避免地要具有一定或较多的相通之处,否则也就失去了翻译的经验基础。

后半句的"非常译"意为:从实际效果来说,一切翻译都不可能百分之百地传递原作者和源文本的原意图,经过"翻译过程"处理之后,必定会有所调变、缺省或增加,这可用体认语言学核心原则中的"认知加工"(强调语言形成过程中的主观性)来做出合理解释。因此,在不同语言之间也必定会存在若干差异之处,皆因各民族都有"主观能动性"所致。正如上文所述,从后现代哲学思潮来看,这种"理解中的模糊性""翻译中的不确定性"实属正常,充分显示了人类理解的多元化、多视角、人本性和主观性。

一味强调翻译的客观性,片面追求"信达雅",这确实是强人所难,几乎是难以企及之事!从后现代哲学家和翻译理论家的论述来看,他们都意在强调翻译活动的修辞性质,明显带有"非常译"的特征,因为一切作品经过翻译之后,源文的主要思想虽可通过各种不同的方法表述成译文,但有些信息不可避免地会被遮蔽,或增加些源文所无意义。这就是说,翻译过程中"转喻修辞现象"不可避免。或许老子的名言"道可道,非常道;名可名,非常名"就已经揭示了人类理解和表达过程中的"转喻性"这一基本体认原则。

似乎,"盲人摸象"的故事当被重新演绎,任何一个学者都只能基于某一角度,探讨翻译原理,进行翻译实践,而不可能识得语言和翻译的整体面貌,传递出原作的全部意义。这便是为何语言学界和翻译学界会出现如此多流派之根本原因。面对当今人文研究中的这一无奈,可运用翻译修辞学中的主要机制"翻译转喻"做出合理的解释,译者无不尝试调用各种语言表达方式,用译入语中较为合适的词语和辞格来传递原作的主要思想和情感。

# 第十八章　翻译体认研究的实证方法

　　自国外 20 世纪 80—90 年代提出研究"翻译过程"和"翻译能力"以来,欧洲学者们运用认知科学和先进设备不断设计出种种实验和方法。本书简述了十数种常见方法及其适用范围,讨论其优缺点,积极推荐"数法并用"的综合性策略。当今体认翻译学当走"上勾下联"之路,即立足于翻译学,既要向上发展,进入到"形而上"的理论层面,也应向下联通,进入到"形而下"的实验层面。只有真正实现"三合一"目标,才能大力推进我国体认翻译学的建设,尽早与世界学术前沿接轨。

## 第一节　概　述

　　翻译学借助于语言学、文论、哲学等成就不断丰富自身,建构了多种译论,特别是最近二十几年来取得了长足的进步。图里(Toury 1988:11)曾指出

　　Theory formation within Translation Studies has never been an end in itself.(翻译研究中的理论建构永无终结。)

欧波莱恩(O'Brein 2011:9)亦持相同观点,他说:

　　Each Discipline, with eyes and ears open, could learn a lot from the other. (每个学科,要睁大眼睛,竖起耳朵,从其他学科学到很多。)

迦斯克莱任(Jääskeläinen 2000)更是一语中的:传统的翻译一直聚焦于

语篇、语言、文化,而不关注人类心智是如何运作的。他直接指明了翻译学与认知科学的跨学科研究方向。

21 世纪以来,关于翻译认知研究的丛书主要有 *Continuum Studies of Translation*,由英国利兹大学(University of Leeds)的翻译研究中心蒙戴(Munday)教授在伦敦的"Continuum 国际出版集团"(Continuum International Publishing)以及"国际口笔译研究会"(International Association for Translation and Interpreting Studies,简称 IATIS)的支持下主编出版。另外,在《哥本哈根语言研究丛书》(*Copenhagen Studies in Language Series*)中也有很多这方面的内容(Göpferich etc. 2008,2009;Mees etc. 2009)。

在许多西方学者的眼中,"CL"与"认知心理学"大致一样,主张用科学实验的方法来验证有关语言和心理在头脑中运作的过程和方法,所谈论的"体认翻译学"也与此相仿,主要探索如何将先进的科技设备和软件运用于翻译过程和翻译能力的实验和数据分析上。最近十几年来欧洲等地研究"翻译过程"的机构和项目主要有:

（1）丹麦的 CRITT（Center for Research and Innovation in Translation and Translation Technology）;

（2）挪威的 EXPERTISE（Expert Probing through Empirical Research on Translation Processes）;

（3）巴西的 UFMG（Universidade Federal de Minas Gerais）LETRA（Laboratory for Experimentation in Translation）;

（4）EYE-TO-IT 欧洲项目,主要参与者来自奥地利、保加利亚、丹麦、芬兰、挪威、瑞典等国,将 EEG、Eye Tracking、Keystroke Logging 三项技术结合起来研究翻译背后的认知机制,Lachaud(2011:131－154)对其作出了论述;

（5）西班牙的 PACTE（Expertise and Environment in Translation 翻译能力和评价习得过程）;

（6）奥地利的 TransComp（Translation Competence）,Göpferich(2008,2009)追踪一组学生数年的翻译过程,且与专家译者对比;

（7）瑞士的 CTP（Capture Translation Process）。

笔者拟简述译界常用的十数种实验方法及其优缺点,以飨读者。

## 第二节　翻译过程和翻译能力

### 1. 翻译过程

任何行为都有"过程"和"结果"之分,前者是后者的必要前提,后者是前者的终极产品。过往翻译研究大多落在"译文结果"上,注重分析、对比、评价译文,而忽视了译文产生的过程,这一缺陷近年来得到了扭转。20世纪80年代,桑德洛克(Sandrock 1982),克林斯(Krings 1986),泽德洛夫(Gerloff 1986,1987),罗切(Lörscher 1986),迦斯克莱任(Jääskeläinen 1989)等在认知科学(特别是认知心理学、CL、现代实验设备和计算机软件)的影响下提出用实证的方法来研究"翻译过程(Translation Process)"。这个过程实际上就是人们在翻译活动中的思维过程。

杨自俭、刘学云(1994)指出,翻译学的任务就是要研究译者的这种特殊思维活动的规律。根据吉尔(Gile 1995)和瑞义兹(Ruiz etc. 2007)的观点,它主要包括三个阶段:

(1) 译出语理解;

(2) 译入语生成;

(3) 两种语码之间的转换。

目前,译界主要运用诸如"出声思维法"(Think-aloud Protocol)、"控制实验法"(Controlled Experiment)、"学生一专家对比法"(Comparison between Students and Professionals)等来发现翻译过程中的具体规律,为翻译的认知研究开创了一个全新的研究方向。

1995年在美国的肯特州立大学召开了第七届"口笔译认知过程"(Cognitive Process in Translation and Interpreting)国际研讨会,两年后由丹恩克斯(Danks)、斯利夫(Shreve)、房廷(Fountain)、麦克庇斯(McBeath)于1997年主编出版了同名论文集,从各个不同角度论述了口笔译时的心智运作过程,这标志"翻译与认知"的跨学科研究[又叫"学科整合"(Disciplinary Integration)、"学科漫游"(Disciplinary Nomadism)]正式开始,越来越多的翻译学者开始关注人们在翻译时心智运作的方式,这就是方梦之先生所说的"翻译的认知转向"之滥觞。这一新兴跨学科的出场,既推动翻译理论的建设,也为认知科学和CL开拓了新领地。

下列专著和论文集为其发展起到了重要作用：

（1）汉森（Hansen 1999）出版了《翻译过程探索》（*Probing the Process in Translation*）；

（2）窦可讷—孔迪特（Tirkkonen-Condit etc. 2000）出版了《口笔译过程的开发与筹划》（*Tapping and Mapping the Process of Translation and Interpretation*）；

（3）阿尔弗斯（Alves 2003）出版了《三角翻译法》（*Triangulating Translation*）；

（4）戈弗利切（Göpferich etc. 2008）出版了《看着眼睛：阅读和翻译过程的眼动研究》（*Looking at Eyes：Eye Tracking Studies of Reading and Translation Processing*）；

（5）斯利夫和安吉隆（Shreve & Angelone 2010）出版了《翻译与认知》（*Translation and Cognition*）

等等。

2009 在澳大利亚墨尔本的 Monash 大学召开的第三届 IATIS 大会，主题之一为《翻译的认知探索》（*Cognitive Exploration of Translation*），两年后由欧波莱恩（O'Brien）主编出版了同名论文集，书中收集了 10 篇论文，详细论述了如何使用先进设备来设计实验，收集数据，论述翻译过程，进一步推动了体认翻译学的发展。

我国学者张泽乾于 1988 年分别从语言学和信息论角度论述了翻译过程，且重点分析了美国著名翻译家奈达翻译模式中"分析、传译、重构"的心智加工过程。蒋素华于 1998 年介绍了德国学者罗切（Lörscher 1991）运用心理语言学方法研究翻译过程的观点，文中也述及了 TAP 方法（参见下文）。颜林海（2008）在其专著中也专辟一节论述了翻译过程的国外研究简史。

## 2. 翻译能力及其习得

值得我们注意的是，图里（Toury 1995）、斯利夫（Shreve 1997）、斯利夫和切斯特曼（Shreve & Chesterman 2000）等提出的"翻译能力进化"（Evolution of Translation Competence），以及切斯特曼（Chesterman 2000）提出的"翻译能力的发展"（Development of Translation Competence）议题，使得"翻译能力"（Translation Competence，简称 TC），如同"语言能力"（Language Competence）

和"交际能力"(Communication Competence)一样,再次受到翻译学界的密切关注。

由西班牙学者比拜(Beeby)、弗南德兹(Fernández)、福克斯(Fox)、阿尔波(Albir)、库兹尼克(Kuznik)、纽恩兹格(Neunzig)、罗德立格兹(Rodríguez)、罗姆洛(Romero)、维姆(Wimmer)等组成的"翻译能力和评价习得过程小组"(PACTE Group),以及欧劳兹库(Orozco 2000)、格普弗利切(Göpferich 2009)将"翻译过程"与"语言习得"紧密结合起来,提出了"翻译能力习得"的问题,进一步推动了该议题向纵深发展。

## 第三节　翻译过程和能力的实证方法

正如上文所述,翻译的认知过程和习得能力的研究大多还停留在理论思索的层面,尚未见具体的、大规模的实验数据。近年来,一批翻译学家为弥补这一缺陷,成立了跨学科研究小组,运用各种设备和软件从事了一系列实证研究,将"论点与论据、理论与方法、人文主义与科学主义"的结合型研究推向了一个新阶段。笔者现将这些年国外发展起来的研究翻译过程和能力的实证方法分别介绍如下。为便于叙述,本章暂将翻译所涉及到的语言设定为英语和汉语,包括英译汉和汉译英。

### 1. TAPs

此为"出声思维法"(Think-aloud Protocals)的缩略语,在执行一项任务或解决某一问题时,将心智中所思所想用词语大声说出来,即我们所说的"词语化"(Verbalization),Bühler 早在 20 世纪初就提出这一方法,Sandrock(1982)、Ericsson & Simon(1984)将其引入研究翻译过程,要求译者在执行某项翻译任务时,将具体的转写过程用口头表达出来,我国学者李德超(2004,2005)也对其作出了较多的论述。该方法又分两种:

(1) 边转写边表达,叫"共时法"(Concurrent Protocol);
(2) 转写后再重述,叫"反省法"(Retrospective Protocol)。

这一实证方法早由我国学者蒋素华(1998)介绍引进,其优点十分明显:成本投资较小(耳机和录音机),不需要添置什么其他复杂和昂贵的设备,选好几篇待译英语段落,邀请几位被试者在一特定场地即可实验。将译好的汉语书面文字与他口头叙述的录音内容进行比对,考察译者心中所思所想与实际书面文字之间的"同"和"异",调查它们的分布比例,分析差异的原因,同时还可发现口头表达与书面文字之间的差异,这也有助于研究口译和笔译的翻译认知过程。

但该法的缺陷也很明显:书面翻译时的心智运作过程都能被意识到吗?每个被试者的表述能力都相同吗?他们都能将心智中所思所想用词语表述出来吗?若不能,该实验又将如何进行下去?"口头表达的速度"和"词汇空缺"也是一些必须考虑的因素。人们能在多大程度上做到"口 vs 手"的一致性?"动口"了就会影响到"动手",连翻译这一主要任务都进行不下去了,还谈何研究翻译过程?倘若这些基本前提得不到保障,就很难保证 TAPs 实证研究的有效性和可靠性。

## 2. TPP

此为奥地利的"翻译能力研究小组"(TransComp Research Group)所用术语"Translation Process Protocol"(翻译过程法)的缩略语,它是对 TAP 方法的一种发展,即在转写过程中不仅要记录他说的内容,还要考察他的相关行为,如查阅词典、调整耳机等动作。Göpferich 等(2008,2009)对其有较为详细的论述。

这一方法的优缺点基本同上,添置摄像机也不需要多大的投入,但最大的疑问是:相关行为与翻译过程究竟有多大关系?"查阅词典"只能说明译者不认识源文中词语,或一时找不到合适词语;调整耳机是因为戴得不舒适,不一定与理解有多大关系。

## 3. Keyboard-Logging

该术语可译为"键盘记录",它又叫:Keystroke Logging,Key Logging。当人们敲击计算机键盘生成译文时,可借用一种特殊设计的软件来记录键盘上所有的键和鼠标被使用的情况(包括键入、删除、翻页、粘贴、暂停等,及其频率和速度),然后可以 AVI 文件形式回放,以此来考察使用了哪些键,各自的使用频率。用此法可较好地发现"翻译单位"(两暂停之间的单位)。一种常用的工具软件是丹麦的哥本哈根商学院杰克布森和舒(Jakobsen & Schou 1999)为研究翻译过程设计出"翻译记录软件"(Translog)。

　　该软件还具有"屏幕记录"(Screen Recording)的功能,即将所有键盘输入的动作及其对应的屏幕显示记录下来,可以任何所需要的速度回放,或静态播放,可获得译者"所思所想"和"所译所写"之间互动关系的详细数据,观察到译者在翻译过程中的细微之处,该工具可有地效弥补"键盘记录法"和"出声思维法"之不足。

　　"屏幕记录法"可弥补"问卷调查"(Questionaire)和"反省口述法"所遗留下来的部分问题,因为通过它们获得的常是一堆结果材料,无法知晓回答问题的过程。倘若缺失了回答问题或口述心理活动时的过程,这对于研究"翻译过程"可谓是一个致命伤。而屏幕记录法可记录译者如何将"所思所想"转写为具体文字的细节过程,供研究人员深入分析,这十分有利于人们发现翻译过程中的有关规律,揭示翻译时的实际心理活动过程(Ehrensberge-Dow & Preein 2009)

　　从 2006 年设计出的键盘屏幕记录软件 1.0 版本,到目前为止的最新版本为 4.6,它们可将任何人在计算机上的一举一动详细记录下来,它们还可用于监控使用电脑的情况,如在线聊天,发送邮件等。

　　该法实属创新之举,但是人们不免还是要发出疑问,"键盘和鼠标"的运作情况与"翻译的认知过程"究竟有多大的关联性?各种文体所使用的词汇域有一定甚至较大的差异,这些词汇所用到的字母在键盘上就会有不同的分布,而且个人用鼠标的习惯也不尽相同,所以仅凭"键盘和鼠标"的使用情况来考量翻译过程,似乎会带有不少"胎里疾"。

## 4. Eye-tracking Systems

　　可译为"眼动系统",指依靠基于红外、摄像、计算机等技术制造出的"眼动仪"(Eye Tracker),它是普通心理学中基础研究的重要仪器,用来记录人们在处理视觉信息时的眼动轨迹等特征,据此来探索人们在各种不同条件下如何加工视觉信息,因为眼睛运动与心理活动之间存在直接或间接的关系。

　　俗话说"眼睛是心灵的窗口"。心理学家早就发现人们在执行诸如阅读、翻译、观察等不同任务时,眼瞳是在不断运动的,这就为通过眼动情况来揭示心智活动规律提供了实验基础。该技术被广泛用于研究"注意、视知觉、阅读、翻译"等领域。杰斯特和卡彭特(Just & Carpenter 1980:331)提出了"眼睛—心智假设"(Eye-Mind Assumption),即在"被注视"和"被加工"之间没有明显的滞后(Appreciable Lag),被注视的时间长短可表明潜在认知加工的复杂度。雷讷和塞雷诺(Rayner & Sereno 1994:58)、杰克布森和简森(Jakobsen & Jensen 2008:114)等发现,注视的时间越长,所需付出的认知努力越多,这常作为眼动实验的一条基本原理。

眼动可揭示句法加工和意义建构的过程,它也有助于研究翻译过程。因为译者在阅读文字时,眼动轨迹会出现一系列的变化,主要有:注视(Fixation)的时间和次数、眼跳(Saccades)的距离、追随运动(Pursuit Movement)的路径、注视点轨迹图、眼动时间、眼跳方向的平均速度和距离、瞳孔大小和眨眼等,它们可反映出视觉信息的选择模式,据此可揭示个体的内在认知过程,尝试解释译者在翻译具体语句时的心理活动情况。

爱尔兰都柏林城市大学的欧布莱恩(O'Brien 2006,2008,2009)在这方面取得了较好的成就。斯尧儒普(Sjørup 2011)还运用这项技术研究了隐喻的翻译问题,因为译者在加工隐喻表达时,注视的时间较长,所付出的认知加工程度就比加工非隐喻表达要高,因其会涉及到数种认知加工和翻译策略,如意象图式转换等问题。

但眼睛运动并不能完全反映出翻译过程的全部信息,而且译者不仅要看屏幕,还要查词典,还要看键盘,甚至还要发呆,这类眼动与翻译活动及翻译能力并无直接关系。一个人在兴奋时或怠惰时,在接受视觉信息时的眼动情况也会有较大差异,这就大大减低了这类实验数据的解释力。另外,人们在翻译如"He is a pig"一类简单隐喻时,可能并不比其对应的非隐喻表达更难,而对于那些自己不懂的隐喻表示(如 He eats no fish),不管注视多长时间也于事无补。

## 5. EEG

为"脑电图"(Electroencephalography)的缩略语。人体组织细胞总会自发地、连续地产生微弱的生物电,若在头皮上安放电极便可将生物电活动引导出来,经过脑电图记录仪放大后即可得到有一定波形、波幅、频率和位相的图形和曲线,这就是我们常说的"脑电图"。人们在不同刺激下可做出不同的反应,所产生的脑电情况也不相同,据此可有助于诊断疾病、揭示心智运作规律。

近年来,语言学家(包括翻译学家)尝试运用 EEG 来解释语言输入和脑电产出的关系,以此来揭示语习得和翻译过程中的有关规律。如对被试者输入不同词类,大脑的不同部位会发生明显的生物电活动变化。研究表明,大脑加工动词和名词的区域不同,这说明大脑对语言有功能区分工。该技术还可用以记录认知加工负载的变化情况,以能说明处理不同难度的翻译任务。评述参见下文。

## 6. fMRI

为"功能磁共振成像"(Functional Magnetic Resonance Imaging)的缩略语。该设备可通过磁共振成像技术来记录和测量大脑中神经元出现功能性活动时需要增加局部血流量或加速充氧的具体情况,不仅可用以诊断与大脑有关的病灶和医治状况,还可记录头脑中哪一部位在特定条件下被充血和激活的具体情况。这些资料可用来深入研究大脑中的记忆、注意、决定等心智活动,甚至还能识别出被试者所见到的图像或阅读的词语。该技术自 20 世纪 90 年代问世至 2007 年底已出现在 12000 多篇科技论文中,且目前还以每周 30—40 篇的速度增加,因为它在"观察大脑活动"时间和空间分辨率更高,更精确(可达到毫米水平)。目前用来检测大脑神经系统的主要技术有:

(1) EEG(脑电图),参见上文。

(2) PET,为 Positron Emission Tomograph 的缩略语,汉译为"正电子发射断层扫描"。通过向脑内注射少量液态物质以能测量局部脑血流,可检测大脑活动的情况,用于定位功能区,但缺点是不够精确,且对人体有损害。

(3) MEG,为 Magnetoencephalography 的缩略语,汉译为"脑磁图",可直接探测大脑中神经系统的复杂性功能活动。

(4) ERP,为 Event-related Potentials 的缩略语,汉译为"事件相关电位"。借助该设备可获得一种特殊的脑诱发电位图,通常用来研究注意或记忆方面的生理机制,用以确定空间定位。

但由于大脑神经系统对于各种刺激做出的反应实在是太快了,上述这些技术难以精确记录,定位不准,效果不佳,满足不了实验的要求。而 fMRI 具有非常好的时间和空间上的分辨率,这为研究大脑神经系统提供了更为有利的条件,可用以研究视感知过程和中文识别的中枢定位等问题。借助 fMRI 可更准确地获得翻译过程中大脑神经系统的运作过程和结果,有效弥补了上述技术之不足。但是使用和维护的成本太高。

### 7．Physiological Measures

可译为"生理测量"，除上文述及的 EEG 和 fMRI 之外，还有"皮电反应"（Galvanic Skin Response），"血流量和血压"（Blood Volume and Pressure）等技术。皮电反应可测到人在紧张（如出汗）时皮电流量增大，血流量和血压升高表明人的焦虑情绪。这两项技术与 EEG 和 fMRI 一样，也可用以测量人们在翻译（特别是口译）时的生理反应情况（Fabbro etc. 1990；Kurz 1994 ）。牟泽－梅赫塞（Moser-Mercer 2000：86）认为，通过这类技术研究口译所获得的数据不一定完全可靠，如口译者虽可连续讲话，但不一定译得准确，即技术本身不能判断口译的质量。

### 8．Comparison between Students and Professionals

通过对比"学生译者"和"专家译者"的翻译过程和成果，收集差异，整理数据，从中可发现有关学习过程和翻译能力的具体情况（Pym 2000）。杰克布逊（Jakobson 2002）认为，专家译者的一般情况是：草译时所花的时间较少，修改时所花的时间较多。切斯特曼（Chestman 2000）的研究结果表明，学生译者的线性发展也不一定能保证会逐步接近专家译者的水平，甚至在某些阶段，这一发展可能会走入反方向，在草译阶段所花的时间更长。这表明在不同阶段应发展不同的翻译能力。

若是将这一方法与上述几种实验方法结合起来使用，我们或许会有更多的发现，对于如何培养学生的翻译能力更具指导意义。

### 9．Reaction Time and Prompting

"反应时"（Reaction Time 又叫：Response Latencies），指从发出刺激到开始反应之间的时间长度，它因人、因时、因地、因事而异。其间的过程可大致描述如下：先是刺激引起感官注意，经由神经系统传递至大脑，经过系列加工，再由大脑传给相关反应部位。反应时主要由"感觉神经传递的时间、大脑加工的时间、做出反应的时间"这三部分组成。心理学家常用该技术来分析人的知觉、注意、学习、记忆、思维、动机和个性等各种心理活动。亦有学者将其运用于语言学习和翻译过程中，如由计算机屏幕给出一个物体（或简单事件,或汉语词句),以某一固定速度再给出一个英语词句,由被试者判断其是否正确;或由被试者自己直接输入对应的英语单词(或句子);也可用多项选择法来做这类实验。测量并比较不同人在翻译过程中所做出反应的时间,以说明个体对词句的熟悉程度或翻译能力。

"提示法"(Prompting)为心理学常用的一种实验方法,如以固定速度向被试者提供一个或多个词语,以检测他的记忆或联想能力。该法也可用于研究翻译过程,如上文所提及的通过屏幕向被试者提供某汉语信息,检测他译成英语所需的时间。对由若干人组成的一组人提供相同提示内容,可调查出不同个体做出反应的时间,并据此排列顺序,可为量化他们的翻译能力提供一定的参考。若再求出该顺序与这组人其他成绩顺序的相关系数,还能达到互相参验的目的。

研究人员还设计出一种翻译或写作软件,可根据屏幕上已出现的词句向译者或作者自动弹出可供选择的词语,以能提高翻译或写作的速度,可望减轻大脑认知加工的负担和时间,发挥"搭配词典"所起到的功效。

## 10.　Questionaire

这就是我们常说的"问卷调查",也是国内学者十分熟悉的数据调查方法,自 1980s 引入国内后亦已成为应用语言学(包括二语习得)方向的常用方法。

该法也同样适用于翻译过程的研究,通过设计某一特定类型的翻译问题(如英译汉、汉译英等),有助于了解受试者某种翻译能力,发现问题,对症下药,这对于翻译教学和研究十分有效。

## 11.　Combined Methods

该术语的意义为:数种方法组合使用,可译为"综合法"或"数法并用",在英语中又叫:Integrative Research,Multiple Methodologies,Methodological Integration 等,可有效解决上述单用某一方法留下的缺陷,更好地揭示翻译过程中心智加工的机制。

由于人们在口笔译过程中不可能是单一器官在活动,而总是"多通道"的,既要用到眼、口、耳、手,当然,它们又都离不开大脑。德拉格斯泰德(Dragsted 2010),斯利夫、拉克鲁兹和安杰隆(Shreve、Lacruz & Angelone

2010)，雷德宁和拉齐奥德(Rydning & Lachaud 2010)等提出了将"眼动技术"与"键盘记录"结合起来研究翻译过程的观点。

简森(Jensen 2011)也用此法来研究译者在译出语和译入语上注意力分布以及转移的具体情况。屏幕上可安排两栏，如左边为英语，右边为汉语(用键盘输入)，可根据译者在这栏上所付出注意力分布和转移的情况，来揭示英译汉过程中的具体细节和相关规律。

欧洲学者还提出了 EYE-to-IT 方案[1]，可将此两法与"脑电图"技术结合起来，以期能获得更有价值的数据。

综合法或数法并用，可更好地解释翻译过程中的"串联—并联活动"(Serial-Parallel Activity)。"串联"翻译活动，是指理解了译入语之后才开始翻译；"并联"翻译活动，是指译出语理解与译入语生成同时或交错发生。另外，这种方法还可用于分别调查专家译者和学生译者在翻译相同文本时注意力分布和转移的数据，以能获得有价值的资料。瑞义兹(Ruiz 2007:490)指出，学者们对翻译过程中理解与生成是串联还是并联主要有以下三种不同看法：

(1) 垂直翻译观持串联立场；

(2) 水平翻译观持并联立场；

(3) 混合翻译观持双重立场，即翻译过程中既有串联也有并联。

我们认为，这三种观点都有存在的理由和可能，这取决于译者的语言水平、翻译能力、智商、情绪、年龄，以及对译出语文本的熟悉情况。简森(Jensen 2011)通过实验发现，不管是专家译者还是学生译者，他们的注意力大多分布在"译入语"上。学生译者花在"译出语"上的时间比专家译者要长。且在这两组译者群中都发现了一定程度的并联活动。

"UCM"[为"处理不定性"(Uncertainty Management)的缩略语]，是指翻译过程中常会遇到一些"拿不准"或"不确定"的现象，此时可单用或组合几种方法来研究。TransComp 团队组合使用了"出声思维法、键盘输入、屏幕记录、反省法、问卷调查法"等来研究翻译次能力，发现人们的"创造力"与"翻译能力"呈正相关。

笔者(2012)曾论述了"综合法"(或数法并用)，建议将翻译过程与结果；翻译学与 CL、语料库语言学等结合起来；还可将翻译学与心理语言学、二语

---

① EYE-TO-IT 为一项欧洲研究项目，包括与挪威的奥斯陆大学及医院的合作，将 EEG、Eye Tracking、Keystroke Logging 三项技术结合起来研究翻译背后的认知机制，Lachaud (2011:131−154)对其作出了论述。

习得、双语对比研究等结合起来;可将语料库数据与"实验数据"结合起来共同支撑某一论点。阿尔弗斯(Alves 2003)就曾提出了"三角测量法"(Triangulation),对翻译中某同一形象从不同角度(两个或以上)设计实验,通过交叉对比两种(或以上)不同的数据,便可获得更准确的结论,保障实验结果的有效性和可信度。

我们期望本世纪学者们能用多种研究途径,进一步深入探索大脑如何建立两种或多种语言之间的对应连接关系这一难题,从生理学和神经学等角度做出更为科学的解释,这对于提高外语教学质量和翻译能力具有重要意义。

## 第四节　结　语

本章主要列述了国外(主要是欧洲)研究翻译过程和翻译能力所常见的几种实验方法和常用软件,介绍了各自的优缺点,特别在最后指出了单独使用的弊端,可由"数法并用"得以补偿。为了论证同一专题,可将数种方法结合起来,即 CL 中"趋同证明"(Convergent Evidences)的方法,则可使得论证更有说服力。我们认为,体认翻译学就应当将理论与实验紧密结合起来,且将各种语料库和实验方法融通运用,必将更有利于说明相关理论和论点,对 CL 和体认翻译学产生重大的启发意义。

人脑如同一只"黑匣子"(Black Box),其中隐藏着心智运作和语言加工的诸多奥秘,上述种种实验方法有利于揭示翻译过程中藏在黑匣子中的盲点。马丁(Martin 2010:169)基于近年来的这类研究,正式提出了建构"认知翻译学"(Cognitive Translatology)的设想,主张在该学科中尽快建立理论与实证紧密结合的方法,将"人文主义"与"科学主义"两大思潮嫁接起来,创建"科学—人文视野"的翻译学研究方法,将传统的"定性+定量"研究取向推向了一个新阶段。

笔者(2005,2008,2012)也曾于《中国翻译》和《外语教学与研究》论述了翻译认知观,主要将狭义 CL 的基本原理运用于翻译实践,提出了一系列便行方法,它们在缺乏设备和技术的情况下更具可操作性,更适合我国外语界师资队伍的实际情况。

因此,要能更好地建构和实践体认翻译学,当走"上勾下联"的路子,即立足于翻译学或语言学阵地,一方面向上发展,进入到"形而上"层面,从哲学高度建构理论系统；另一方面也可向下联通，进入到"形而下"层面，运用先进设备做实验，以数据说话。若能将这三层次有效打通，真正实现"三合一"，必将会有力地推动我国翻译学和语言学的建设，尽早进入世界学术前沿，这也是21世纪外语科研人员所追求的目标。

# 附录1 术语翻译背后的理论思考
## ——Embodiment 和 Symbolic Unit 的名与实

## 第一节 序 言

译界一直流传着严复一句耐人寻味的话"一名之立，旬月踌躇"，这一感慨确实道出了翻译的苦衷，我们在翻译实践中也常有类似的感受。笔者近来在阅读 CL 英语原著时就遇到了几个这样的术语，要想将其译好，使人见其名而晓其义，达到"名符其实、名至实归"的效果，确实颇费几分心机，常为找不到恰当的汉语"对等词"而大为踌躇，虽未达到旬月苦恼的地步，但也常是萦绕心头数日。算是暂立其名，以偿夙愿。附录1 就 Embodiment 和 Symbolic Unit 的译名发些感想，谈一谈翻译这两个术语背后所涉及的相关理论，略抒管见，商榷于同仁。

## 第二节 Embodiment 的汉译名

从英语术语 embodiment 的构成来看，词根为 body(身体)，身体是干什么的？是用于感知世界，形成心智的初始基体，必由之路。这就彰显出了它的唯物观，得从 Empiricism 和 Experientialism 这两个术语说起。

### 1. Empiricism 和 Experientialism

我们知道，在西方哲学认识论的研究中一直贯穿着 Empiricism 和 Rationalism 的争论，前者认为经验是人类一切知识或观念的唯一来源，片面地强调经验或感性认识具有根本性和高度确实性，贬低乃至否认理性认识的作用和确定性。如洛克(Locke 1632—1704)所说的"白板论"就是一个典型。而后者将理性视为知识的唯一源泉，衡量一切现存事物的唯一标准，只承认理性认识是可靠的，只有通过理性的知觉和推理，才能得到真正可靠的知识，而感性认知是不可靠的。因此，长期以来我国学者将 Empiricism 译为"经验主义",将 Rationalism 译为"理性主义",这还是很确切的,其名称与其所述内容吻合,取得了"以名举实"的效果,我们认为,这样的译名就是"善名",为译界佳作。

随着 CL 于 20 世纪 70 年代末开始登场,特别是雷柯夫和约翰逊(Lakoff & Johnson 1980)出版了《我们赖以生存的隐喻》(*Metaphors We Live By*),他们将上述两种理论归结为"客观主义"(Objectivism),认为不管是经验主义,还是理性主义,都承认世界上存在一个绝对的、客观的真理,两种理论的差别仅在于解释获得这种绝对真理的方法不同。这两位教授认为客观主义理论主要包括:英美分析哲学、纯经验主义的白板论、镜像观、二元论、自治观、天赋论、形式主义、非隐喻观等,并针锋相对地提出了"非客观主义理论"(Non-objectivism),即 Experientialism,以此来挑战传统的哲学观,这可从他们于 1999 年出版的书名中看出(参见下文)。该理论的主要观点既批判传统的经验主义,也批判传统的理性主义,对西方流行了两千多年的传统哲学进行了挑战。

对于我们翻译工作者来说,首要问题是如何将其译为中文术语,在国内不很统一,"名不正则言不顺",倘若我们所研究领域的术语不能很好地统一起来,出现了"名不正"现象,我们又何以能把话说到一起来呢? 理论探讨要达到共识岂不成了"空中楼阁"?

我们注意到,国内有些学者处理得较为轻飘,随笔就将 Experientialism 译为"经验主义",想当然地认为它与"经验"(Experience)同源,而缺乏对该理论的深入了解。倘若如此译来,就势必会很容易与 Empiricism 所说的"经验主义"混同起来,导致国内学界的术语混乱。

从上文对雷柯夫和约翰逊的论述可见,他们所倡导的 Experientialism 与欧洲流行了三百多年的 Empiricism,两者根本就不是一码事,而且后者正是前者所要批判的理论,它们何以能"同名而语"? 因此,笔者为能有效地区分这两种截然不同的理论,防止"混淆视听",主张把 Experientialism 译为"新经验主义",将 Empiricism 保持原名或译为"纯经验主义",前者强调人在体验世界的过程中必定要包含人的主观因素,后者却着重强调了感性认识的作用,极力否定人的主观识解因素,因此将其称为"纯经验主义"还是十分妥帖的。可见这是两种不同的理论,不可将它们都称为"经验主义",倘若混淆翻译,难免会造成人们认识上的误解,乃至理论界的混乱。雷柯夫(1987:xv)曾指出:

> Experientialism is thus defined in contrast with objectivism, which holds that the characteristics of the organism have nothing essential to do with concepts or with the nature of reason. (因此,新经验主义是相对于客观主义来定义的,后者认为生物体的特征与概念和理性的本质是毫无关系的。)

雷柯夫(Lakoff 1987)出版了《女人、火和危险事物——范畴揭示了心智中的什么》(*Women, Fire and Dangerous Things——What Categories Reveal about the Mind*)一书,重点论述了 CL 的哲学基础,在书中继续运用 Experientialism 这一术语,其他类似的说法还有:

> Experiential Realism;
> the Experientialist View;

Non-objectivism

尽管他也在这本书中用到了 Embodiment 这个词,但并没有将其用作哲学术语。根据雷柯夫(1987:xv)的论述,新经验主义所说的 Embodiment 具有广义上的含义:

> 可包括个体或社团的各种实际的或潜在的经历,具有遗传结构的个体与物理和社会环境的互动

诸如感知环境、移动身体、发出动力、感受力量等。通过详细解读该定义,便可获得如下三方面的信息:

(1)"实际的经历"就是指身体的有关感知行动,这"潜在的经历"就带有主观性、想象性的因素了。

(2)"遗传结构"不仅指我们身体所具有的物理性和生理性能力,而且还包括大脑能够进行思维和认知加工的心理能力,它们都是通过若干代不断进化而来的具有一定先天性的能力。

(3)本定义还强调了人既与物理环境互动,而且还要与社会环境互动,充分反映出人作为社会人的文化特性。

因此我们认为,体验哲学所说的"体验",不仅仅指纯粹的身体感觉,而且还包括主观认知因素,其实,我们不可能在这两者之间作出一个一刀切的区分。因为在我们感知环境、移动身体、发出动力、感受力量等"体动"过程中,必定包含着一系列的认知加工因素,因此,"体"+"验"正好能够体现出他们的基本思想。

更为可取的是译为"体验",可与哲学中的术语"经验""先验""超验"取得对应的效果,比起"涉身"来,也更像一个哲学术语。另外,"涉身哲学"似乎过于强调了"身体因素",而忽视了"心智因素",更有身心二分之嫌,与上文雷柯夫对体验的定义似不很相符。

雷柯夫(1987:267)后来还指出:"新经验现实论"(Experiential Realism)应根据 Embodiment 来描写意义",并对其作了如下解释:

> ... our collective biological capacities and our physical and social experiences as beings functioning in our environment. (我们所具有的共同的生物能力,以及人们的物理性和社会性经验,它们能在我们生存的环境中发挥功能。)

从这一解释我们不难看出他们的理论强调了人作为生物体的作用,完全不同于传统的"纯经验主义"。

## 2. Embodiment

雷柯夫和约翰逊于 1999 年继续合作,出版了又一本惊世著作 *Philosophy in the Flesh：The Embodied Mind and its Challenge to Western Thought*,继续尖锐地批判在西方流行了两千多年的客观主义,并在此基础上建立了一个全新的哲学理论。在这本巨著的

封面上就赫然印着这样一句话：

> A ground-breaking work that radically changes the tenets of traditional western philosophy.

在书中他们将原来称之为"新经验主义"的理论正式更名为：

Embodied Philosophy

又叫：

Philosophy in the Flesh；
Embodied Realism；
the Philosophy of Embodied Realism

同义术语还有：

an Empirically Responsible Philosophy；
the Embodied Cognition Theory

其基本思想相当于上述的 Experientialism，Experiential Realism。

他们（1999：497）在书中明确指出：概念、意义、语言等是通过身体、大脑和对世界的体验形成的，并只有通过它们才能被理解。它们是通过"Embodiment"，特别是通过感知和肌肉运动能力而得到的。直接基于身体经验的概念包括：基本层次概念、空间关系概念、身体动作概念（如手的动作）、体貌（行为和事件的一般结构）、颜色和其它。这种基于身体的概念化机制和思维是处于一种无意识的、隐藏状态之中的，但它们建构了我们的经验，是我们进行有意识经验的基本要素。归根结底，我们的认知、意义是基于身体经验的。语言也是这样，在很多情况下是有据可依的，具有像似性，CL 就是以这种哲学观作为自己的哲学基础的。

这就涉及该术语的译法。由于国内的汉英词典往往将"Embody，Embodiment"译为"体现、具体化、形体化、表现"（参见《新汉英词典》《汉英大词典》），因此国内有学者将 Embodied Philosophy 译为"体现哲学""表现哲学""形体哲学"等，而这样的译名很难使人想象出这是一种什么样的理论。近来我们还发现有学者将 Embody，Embodiment 译为"切身性、涉身性、附身性"等，将 Embodied Philosophy 译为"身体哲学、涉身哲学"（参见《哲学研究》（2006.6），但这种译法似乎又不太像一个专业术语。

根据上文两位教授对 Embodiment 的解释，再加上这个单词是由前缀"em-"和词根"body"构成，它们合起来有"在……身体之中"的含义，我们（2002，2005a）据此拟将其译为"体验"，含人性化的"身体经验"之义，还是十分妥帖的。这一译法还可通过两位教授（1999）的书名 Philosophy in the Flesh 得到佐证，其字面上的意思是："在肉体中的哲学""基于肉体的哲学"。因此，上述两位教授于 1999 年出版的书就可被译为《体验哲学：体验性心智及其对西方思想的挑战》。

一旦将这个术语译好，与其相关的一些词语表达也就好处理了，可照此翻译，或以此为基础作些变通处理。如雷柯夫和约翰逊所倡导的体验哲学的三条基本原则为(Lakoff & Johnson, 1999：3)：

 1) The mind is inherently embodied.

 2) Thought is mostly unconscious.

 3) Abstract concepts are largely metaphorical.

第一个原则就可译为：

 心智在本质上是基于身体经验的

或可直接译为

 心智在本质上具有体验性

又例：

  the embodied mind 可译为："基于身体经验的心智"或"体验性心智"

  the embodied experience 可译为："基于身体的经验"或"体验性经历"

  the embodied principle 可译为："体验性原则"

  the embodiment of our concepts 可译为："概念的体验观"

  the embodied structure 可译为："基于身体经验的结构"或"体验性结构"

  embodied character 可译为："基于身体经验的特征"或"体验性特征"

  the cognitive science of the embodied mind 可译为："关于体验性心智的认知科学"

## 3. Disembody，Disembodied，Disembodiment

 将 Embodied Philosophy 译为"体验哲学"，我们就不难理解该理论的主要内容了。雷柯夫和约翰逊两位教授所倡导的体验哲学,旨在强调人类的概念、心智、推理、语言、意义等都是源自身体经验,它们是人们自身与客观外界进行互动的产物。仔细想来,这样的观点与我们多年来所坚持的"唯物主义"和"辩证法"具有不少相似之处:物质是第一性的,实践是知识的来源,人具有主观能动性等。

 如果将 Embodied 译为"体验的",那么其反义词 Disembody, Disembodied, Disembodiment 也就好译了,拟译作："非体验性的,与身体经验相脱离的",例如:雷柯夫和约翰逊(Lakoff & Johnson 1999:552)在《体验哲学》一书中有这样一句话:

 The shift from the disembodied mind to the embodied mind is dramatic.

就不妨译为：

 从非体验性心智观(或译作:与身体经验相分离的心智观)到体验性心智观的转

变是巨大的。

这就是当前体验哲学区别于传统哲学的分水岭,既与理性主义背道而驰,也不同于纯经验主义哲学。又例雷柯夫(Lakoff 1987:7)中的一句话:

> Reason, in the West, has long been assumed to be <u>disembodied</u> and abstract—distinct on the one hand from perception and the body and culture, and on the other hand from the mechanism of imagination, for example, metaphor and mental imagery.
> 〔在西方,理性很长时间以来一直被认为是与身体经验无关的,是抽象的——它一方面与感知、身体和文化相分离,另一方面与人的想像力机制(如隐喻和心智意象)相分离。〕

两位教授在他们的著作中还严厉批判了"形式主义哲学观"(Formalist Philosophy),以及 20 世纪 50 年代认知心理学所认为的人类心智运作是基于符号运算的,符号在运算过程中不带意义,形式与意义相分离。从上面对体验哲学的介绍可知,意义是基于身体经验的,而形式主义者与其背道而驰,坚守的是主客二分论,认为形式与身体经验相分离,这就是两位教授所说的:符号逻辑是 Disembodied,即"与身体经验相分离的",也可说成是具有"非体验性"。逻辑符号包括对无意义的符号进行运算,因此使得人类的这些推理形式失去了"体验性特征"(Embodied Character)。

他们还认为,这种脱离身体经验的符号逻辑(Disembodied Symbolic Logic)研究方法是客观主义理论的产物,根本就是错误的,这就是他们所说的:"将人类逻辑的'体验性原则'(Embodied Principles)引入了歧途。"

## 4. 小结

雷柯夫为美国加州大学伯克莱分校的语言学家,约翰逊为美国俄勒冈大学的哲学家(哲学系主任),两位教授的合作再次说明了语言学与哲学之间具有接缘性,也有力地说明了研究语言学时应当具有哲学方面的理论基础。当前逐步成为主流学派的 CL 的哲学基础是体验哲学,对这一全新理论的了解和掌握是十分必要的。据此,我们就不难理解体验哲学是第二代认知科学的哲学基础,同时也是语言符号像似性的认知基础。

章启群(2002:173)对伽达墨尔所用术语 experience 作了扼要的解释,该术语与雷柯夫和约翰逊(1980,1999)所用的 experientialism 同出一源,它们都与"经历""经验"密切相关。当然在翻译伽氏的 experience 时,不拟用"经验"一词,因为汉语的"经验论"对应于英语的 empiricism 已是定论,若用"体验"一词更妥。章启群将 experience 从哲学上理解为"感知统一体",即"感觉和知觉的统一体",是可取之解。"感觉"可理解为身体的五官感觉,是我们用身体接触世界的主要方式,是初步的、简单的认识;而"知觉"中的"知"就有了对感觉进行认知加工的意味,在普通心理学中"知觉"指较为全面的、复杂的认识,因此

"知觉"是一种比"感觉"更为复杂的认识形式,是各种感觉的总和,指客观外物当前作用于我们感觉器官的<u>各种</u>属性在头脑中的综合反映。例如,我们起初可以感觉到梨子的颜色、形状、味道、硬度等等,在综合这些感觉的基础上就可构成对梨子这一整体的总体印象,也就是说,此时就可获得对梨子的"知觉"。因此"感知统一体"还是较为贴近雷柯夫和约翰逊的"Embodied Philosophy"基本观点的。

将 Embodiment 译为体验,其中的"体"字,不仅对应于英语 embodiment 中的 body,而且还会使人们联想到常说的"体认""体悟""体会""体察"等术语,汉语中这些词语说明汉民族历来就有这类唯物论哲学思想。"验"的选用,自然与"经验"有关。当然了,至于"经验"究竟主要是侧重于身体感知,还是应当包含主观认识,这也是一个值得思考的问题。一般说来,"经验"应是上述两种因素的结合,是身体经历加认知加工的结合,这正好应了上文"感知的统一体"的说法。因此,我们将 Embodied Philosophy 译为"体验哲学"还是既能反映雷柯夫和约翰逊的原意,也紧扣汉语二字的含义。

体验哲学被认为是开天辟地的新理论(a ground breaking work),与客观主义针锋相对,也是对普特南(Putnam)提出的内部实在论(Internal Realism,批判客观主义和模型论语义学)的一个发展,正在改变西方哲学的观点,对西方的传统思想是一个巨大的挑战,对哲学、认知科学、CL 和体认语言学产生了深远的影响。同时体验哲学对翻译理论也有较高的解释力(王寅:2005b)。

# 第三节　Symbolic Unit

## 1. 引言

在 *The Concise Oxford Dictionary* 中,symbol 有两个解释:

　　(1) things regarded by general consent as naturally typifying or representing or recalling something(esp. an idea or quality) by possession of analogous quality or by association in fact or thought(e. g. white is symbol of purity.)

　　(2) mark or character taken as the conventional sign of some object or idea or process

其第一义相当于汉语的"象征",第二义相当于"符号"。汉语的"象征"在《现代汉语词典》(商务印书馆 2012 第 6 版:1426)上有两义:

　　(1) 用具体的事物表示某种特殊的意义;
　　(2) 用来象征某种特别意义的具体事物。

汉语的"符号"也有两义:

（1）记号，标记；

（2）佩戴在身上表明职别、身份等的标志。

经过仔细解读我们就会发现，汉语"象征"基本上相当于英语 symbol 的第一义，而汉语"符号"的第一义相当于 symbol 的第二义。至于将 symbol 或 symbolic 译为"象征"还是"符号"，这从语言学理论角度来说还是有较大的差异，反映了译者对认知语法（下文用CG 表示）基本观点的理解。

由于长期以来受到索绪尔符号学理论的影响，"符号"具有任意性的观点似乎已成为一条勿庸置疑的公理，而"象征"似乎与其相反，其中有个取何"象"而征（征：证明、证验，表露出来的迹象）的问题，在象征物与被象征物之间并不是任意所为，这从其英语解释naturally typifying or representing，analogous quality of by association 中我们也不难悟出"象征"的确切含义。而蓝纳克（Langacker 1987，1991）所用的 Symbolic Unit 确实取"象征"意义，这可从他（1987：12）在《认知语法基础》第一卷开头的一段话便得知：

> 索绪尔过分强调了语言符号的任意性，例如由多词素构成的语言符号就是非任意性的例证，其间的理据是可被分析的，即使单个词素中的任意性也须大加限制。暂且不说拟声词这一显而易见的现象，语言中普遍存在类比和语言象征的现象，这在词汇的进化过程中不断起着许多理据性作用。语法本身（将词素结合成较大的、复杂的语法构造）具有象征性，因此论断语法与语义相分离，句法具有自治性是毫无意义的。

这还可从克鲁斯和克劳夫特（Croft & Cruse 2004：257）的一段话得到佐证：

> 构式语法理论中的语法构式，就像其他句法理论中的词库一样，包括形式和意义的配对体，它们之间的关系只是部分任意的（partially arbitrary）。

笔者还是不很放心，又专为此事发电子邮件请教蓝纳克本人，他于 2005 年 3 月 8 日在给我的回复邮件中说：

> Arbitrariness is not part of the definition. Most symbolic relationships are less than fully arbitrary.（任意性不包括在象征单位的定义中，大部分象征关系并非完全任意。）

这就是说，沈家煊先生 1994 年将 symbolic unit 译为"象征单位"是经过深思熟虑的翻译，这种译法完全能够反映出蓝纳克所用术语的准确含义，也能体现 CG 的基本观点！

在此基础上，我们再来阅读和理解蓝纳克在《认知语法基础》中的基本观点就会通畅得多，他（1987：11）指出：

> Language is symbolic in nature.

我们就可将其译为：

> 语言在本质上具有象征性。

这也是与他的一贯思想完全相吻合:语言表达代表了概念化,语言是对概念化的符号化,具有理据性。

## 2. 象征单位:CG 的基础

蓝纳克反复强调,CG 只设三个单位:

1) 音位单位;

2) 语义单位;

3) 象征单位

任何语言表达式:词素、词、短语、句子、语篇都是象征单位,CG 的主要任务就是要分析语言是如何通过象征单位建构起来的。

象征单位的思想来自索绪尔的符号观,但又不同于索绪尔的符号观。索绪尔(1916)将语言视为是一个语言符号(原型为词)的集,每个符号是能指和所指的结合体,像纸的两面一样不能分开。能指是音响形象(Sound Image, Acoustic Image),所指是概念(Concept),两者都是心理实体,可对发生在我们言语行为中的特殊例示进行范畴化。蓝纳克(1987:12)批判地接受了索绪尔的符号模型,音位单位(相当于索氏的音响形象)和语义单位(相当于概念)这两者是不可分离的,用以批判形式主义的理论基础:形式在运算过程中是不带意义的,只是在运算结束时,符号串才通过与客观世界的对应获取意义。他将音位单位和语义单位的结合体称为象征单位,即:

象征单位 = 音位单位 + 语义单位

这样,语言就是象征单位的集合。他还对这三种单位作出了详细的论述(包括对索氏观点的批判):

1) 音位单位(又叫:音位极、音位结构、音位表征、音位范畴):对应于语言中的语音,既包括抽象性的音位知识,也包括语言中可感知的、物质性的一面。这就修改了索氏将音响形象仅视为心理实体的说法,因为音响形象和概念两者都是心理性,则似乎使人难以接受。

2) 语义单位(又叫语义极、语义结构、语义表征、语义范畴):包括命题内容、识解、语用因素等,而且语义理解依赖于百科性知识。可见,这里的语义单位也不仅仅是索氏所说的概念,其所含内容也比索氏的所指包括的内容要多得多,而且强调了人的识解和语用因素。因此 CG 直接把这些因素视为意义的一部分,这就解释了为什么蓝纳克要把意义视为概念化(王寅 2004)。

3) 象征单位(象征结构):象征指一定的形式约定俗成(约定俗成不等于任意)地代表了一定的意义,象征单位就是音位单位与语义单位的直接相连的结合体(the conventionalized and direct association of a phonological unit with a semantic unit, a semantic unit paired with a phonological unit),两者不可分离,语义极可用全大写字母表示,音位极可用国际音标符号表示,如 dog 的象征单位可记作:[DOG] / [dɔg]。

后来很多学者,如克鲁斯和克劳夫特(Cruse & Croft 2004:256),将象征单位解释成形式和意义的结合体,前者包括音位、书写、句法、词法等特性,后者包括语义、语用、语篇功能等特性。下文主要从六个方面来进一步论述象征单位所具有的独到之处及其解释力。

（1）单位与结构

CG 中所说的"单位"就相当于"结构",正如 Taylor(2002:25-26)所指出的:CG 中所说的"Unit"实际上是指结构,可包括词素、词、时体、短语、句法构式等。这也就是说,象征单位可长可短,可以是一个词素,也可能是一整个句子,乃至语篇。因此 CG 认为:所有的语言表达式,从小到一个词素,大到一个语篇,以及语法概念(包括语法范畴、语法构式等)都是象征单位。这样,语言就是由象征单位构成的一个开放性的集合(set 或 inventory:清单或大仓库),我们就可通过分析象征单位,以及象征单位的结合类型(如可通过图式来描写,参见 van Hoek 1995)来研究语言。因此,CG 主要就是关于运用象征单位来分析语言的理论。

（2）CG 只设三个单位

从上论述可见,CG 就设三个单位,这才是真正的"最简方案"(Taylor 2002:22),用它们就可为语言作出一个统一的分析模型,因此词素(Morpheme)、词法(Morphology)、句法(Syntax)之间的界线是不存在的,从而也可见句法不是一个自足的系统,也不是语法的中心。CG 没有把句法作为一个独立的层面来处理,并不是说 CG 就否认句法的存在,而是因为 CG 把传统上被视为词法(构词的规则)和句法(组词成句的规则)的内容都当作象征单位来统一处理。一个词素就是一个象征单位,两个或数个词素并置后,经过整合加工就形成一个语法构式(Grammatical Construction,或叫:Composite Structure 复合结构,Symbolic Complex 象征复合体)。因而语言中的象征单位、构式图式分布于语言的各个层面,这样就可将分析词法和句法的方法统一起来。同时分析词汇意义的体认方式同样适用于分析语法构式,包括:短语、分句、句子,乃至语篇。

由于音位单位与语义单位是<u>直接</u>相连的,就是说两者之间没有其他组织层次,它不同于 TG 以句法为中心,一面通过"句法-语义"界面获得语义解释,另一面通过"句法-音位"界面获得音位体现。因此用"象征单位"来论述语言可减少这些不必要的间性界面。

（3）约定俗成的结合体

象征单位是指音位单位(或结构)与语义单位(或结构)的约定俗成(不是任意)的结合体,大部分象征关系并非完全任意,这与索绪尔所说的符号(Sign)是音响形象与概念所任意组合形成的结合体不同。

泰勒(2002:43-44,74)主张将音响形象和概念统一用"范畴化原则"(the Principle of Categorization)、"图式-实例"的方法来解释:掌握一个音响形象意味着能够从若干具有相似属性的语音实例中概括出一个音位的图式范畴,或从一个音位图式范畴中识别出一个语音实例;掌握一个概念意味着能够从若干具有相似属性的实例中概括出一个图式范畴,或能从一个图式范畴中识别出它的实例。

### (4) 两种单位密不可分

CG 认为音位单位与语义单位是不可分离的,与形式主义语言理论截然不同。后者认为语言中的符号本身是没有意义的,可以只在形式层面上脱离语义而单独运作,等形式运作结束后,再通过集论模型获得语义解释,CG 认为这是不可能的。

### (5) 动态性的用法模型

蓝纳克(1987,1991)认为,象征单位应基于动态性的用法模型来分析,提出了"基于用法的动态加工模型"(a Usage-based Model with Dynamic Processing,a Dynamic Usage-based Model)。泰勒(Taylor 2002:27)也强调了这一点,并认为语言习得是自下而上的过程。他们都认为应以动态的方式对语言实际使用中出现的种种规则①进行系统归纳,建立模型,并认为这种模型能够适应描写自然语言中各个层面上的象征单位。

### (6) 组合与整合

索氏和乔氏都基于客观主义哲学的"组合原则"(the Principle of Compositionality)来建构其理论,即坚持"1+1=2"的方法解释语言,CG 认为,这在很多场合下是行不通的,当用"整合原则"(the Principle of Integration),如语言中有大量的惯用语(如:kick the bucket),自相矛盾的表达(如:Your dead uncle is still alive),隐喻说法,多义结构(如:the ball under the table 可有多种情况),很多语言表达还要靠语用因素(如:It is hot in here!)来理解。因此 CG 认为语言分析必须运用部分组合加整合的处理原则,概念整合论就是用来解释整合现象的。

## 3. 小结

我们认为蓝纳克提出仅用三个单位来分析语言的各个层面,是一个非常了不起的想法,这是对语言研究的一大重要贡献。一方面为 CL 的目标"统一解释"语言各层面提出了一条切实可行的途径,另一方面也彻底否定了把句法作为一个独立层面来处理的观点,批判了乔氏的句法中心论、自治论、形式主义理论。当然了,这并不是说 CG 否认句法的存在,而是意在强调 CG 把传统上被视为词法和句法的内容都当作象征单位来统一处理。一个词素是一个象征单位,两个或数个词素并置后,经过整合加工(只具有部分组合性,主要是整合,批判组合观)就形成了一个语法构式(Grammatical Construction,或叫:复合表达式、象征复合体),它也是象征单位,而且是在音位串和语义

---

① 规则被视为一种从语言实际运用中抽象出来的图式,而且还须考虑到动态因素,允许其有一定的变异。

串两个层面上同时进行整合运作！这样，象征单位、构式图式就分布于语言各个层面，这就可将分析词法和句法的方法统一起来。因此分析词汇意义的体认方式同样适用于分析语法构式，包括：短语、分句、句子，乃至语篇，因此泰勒（2002：22）认为：象征单位理论才是语言理论中真正的最简方案。

　　将 Symbolic Unit 译为"象征单位"可以帮助我们更好地理解蓝纳克认知语法的基本观点。这就是说，关键术语的翻译，对于学科理解具有重要作用，不可掉以轻心！

# 附录 2 《枫桥夜泊》40 篇英语译文

## 枫桥夜泊
### 张 继

月落乌啼霜满天，江枫渔火对愁眠。
姑苏城外寒山寺，夜半钟声到客船。

译文 1:Bynner, Witter. Jade Mountains. From *The Chinese Translations*.
1929/1978：62.

### A Night Mooring near Maple Bridge

While I watch the moon go down, a crow caws through the frost;
Under the shadows of maple-trees a fisherman moves with a torch;
And I hear from beyond Suzhoo from the temple of Cold Mountain,
Ringing for me here in my boat the midnight bell.

译文 2：Gary, Snyder. 见 http://202.114.38.149/news. asp.

### Maple Bridge Night Mooring

Moon set, a crow caws
frost fills the sky
River, maple, fishing-fires
cross my troubled sleep.
Beyond the walls of Soochow
from Cold Mountain temple
The midnight bell sounds
reach my boat.

译文 3:Herdan, Innes. , 1973. *The Three Hundred Tang Poems*. Taipei：Far Eastern
Book，Co. Ltd.

### Anchored at Night by Maple Bridge

Moon sets，crows caw，sky is full of frost；

River maples，fishing-boat lights

break through my troubled sleep.

Beyond the City of Su-chou lies Han Shan monastery

At midnight the clang of the bell

reaches the traveller's boat.

译文 4：Michael P. Garofalo，见：http://www.gardendigest.com/zen/hsind.htm.

### Night Mooring at Maple Bridge

The moon's low，a crow caws，

The landscape's laced with frost.

Under the riverside maples，

Lit by fishing lamps，

My sadness keeps me from sleep.

Beyond old Suzhou town，

Down to the traveler's boats，

Han Shan's Temple bell

Rings clear—

Right at midnight.

译文 5：Wai-Lim Yip. 1997. *Chinese Poetry*：*An Anthology of Major Modes and Genres*［C］. Durham and London：Duke University Press.

### Night-Mooring at Maple Bridge

Moondown：crows caw. Frost，a skyful.

River maples，fishing lamps，sad drowsiness.

Beyond Su-chou City，the Cold Mountain Temple

Rings its midnight bell，reaching this visitor's boat.

译文 6：Watson，Burton，1989，文殊《诗词英译选》，北京：外语教学与研究出版社。

### Tying up for the Night at Maple River Bridge

Moon setting，crows cawing，frost filling the sky，

through river maples，fishermen's flares confront my uneasy eyes.

Outside Gusu City，Cold Mountain Temple—

late at night the sound of its bell reaches a traveller's boat.

译文 7:蔡廷干,1994,郭著章等(编)《唐诗精品百首英译》,武汉:湖北教育出版社。

### Anchored at Night by the Maple Bridge

The moon is setting, rooks disturb the frosty air,

I watch by mapled banks the fishing-torches flare.

Outside the Suzhou wall, from Hanshan Temple's bell,

I hear its sound aboard and feel its midnight spell.

译文 8:丁祖馨,2001,《中国诗歌集》,沈阳:辽宁大学出版社。

### Stopping at the Maple Bridge on an Autumn Night

The frost hoar, the moon down, the crows caw.

The boat lights gleam, the river maple rustle, the man in sad dream.

At the Hanshan Temple outside Soochow town,

Amid the night toll arrives a boat up the stream.

译文 9:杜争鸣,见 http://202.114.38.149/news. asp? id=1106

### A Night Mooring by the Maple Bridge

The moon is down, crows cry, and frost fills up the sky;

By bank maples, fishing lights, with sorrow I lie.

Beyond Gusu town from the Temple of Hanshan

Come at midnight the bell to my boat from strange land.

译文 10:黄龙,1988,《翻译学》,南京:南京大学出版社。

### Nighly Anchorage at Maple Bridge

Upon lunar decline in the rime-pervasive vault the ravens crowing on flight,

My sorrow-bosomed slumber accompanies river-lined maples and fishing-junk light.

From Hanshan Temple in the outskirts of Suzhou,

The bell peals forth to the passenger's sail at midnight.

译文 11:刘军平,2002,《新译唐诗英韵百首》,北京:中华书局。

### Mooring by the Maple Bridge at Night

When the moon is down, the raven crows with sky frostbite,

The bank maples and the fishing flares see a sleepless night.

At Hanshan Temple outside Suzhou the bell chimes deep and strong,

Midnight echoes reach the roamer's boat lone and long.

译文 12：陆佩弦，1997，《看图学古诗》，上海：上海教育出版社。

### Overnight Mooring at the Maple Bridge

A cawing rook, a drooping moon, a frosty sky,

And fishing lights dart grief into my sleepless eye.

From the Han Shan Shrine outside the walls of Gu-su,

Come midnight tollings to my lone boat moored nearby.

译文 13：陆志韦，见 http://baruchim.narod.ru/LuZhiwei3.html.

### Night Mooring at the Maple Bridge

The moon goes down, a raven cries, frost fills the sky.

River maples, fishing lanterns—facing sadness I lie.

Outside of the Gu Su City is the Hanshan Temple.

At midnight a bell rings; it reaches the traveler's boat.

译文 14：潘文国，1995，*Selected Masterpieces of Contemporary Chinese Calligraphers*，
Leeds：Household World Ltd.

### Mooring at Night by the Maple Bridge

The moon is setting, a crow is cawing,

The frost fills the sky;

Maples by the river, fishing lights shimmer,

In deep sorrow I lie.

From the Temple of Mountains Cold

Outside the city right

The tolling of bell reaches my boat

This time of Midnight.

译文 15：孙大雨，1997，《古诗文英译集》，上海：上海外语教育出版社。

### Night Mooring at Fengqiao Village

The moon is sinking; a crow croaks a dreaming;

'neath the night sky the frost casts a haze;

Few fishing-boat lights of th' riverside village

Are dozing off in their mutual sad gaze.

From the Cold Hill Bonzary outside

The city wall of Gusu town,

The resounding bell is tolling its clangour

At midnight to the passenger ship down.

译文 16:唐一鹤,2005,《英译唐诗三百首》,天津:天津人民出版社。

**Mooring by the Maple Bridge in the Night**

Crows were cawing

As the moon was setting across the frosty sky.

The sorrowful traveller was sleeping

Opposite river maples and fishing lights.

Bell ringing from the Cold Hill Temple

Outside the city of Suzhou

We heard by the sleepless stranger on the boat

At dead of night.

译文 17:万昌盛等,2000,《中国古诗一百首》,郑州:大象出版社。

**Mooring at Night by Maple Bridge**

The raven calls, the moon descends the sky with frost all white,

Near the bank maple, by a lamp I lie awake in sorrow.

And outside Gusu City, from Bleak Hill Temple, flow,

Out to the mooring boat the distant chimes of midnight.

译文 18:王大濂,1997,《英译唐诗绝句百首》,天津:百花文艺出版社。

**A Night Mooring by Maple Bridge**

Moon's down, crows cry and frosts fill all the sky;

By maples and boat lights, I sleepless lie.

Outside Gusu Cold-Hill Temple's in sight;

Its ringing bells reach my boat at mid-night.

译文 19:王力伟,见 http://202.114.38.149/news.asp? id=1106.

**Night Mooring Near Maple Bridge**

The crows caw at moonset while the frost is heavy in the air,

Maples' bough and fishermen's fires trouble my sleep.

From Hanshan Temple outside Suzhou town,

The sound of the midnight bell reaches the boat.

译文 20：王守义、约翰·诺弗尔，1989，《唐宋诗词英译》，哈尔滨：黑龙江人民出版社。

**Anchored at Night near Maple Bridge**

The old moon is going down

and the crows make a ruckus

The world is covered with frost


There are maples on the riverbank

and the lights of fishing boats

Drift with the current


I fall into a sad sleep


The monastery on cold mountain

It is outside the town of Gusu

The sound of its bell

Touches the guestboat at midnight

译文 21：王寅（1）

**Night Mooring by Maple Bridge**

The moon moving downward Wuque Bridge and frost filling the sky，

At Jiang and Feng Bridges，and by the fishing-boat light I sadly lie.

Gusu city beyond，the Cold Hill Temple is outside the moat，

Late at midnight，the bell sound reaches me in the guestboat. ①

译文 22：王寅（2）

**Night Mooring by Maple Bridge**

The moon descending，Crows cawing，and frost filling the sky，

At Jiang and Feng Bridges，by the fishing-boat light I sadly lie.

Gusu city beyond，the Cold Hill Temple is in sight，

The bell sounds reach in the guestboat at midnight.

---

① 除第 3 句为了押韵句末略有信息增加之外，其他都采用了直白式的译法。第 1、2 句中还运用了多处首韵，读起来更为琅琅上口。中间两句加上逗号，也能起到较好的停顿和思考的效果。

译文 23:文殊,1989,《诗词英译选》,北京:外语教学与研究出版社。

#### Mooring for the Night at Maple Bridge

The moon is setting, crows caw in the frosty cold air;

Maples and fishing lights-the sight brings melancholy as I lie in bed.

From Hanshan Temple outside the City of Gusu

The sounds of the midnight bell reach a traveller's boat.

译文 24:吴钧陶,1997,《汉英对照唐诗三百首》,长沙:湖南出版社。

#### Mooring at Night by Maple Bridge

The crows caw to the falling moon;

The frosty air fills the sky.

The fisher's lights gleam, the maples croon;

With much sorrow I lie.

On the outskirts of Suzhou Town,

From Han Shah Temple, hark!

The midnight vesper bells come down,

Wafting to the rover's bark.

译文 25:许渊冲,见:郭著章、傅惠生等编译,1992,《汉英对照千家诗》,武汉:武汉大学出版社。

#### Mooring at Night by Maple Bridge

The moon goes down and crows caw under the frosty sky,

Dimly-lit fishing boats' neath maples sadly lie.

Beyond the Gusu walls the Temple of Cold Hill,

Rings bells which reach my boat, breaking the midnight still.

译文 26:许渊冲、陆佩弦、吴钧陶,1988,《英汉对照唐诗三百首新译》,北京:中国对外翻译出版公司/香港:商务印书馆(香港)有限公司合作出版。

#### Mooring at Night by Maple Bridge

The moon goes down, crows cry under the frosty sky,

Dimly-lit fishing boats 'neath maples sadly lie.

Beyond the Gusu walls the Temple of Cold Hill,

Rings bells which reach my boat, breaking the midnight still.

译文 27:许渊冲、唐自东,2004,《唐宋名家千古绝句一百首》,长春:吉林文艺出版社。

### Mooring Near the Maple Bridge at Midnight

The moon was setting, the crows were cawing, and the frost flurries in the sky.

The maples and fishing torches on the river kept me in my sad dream.

Our boat was moored near a monastery on the outskirts of Suzhou.

The midnight ringing of the temple bell seemed to announce our arrival.

译文 28:袁行霈(主编)、许渊冲(译),2000,《新编千家诗(汉英对照本)》,北京:中华书局。

### Mooring by Maple Bridge at Night

At moonset cry the crows, streaking the frosty sky;

Dimly-lit fishing boats 'neath maples sadly lie.

Beyond the city walls, from Temple of Cold Hill

Bells break the ship-borne roamer's dream and midnight still.

译文 29:徐忠杰,1990,《唐诗三百首英译》,北京:北京语言学院出版社。

### Mooring at Maple Bridge for the Night

The moon is down; crows are cawing—

With all signs of frost for the night.

Lights from fishing craft are blinking,

We're trying to sleep off our plight.


Outside the city of Suzhou

Is resounding a distant knell.

It is Cold-Hill Monastery—

Towards us, tolling its midnight bell.

译文 30:张炳星,2001,《英译中国古典诗词名篇百首》,北京:中华书局。

### Mooring at Night by the Maple Bridge

The moon is setting in the west.

Crows are crying to their best.

The sky is overcast with hoar frost.

On the river of maple,

Watching fishing boat's lights

I can hardly close my sad eyes,

While the bell of Hanshan Temple

Outside the ancient Gusu gate

At midnight reaches my boat.

译文 31:张华,见 http://www.chinatoday.com.cn/English/e200210/suzhou.htm.

### A Night Mooring Near Maple Bridge

As I watch the moon go down, a crow caws through the frost;

Under the shadows of maple trees a fisherman moves with his torch;

And I hear, from beyond Suzhou, from the temple on Cold Mountain,

Ringing for me, here in my boat, the midnight bell.

译文 32:张廷琛、魏博思,1991,《唐诗一百首》,北京:中国对外翻译出版公司。

### Mooring at Night by Maple Bridge

The setting moon, a cawing crow, the frost filled the sky;

River maples, fishermen's flares, and troubled sleep.

From the Cold Mountain Temple, outside Suzhou,

The tolling of the midnight bell reaches the wanderer's boat.

译文 33:朱曼华,见 http://www.xinghui.com/xinghui/shilin/yingyi tangshixuan/tangshi12.htm.

### Mooring by the Maple-Bridge at Night

The crows crying, the moon lost in the frost-sky,

Asleep I feel sad with the maples in fishing light

Outside Gusu the Cold-Hill Temple stands upright,

Her bell tone reaching my boat at mid-night.

译文 34:卓振英,1996,《华夏情怀——历代名诗英译及探微》,广州:中山大学出版社。

### Mooring at the Maple Bridge for the Night

The moon is set, the crows decrying dark and frosty skies;

The maples vague, the fishing lamps are blinking ere my eyes.

The ringing bells from Hanshan Temple outside Gusu float

Afar at mid-night to the sad and troubl'd napper's boat.

译文 35：Translator Unknown，见 http://202.114.38.149/news.asp? id=1106.

### A Night Mooring by Maple Bridge

Moon's down, crows cry and frosts fill all the sky;

By maples and boat lights, I sleepless lie.

Outside Suzhou Hanshan Temple is in sight;

Its ringing bells reach my boat at mid-night.

译文 36：Translator Unknown，见 http://202.114.38.149/news.asp? id=1106.

### A Night-Mooring Near Maple Bridge

Moon sets, crows cry and frost fills all the sky;

By maples and boat lights, I sleepless lie.

Outside Suzhou Hanshan Temple is in sight;

Its ringing bells reach my boat at midnight.

译文 37：Translator Unknown，见 http://straitstimes.asia1.com.sg/columnist/0, 1886,239-153943,00.html.

### Night Mooring At Maple Bridge

The moon's down, the crows cry and the sky's full of frost.

Under the riverside maples, lit by the fishing lamps, my sadness keeps me awake.

Beyond the old Suzhou town, the midnight pealing of Han Shan Temple's bell reaches this visitor on his boat.

译文 38：Translator Unknown，见 http://202.114.38.149/news.asp? id=1106.

### Parking my Boat in Maple Bridge at Night

As the moon goes down, a crow calls through the frost Under Maple Bridge a fisherman's lamp troubles my sleep

And I hear, from beyond Suzhou's walls, from Cold Mountain Temple

Ringing for me, here in my boat, the midnight bell

译文 39：Translator Unknown，见 http://202.114.38.149/news.asp? id=1106.

### Mooring at Night by the Maple Bridge

As the moon goes down a raven calls, frost fills the sky.

Riverside maples and a fisherman's fire enter my restless sleep.

Just then beyond the walls of Suzhou, at the Cold Mountain Temple,

The midnight bell rings, and (the sound) reaches my boat.

译文 40:Translator Unknown,见 http://202.114.38.149/news.asp id=1106.

### Night Mooring at Maple Bridge

The moon descends, the raven calls and the sky fills frost all white,

Near the bank maple, by fishing lamp, in sorrow I lie.

From Han Shan Temple outside the town of Suzhou,

The sound of night bell reached as far as my boat.

# 附录 3 《红楼梦》成语 300 条

| No. | Source Language | The Yangs | | Hawks | | Bonsall | |
|---|---|---|---|---|---|---|---|
| 1 | 碍手碍脚 | in the way | CL2 | in everyone's way | CL2 | hinder them in what they are dong | CL1 |
| 2 | 安分守己 | stay quietly | RL | stay here with me | RL | rest in your proper position and keep watch over yourself | CL1 |
| 3 | 熬油费火 | bestirred themselves so frantically | CL1 | There were lights burning everywhere. | RL | boiled oil and consumed fire | LL |
| 4 | 白眉赤眼 | without any excuse | CL1 | bald-headed without a reason | CL1 | with white eyebrows and red eyes | LL |
| 5 | 百足之虫死而不僵 | A centipede dies but never falls down. | LL | The beast with a hundred legs is a long time dying. | LL | An inset with a hundred feet does not fall when it dies. | LL |
| 6 | 抱头鼠窜 | slunk away | CL1 | wrapped his hands round the back of his head and fled like a rat | LL | holding his head in his hands, scurried off like a rat | LL |
| 7 | 暴殄天物 | a shame to let them go waste | CL1 | a terrible waste of natural resources | CL1 | violently destroyed the things of Heaven | LL |
| 8 | 悲喜交集 | the mingled delight and sorrow | CL1 | an affecting one in which joy and sorrow mingled | CL1 | feel both sorrow and joy | CL1 |
| 9 | 笨鸟先飞 | A slow sparrow should make an early start. | LL | The sillier the bird, the sooner it must begin. | LL | The bird is the first to fly. | LL |
| 10 | 宾客如云 | a host of guests assembled | CL1 | troops of mourners took part in | RL | clouds of guests | LL |
| 11 | 冰寒雪冷 | as cold as ice | LL | as cold as ice or snow | LL | as cold as ice and snow | LL |
| 12 | 病急乱投医 | Men at death's door will turn in desperation to any doctor. | LL | Any doctor will do in an emergency. | LL | When the sickness is urgent you seek the help of any doctor. | LL |

(续表)

| No. | Source Language | The Yangs | | Hawks | | Bonsall | |
|---|---|---|---|---|---|---|---|
| 13 | 薄祚寒门 | luckless and humble homes | CL1 | the lowest stratum of society | CL1 | a poor household of low estate | CL1 |
| 14 | 捕风捉影 | clutching at shadows | LL | took the words quite literally and set to in earnest | RL | seizing the wind and grasping the shadow | LL |
| 15 | 不成体统 | disgraceful | CL1 | It's a disgrace. | CL1 | has no sense of propriety | CL1 |
| 16 | 不关痛痒 | not being over-conscientious | CL1 | none felt very much concern for Bao-yu | CL1 | none of them closely devoted | CL1 |
| 17 | 不合时宜 | unconventional | CL1 | contrary | CL1 | does not accord with times | LL |
| 18 | 不计其数 | a good deal of | CL1 | how much | CL1 | could not all be counted | LL |
| 19 | 不稂不莠 | ne'er-do-well | CL1 | shiftless attitude | CL1 | no grass no weeds | LL |
| 20 | 不落窠臼 | make fresh | CL1 | must be even rarer | CL1 | be not falling into a rut | LL |
| 21 | 不由自主 | couldn't control myself | CL1 | be possessed | CL1 | be not mistress of herself | CL1 |
| 22 | 不知好歹 | have simply no sense | CL1 | don't know what's good for you | CL1 | do not know the difference between good and evil | CL1 |
| 23 | 擦脂抹粉 | make up with rouge and powder | LL | paint herself up dreadfully with rouge and powder | LL | put on powder and rouge | LL |
| 24 | 才貌双全 | fine qualities, his talent, good looks | CL1 | as handsome as he was clever | CL1 | talented and beautiful | CL1 |
| 25 | 采薪之患 | caught a chill | RL | lamentably indisposed | CL1 | became ill | CL1 |
| 26 | 彩云易散 | Bright clouds are easily scattered. | LL | Days of brightness all too soon pass by. | CL2 | The brilliantly colored clouds are easily scattered. | LL |
| 27 | 藏头露尾 | insinuations | CL1 | ostrich-like avoidance of the issue | CL1 | The head was hidden and the tail disclose. | LL |
| 28 | 察言观色 | be shrewd enough to guess pretty well what had happened | CL1 | from the scene before her eyes and the word or two she had overheard | LL | note their words and looks | LL |
| 29 | 蟾宫折桂 | pluck fragrant osmanthus in the palace of the moon | LL | every success | CL1 | pluck cassia in the toad palace | LL |

| No. | Source Language | The Yangs | | Hawks | | Bonsall | |
|-----|-----------------|-----------|---|-------|---|---------|---|
| 30 | 陈谷子烂芝麻 | maunder in | CL1 | talk a load of stale old sesame | LL | stale grain and spoiled sesame | LL |
| 31 | 晨昏定省 | ask after the health of his seniors each morning and evening | LL | the customary morning and evening duty-calls on the senior members of the household | LL+CL1 | the morning and evening visits to his parents | LL |
| 32 | 成家立业 | have her own family | LL | go off to get married | LL | set up for herself | CL1 |
| 33 | 成则王败则寇 | ... such people may become princes or thieves, depending on whether they're successful or not | LL | Zhang victorious is a hero, Zhang beaten is a lousy knave. | RL | If successful, one is a duke or a marquis, if defeated, one is a robber. | LL |
| 34 | 吃不了兜着走 | in serious trouble | CL1 | in real trouble—more than just a bellyful | LL+CL1 | carry away what you cannot eat | LL |
| 35 | 持戈试马 | pressed her attack by degree | CL1 | pressing forwards in quest of yet further victories | CL1 | grasped the lance and tried out the horse | LL |
| 36 | 齿落舌钝 | dim-witted, for his mumbled answers were quite irrelevant | RL | His toothless replies were all but unintelligible. | LL+CL1 | His teeth have fallen out and he stuttered. | LL+CL1 |
| 37 | 出类拔萃 | stood out from the rest | CL1 | a superior intelligence | CL1 | out of the ordinary | CL1 |
| 38 | 出人意料 | unexpected | CL1 | wildly beyond her own and everyone else's expectations | CL1 | beyond what would have been expected | CL1 |
| 39 | 触景伤情 | the place might upset him | RL | The Garden's surroundings would have too gloomy and depressing an effect on his spirits. | RL | feeling sad at the sight of them | CL1 |
| 40 | 捶床捣枕 | beat the bed and pillows with her fists | LL | hammered the bed with her fists | LL | pampered the bed and pounded the pillow | LL |
| 41 | 唇亡齿寒 | When the lips are gone the teeth will feel the cold. | LL | When the lips are gone the teeth will be cold. | LL | When the lips are gone the teeth are cold. | LL |
| 42 | 聪明过人 | be gifted | CL1 | more than average intelligence | CL1 | be more than usually intelligent | CL1 |
| 43 | 大事化小小事化了 | Minimize big scandals and overlook minor ones. | CL1 | Their big troubles turn into little and their little into nothing at all. | CL1 | When big affairs change into little affairs and little affairs change into nothing at all. | CL1 |

(续表)

| No. | Source Language | The Yangs | | Hawks | | Bonsall | |
|---|---|---|---|---|---|---|---|
| 44 | 戴天履地 | were shown such favor by the prince | CL1 | prince's goodness to us was such | CL1 | reaching from Heaven above to Earth below | LL |
| 45 | 单丝不成线 独木不成林 | A single thread can't make a cord nor a single tree a forest. | LL | The single strand makes not a thread nor the single tree a wood. | LL | A single thread does not make twisted silk; a solitary tree does not make a forest. | LL |
| 46 | 唉指咬舌 | bite their lips or fingers | CL2 | biting their thumbs or sticking their tongues out | LL | bit his fingers and put out his tongue | LL |
| 47 | 当家立计 | family affairs | CL1 | such matters | RL | keeping house | LL |
| 48 | 得陇望蜀 | The more you get, the more you want. | CL1 | One conquest breeds appetite for another. | CL2 | have got Lung you look towards Shu | LL |
| 49 | 得饶人处 且饶人 | to be easy on people—save trouble | CL1 | Where mercy is possible, mercy should be shown. | LL | If you get an opportunity to forgive anyone, then forgive. | LL |
| 50 | 得意洋洋 | swagger back | RL | swaggered home feeling very pleased with himself | RL | spreading himself out in a self-satisfied manner | RL |
| 51 | 雕梁画栋 | carved beams and painted pillars | LL | carved and painted beams and rafters | LL | carved beams and painted rafters | LL |
| 52 | 丁是丁 卯是卯 | put on the screws | CL2 | as much of a stickler | CL2 | exceedingly particular | CL1 |
| 53 | 顶门壮户 | become the mainstay of the house some day in place of | CL1 | a pillar of support to the family | CL2 | become the head of a powerful family | CL1 |
| 54 | 丢三落四 | forgotten this, that and the other | CL1 | There are all sorts of things you have forgotten. | CL1 | forget everything | CL1 |
| 55 | 遁入空门 | escape from the world | CL1 | to their convents | CL2 | retire into the gate of Vacancy | LL |
| 56 | 恩重如山 | her tremendous kindness | CL1 | Treated me with a kindness… | CL1 | kindness was as weighty as a mountain | LL |
| 57 | 翻江搅海 | a great uproar | CL1 | the most terrific din break out | CL1 | a tumbling river and the sea in commotion | LL |
| 58 | 翻天覆地 | pandemonium | CL1 | in their panic | CL1 | overturn Heaven and Earth | LL |
| 59 | 肥马轻裘 | horses and furs | LL | furs and horses | LL | well-fed horses and light furs | LL |

| No. | Source Language | The Yangs | | Hawks | | Bonsall | |
|---|---|---|---|---|---|---|---|
| 60 | 粉面朱唇 | a fair complexion, red lips | LL | in delicacy of complexion | CL1 | powdered face and red lips | LL |
| 61 | 粉身碎骨 | I can't thank you enough for all you've done for me. | RL | I cut myself into a million pieces. | CL2 | our bodies to be ground to powder and our bones smashed | LL |
| 62 | 风刀霜剑 | cutting wind and biting frost | CL2 | swords of frost and the slaughtering gale | LL | the knife of the wind and the sword of the hoarfrost | LL |
| 63 | 风流冤孽 | amorous sinners | CL1 | these amorous wretches | CL1 | some lovers in a romantic affair | CL1 |
| 64 | 风情月债 | romances and unrequited love | LL+CL1 | romantic passions, love-debts | LL+CL1 | the debts of romance among mankind | LL+CL1 |
| 65 | 风声鹤唳 | The sough of the wind and the cry of cranes caused panic. | LL | The slightest rustle or cry of a bird was suspect. | RL | The whistling of the wind, the cry of a crane. | LL |
| 66 | 风言风语 | I've heard recently | RL | various stray remarks | CL1 | the rumors that one picks up | CL1 |
| 67 | 蜂腰削背 | a supple wasp-waist, slender shoulders | LL | the slender waist and elegantly sloping shoulders | CL1 | a wasp waist and sloping shoulders | LL |
| 68 | 风雨无阻 | regardless of wind or rain | LL | wet or fine | CL1 | whatever the weather may be | CL1 |
| 69 | 风云月露 | the wind and rain, moonlight and dew | LL | romantic trifles | CL1 | the wind and the clouds, the moon and the dew | LL |
| 70 | 逢凶化吉 | Bad luck will turn into good. | CL1 | Misfortune will turn into blessings. | CL1 | Change evil into good fortune. | CL1 |
| 71 | 付之东流 | with nothing to show for my life | CL1 | The loss of a life's ambitions | CL1 | thrown into the east-flowing stream | LL |
| 72 | 负荆请罪 | abject apologies | CL1 | abject apologies | CL1 | carrying a birch and asking to be punished | LL |
| 73 | 肝脑涂地 | dashed out our brains | LL | the expenditure of our life's blood to the veriest ultimate drop | CL2 | liver and brains smeared on the ground | LL |
| 74 | 膏粱纨袴 | a rich young dandy | CL1 | gilded youth | CL1 | sumptuously fed and richly dressed | LL |
| 75 | 槁木死灰 | withered wood or cold ashes | LL | withered tree and dead ashes' | LL | a withered tree or dead ashes | LL |

| No. | Source Language | The Yangs | | Hawks | | Bonsall | |
|---|---|---|---|---|---|---|---|
| 76 | 恭敬不如从命 | Do as she asked instead of standing on ceremony. | CL1 | Obedience is the best obeisance. | CL1 | The most respectful course is to obey the command. | CL1 |
| 77 | 狗急跳墙 | Desperation drives a dog to jump over a wall. | LL | The desperate dog will jump a wall. | LL | A dog is driven to desperation it leaps over the wall. | LL |
| 78 | 狗仗人势 | a dog counting on its master's backing | LL | abuse your borrowed powers | CL1 | a dog relying on its master | LL |
| 79 | 沽名钓誉 | All I cared about was my own reputation. | CL1 | care only about being popular | CL1 | angle for fame and purchase praise | LL |
| 80 | 骨软筋酥 | Their bones seemed turned to water. | CL2 | paralyzed | CL1 | His bones went soft and his muscles curdled. | LL |
| 81 | 管窥蠡测 | pitiful smattering of knowledge | CL1 | small capacity but get stiff-conceit | CL1 | peep through a tube and to ladle with a gourd | LL |
| 82 | 光天化日 | under the clear sky and bright sun | LL | in the air and sunlight | LL | in broad daylight | LL |
| 83 | 贵人多忘事 | The higher the rank, the worse the memory. | CL1 | Important people have short memories. | CL1 | A person of rank, there are many things you forget. | CL1 |
| 84 | 过河拆桥 | As soon as the river's crossed you pull down the bridge. | LL | Burn the bridge when you're safely over the river. | LL | When you have crossed the river you go and break down the bridge. | LL |
| 85 | 海誓山盟 | vowed to be true to each other | CL1 | exchanging oaths and promises | CL1 | swearing to her by the mountains and seas | LL |
| 86 | 好事多磨 | The way to happiness is never smooth. | CL1 | The course of true love never did run smooth. | RL | A good deed has many trails. | LL |
| 87 | 鹤势螂形 | be thoroughly neat and dashing | CL1 | masculine appearance | CL1 | her crane-like aspect and her dragonfly shape | LL |
| 88 | 哄堂大笑 | a fresh gale of mirth | CL1 | a shout of laughter rose from all those present | CL1 | laugh uproariously | CL1 |
| 89 | 侯门深似海 | The threshold of a noble house is deeper than a sea. | LL | A prince's door is like the deep sea. | LL | A nobleman's gate is like the sea. | LL |

（续表）

| No. | Source Language | The Yangs | | Hawks | | Bonsall | |
|---|---|---|---|---|---|---|---|
| 90 | 狐媚魇道 | vamp | CL1 | struck as a wily seductress | CL1 | seductive nightmare devils | LL |
| 91 | 狐朋狗友 | dirty dogs | LL | horrible boys | CL1 | fox friend and dog companion | LL |
| 92 | 花红柳绿 | in those gaudy reds and greens | LL+CL1 | in that garish fashion | CL1 | flower-red, willow-green | LL |
| 93 | 花容月貌 | their beauty fair as flowers and moon | LL | flower faces, moonlike beauty | LL | the flower countenance, the moon-shaped face | LL |
| 94 | 焕然一新 | new finery | CL1 | transformation wrought by a completely new and expensive-looking outfit | CL1 | all attired in new brilliant garments and headdress | CL1 |
| 95 | 黄汤辣水 | a bite to eat or a drop to drink | CL1 | Your mistress is quite worn out from all her exertions during these past few days. | RL | brown soup or pungent water | LL |
| 96 | 回心转意 | change her mind | CL1 | change her mind | CL1 | change her mind | CL1 |
| 97 | 混世魔王 | ... who torments us all in this house like a real devil. | LL+CL1 | a son who tyrannizes over all the rest of this household | CL1 | trouble-mankind devil-king | LL+CL1 |
| 98 | 魂不附体 | gave up the ghost | LL | soul almost left its seat in his body | LL | all the spirit went out of him | LL |
| 99 | 魂飞魄散 | frightened out of wits | CL1 | half-dead with fright | CL1 | scared out of theirwits | CL1 |
| 100 | 火上浇油 | greater fury | CL1 | provoked Jia Zheng to fresh transports of fury | CL1 | added even more oil to the flames | LL |
| 101 | 获隽公车 | pass the examination | CL1 | obtained the highest distinction in my examinations | CL1 | passed the examination | CL1 |
| 102 | 饥不择食 | Beggars can't be choosers. | CL2 | ravenous for the slightest morsel | LL | One who is famishing and is not so particular about her food. | LL |
| 103 | 机关算尽 | too much cunning in plotting and scheming | CL1 | too shrewd by half | CL1 | in calculating completely the inner working of things | LL |
| 104 | 鸡蛋往石头上碰 | an egg dashing itself against a rock | LL | pelt a rock with eggs | LL | an egg striking on a stone | LL |

(续表)

| No. | Source Language | The Yangs | | Hawks | | Bonsall | |
|---|---|---|---|---|---|---|---|
| 105 | 鸡争鹅斗 | rows and rumpuses | CL1 | bickering | CL1 | quarrel like farmyard fowls | LL |
| 106 | 寄人篱下 | living with another family | RL | dependent on others for everything | CL1 | sit under someone else's fence | LL |
| 107 | 佳人才子 | talented scholars and lovely ladies | CL1 | ideally eligible young bachelors and the same ideally beautiful and accomplished young ladies-at least, they are *supposed* to be ideal | CL1 | beautiful girls and talented youths | CL1 |
| 108 | 夹枪带棒 | lashing out in all directions | CL1 | slipping in a dig here and a dig there | CL1 | clasp your spear and carry your club | LL |
| 109 | 假公济私 | ostensibly for their mistresses but actually for themselves | RL | misappropriate what they can for their own use | CL1 | employ a false care for the general good to help on their private interests | CL1 |
| 110 | 剪草除根 | The root of the trouble would be removed. | CL1 | root-and-branch methods | CL1 | The root of the grass would be cut away. | LL |
| 111 | 见机行事 | Do as you think fit. | CL1 | You do what you think best. | CL1 | Act according as opportunity occurred. | CL1 |
| 112 | 娇生惯养 | be well sheltered by their parents | CL1 | be spoiled | CL1 | be all petted and spoiled | CL1 |
| 113 | 胶柱鼓瑟 | strait-laced | CL1 | gluing the bridges of the zither | CL2 | playing the lute with the pegs glued fast | CL2 |
| 114 | 藉草枕块 | to keep vigil by the coffin and mourn | CL1 | lie upon rushes with a sod of earth for his pillow | LL | lying on a straw mat with a stone for a pillow | LL |
| 115 | 借刀杀人 | murdering with a borrowed sword | LL | murder with a borrowed knife | LL | borrow a sword to kill a man | LL |
| 116 | 借风使船 | to pre-empt Xue Ke herself | RL | to cruise along in her wake | LL | availed herself of the wind to steer the boat | LL |
| 117 | 金蝉脱壳 | throwing them off the scent | CL1 | Do as the cicada does when he jumps out of his skin. | LL | the golden cicada's trick of slipping out of its shell | LL |
| 118 | 金门绣户 | golden gates and embroidered screens | LL | the lap of luxury | CL1 | golden gate and embroidered door | LL |
| 119 | 矜功自伐 | boastful show-offs | CL1 | boasting about how busy they are and how much they do for us | RL | boastful sort fond of making a display of what they have done | CL1 |

(续表)

| No. | Source Language | The Yangs | | Hawks | | Bonsall | |
|-----|------|------|------|------|------|------|------|
| 120 | 锦上添花 | in an embroidered form | LL | adding many an enticing embellishment | CL1 | brocade on which was added ornamental | LL |
| 121 | 锦心绣口 | produce fine lines | CL1 | the pure spirit of poetry in our breasts and the most delicate, silken phrases on our lips | LL+ CL1 | brocaded minds and embroidered mouths | LL |
| 122 | 井底之蛙 | like the frog at the bottom of a well | LL | like the frog living at the bottom of the well who thought the world was a little round pool of water | LL | frog at the bottom of a well | LL |
| 123 | 井水不犯河水 | keep as clear of her as well water and river water | LL | the water in the well and the water in the sea | LL | Well water does not oppose river water. | LL |
| 124 | 九霄云外 | completely forgotten | RL | completely evaporated | RL | beyond the nine skies and the CL1ouds | LL |
| 125 | 酒肉兄弟 | wine-and-meat ones | LL | The only thing they're any good for is parties. | RL | wine and flesh brothers | LL |
| 126 | 举止言谈 | breeding | CL1 | her speech and manner | LL | her deportment and her conversation | LL |
| 127 | 绝代佳人 | a real fine young lady | CL1 | a regular paragon of all the virtues | CL1 | the most beautiful woman ever seen | CL1 |
| 128 | 口碑载道 | there's already been talk | CL1 | All you've done is set the local people grumbling. | RL | The roads are full of people's saying. | LL |
| 129 | 癞蛤蟆想吃天鹅肉 | a toad hankering for a taste of swan | LL | the toad on the ground wanting to eat the goose in the sky | LL | The toad thinks to eat the flesh of the swan. | LL |
| 130 | 老大无成 | grow up good for nothing | CL1 | grow up into a useless lout | CL1 | When he became a man he accomplished nothing. | CL1 |
| 131 | 礼贤下士 | honoring worthy men | CL1 | well-disposed towards scholars | CL1 | treat lowly scholars with the courtesy due to those of great talents | LL+ CL1 |
| 132 | 利欲熏心 | mercenary | CL1 | The greed for gain has already so clouded your judgment. | LL | The lust for gain has beclouded your heart. | LL |
| 133 | 怜香惜玉 | how the young man cared for the courtesan | RL | erotic tenderness | RL | pitiable fragrant jade | LL |

| No. | Source Language | The Yangs | | Hawks | | Bonsall | |
|---|---|---|---|---|---|---|---|
| 134 | 敛声屏气 | holding their breath | LL | go about with bated breath | LL | stop talking and hold their breath | LL |
| 135 | 脸红耳赤 | red to the ears with shame | LL+CL1 | be red to the very tips of her ears | LL | her face and ears red with shame | LL+CL1 |
| 136 | 恋恋不舍 | reluctant to leave | CL1 | lingered, fascinated | CL1 | hankered after | CL1 |
| 137 | 两面三刀 | sneaky double-crosser | CL2 | two-faced | LL | double-faced three knife | LL |
| 138 | 两全其美 | suit you both | CL1 | suit both of you | CL1 | be fine for both parties | CL1 |
| 139 | 烈火干柴 | like throwing a dry faggot on a blazing fire | LL | Blaze was kindled in the brush-wood. | LL | putting a blazing fire to dry sticks | LL |
| 140 | 临潼斗宝 | vied to show off their wealth | CL1 | the Diet of Lintong in the well-known play of that name, except that whereas Duke Mu's princely guests competed in the bravery of their commanders and the magnificence of their regalia | LL | were fighting for treasure at Lin-t'ung | LL |
| 141 | 临阵磨枪 | sharpening your spear just before a battle | LL | It's too late to begin sharpening your weapons on the field of battle. | LL+CL1 | to sharpen one's lance on the eve of battle | LL |
| 142 | 流水落花 | Flowers fall, the water flows red. | LL | The blossoms fall, the water flows. | LL | Flows the water, falls the flower. | LL |
| 143 | 龙蛇混杂 | snakes mixed up with dragons | LL | The wheat is sure to contain a certain amount of chaff. | CL2 | dragons and snakes mixed up | LL |
| 144 | 纶音佛语 | imperial decree or a mandate from Buddha | LL | Goddess's command | CL2 | the speech of the emperor or of Buddha | LL |
| 145 | 落叶归根 | Leaves that fall return to their root in the end. | LL | They're bound to come home sooner or later. | CL1 | When the leaves fall they return to the root. | LL |
| 146 | 马仰人翻 | in a tumult | CL1 | a picture of sad disarray | CL1 | A horse on its back and its rider thrown over. | LL |
| 147 | 满面春风 | a radiant smile | CL1 | a look of unutterable benevolence | RL | with a very pleasant expression. | CL1 |

(续表)

| No. | Source Language | The Yangs | | Hawks | | Bonsall | |
|---|---|---|---|---|---|---|---|
| 148 | 猫鼠同眠 | a cat sleeping with rats | LL | I draw the line at collusion. | CL1 | a cat and a rat sleeping together | LL |
| 149 | 茅塞顿开 | conversation is so illuminating | CL1 | scales had fallen from my eyes | CL2 | suddenly enlightens the mind | CL1 |
| 150 | 没轻没重 | talk in a wild way | RL | use the most appalling language | RL | neither light nor serious | LL |
| 151 | 眉来眼去 | exchange glances | LL | Significant looks would pass between them. | LL | tittering and simpering | RL |
| 152 | 眉眼高低 | some manners and experience | RL | what's what | RL | the proper order of things | RL |
| 153 | 门当户对 | The two families were well matched. | CL1 | The families were well-matched. | CL1 | Families were well matched. | CL1 |
| 154 | 眠花卧柳 | the company of singsong girls | RL | frequented the budding groves | CL2 | wanton behavior | CL1 |
| 155 | 明明白白 | carried to her distinctly | CL1 | make out quite distinctly | CL1 | as plain as can be | CL1 |
| 156 | 铭心刻骨 | his preference was so clear | CL1 | things of burning importance | CL2 | being engraved upon the heart | LL |
| 157 | 谋事在人 | man proposes | CL1 | man proposes | CL1 | to plan things rests with men | CL1 |
| 158 | 木雕泥塑 | petrified | CL1 | wooden statues or clay dolls | LL | a carved block or a clay image | LL |
| 159 | 目无下尘 | stand-offish reserve | CL1 | total obliviousness to all who did not move on the same exalted level as herself | CL1 | not deigning to look on common folk | CL1 |
| 160 | 目中无人 | looks down on everyone else | CL1 | be so high and mighty | CL1 | Nobody counts for anything in his sight. | LL |
| 161 | 拿糖作醋 | make such a song and dance | CL2 | make such a big fuss | CL1 | turn sugar into vinegar | LL |
| 162 | 拿下马来 | all under Xiren's thumb | CL2 | all under Aroma's thumb | CL2 | take down from his horse | LL |
| 163 | 能者多劳 | The abler a man, the busier he gets. | CL1 | The able man gets little leisure. | CL1 | Those who are able have all the more to do. | CL1 |
| 164 | 你谦我让 | be back out of politeness | CL1 | be false modesty | CL1 | give precedence to each other | CL1 |
| 165 | 拈花惹草 | have affairs | CL1 | eager to throw herself at whatever partners opportunity | CL1 | picking flowers and stirring up grass | LL |

(续表)

| No. | Source Language | The Yangs | | Hawks | | Bonsall | |
|-----|------|-----------|---|-------|---|---------|---|
| 166 | 牛鬼蛇神 | monstrous mishmash | CL1 | churning out a lot of far-fetched purple passages | RL | ox-headed devils and serpent-spirits | LL |
| 167 | 旁观者清 | The spectator sees most of the sport. | CL1 | The bystander sees all. | CL1 | The onlookers see clearly | CL1 |
| 168 | 否极泰来 | Fortune follows calamity. | CL1 | The extreme of adversity is the beginning of prosperity. | CL1 | When evil reaches its limit, prosperity comes. | CL1 |
| 169 | 贫病交攻 | a prey to poverty and ill health | CL1 | the joint onslaught of poverty and ill-health | CL1 | endure the attacks at the same time of both poverty and sickness | CL1 |
| 170 | 萍踪浪迹 | floating about free as duckweed | LL | a rolling stone | CL2 | are every now here and there | CL1 |
| 171 | 婆婆妈妈 | a regular old woman | LL | an old woman | LL | an old woman | LL |
| 172 | 剖腹藏珠 | cut open your stomach to hide a pearl | LL | the Persian with his pearl | CL2 | cut open your belly to hide pearls | LL |
| 173 | 齐眉举案 | a pair thought well-matched | CL1 | a wife so courteous and so kind | RL | lift the bowl to the level of their eyebrows | LL |
| 174 | 牵肠挂肚 | on tenterhooks | CL2 | practically beside ourselves with anxiety | RL | be torn with anxiety | RL |
| 175 | 千里姻缘一线牵 | People a thousand li apart way may be linked by marriage. | CL1 | Marriages are decided by an Old Man Under the Moon who joins future couples together by tying them round the ankles with a scarlet thread. | LL | Those between whom there is a marriage affinity even though they are a thousand li apart, are connected by a single thread. | LL |
| 176 | 千言万语 | urged | RL | many a fond and careful instruction | RL | give a multitude of instructions | RL |
| 177 | 前功尽弃 | squander all the merit he had acquired | CL1 | impair his hard-won sanctity | RL | abandon his previous merit | CL1 |
| 178 | 墙倒众人推 | If a wall starts tottering, everyone gives it a shove. | LL | Everyone likes to push a falling wall. | LL | When a wall falls, everyone pushes | LL |
| 179 | 巧媳妇做不出没米的饭 | Even the cleverest housewife can't cook a meal without ice. | LL | Even the cleverest housewife can't make bread without flour. | LL | A clever daughter-in-law can't make a meal of rice without rice grains. | LL |
| 180 | 亲上做亲 | be relatives before this marriage | CL1 | be within the family | CL1 | add relatives to relationship | LL |

| No. | Source Language | The Yangs | | Hawks | | Bonsall | |
|---|---|---|---|---|---|---|---|
| 181 | 倾国倾城 | the beauty which caused cities and kingdoms to fall | LL+CL1 | that face which kingdoms could overthrow | LL+CL1 | overthrows kingdoms and cities | LL |
| 182 | 青红皂白 | the truth of the matter | CL1 | unreasonable | CL1 | what the fact really are | CL1 |
| 183 | 轻举妄动 | venture to make any overtures | CL1 | overt declaration | CL1 | venture to come and provoke him | RL |
| 184 | 情不自禁 | not contain his feelings | CL1 | be unbidden to his lips | RL | did not restrain his feelings | CL1 |
| 185 | 情人眼里出西施 | Beauty is in the eye of the beholder. | CL1 | Beauty in the eye of the beholder. | CL1 | In her lover's sight she surpasses si-shi. | LL |
| 186 | 请君入瓮 | Please get into the jar. | LL | Please step inside. | LL | Be so good as to enter the fiery jar. | LL |
| 187 | 求亲靠友 | appeal to friends for help | CL1 | keep falling back on your friends | LL | beg again from your relatives or rely on your friends | CL1 |
| 188 | 趋炎附势 | fawned on | CL1 | sponging | CL1 | hurried to the brilliant and flattered the influential | CL1 |
| 189 | 热锅上的蚂蚁 | as an ant on a hot griddle | LL | an ant on a hot saucepan | LL | an ant in a hot pan | LL |
| 190 | 人财两空 | lose both girl and money | RL | the maid and eke the money gone | RL | both the girl and the money lost | RL |
| 191 | 人多口杂 | The more people, the more talk. | CL1 | Any establishment as large as the Ning household always contains a few disgruntled domestics who specialize in traducing their masters. | RL | Household was large and they were a mixed lot. | CL2 |
| 192 | 人杰地灵 | a remarkable place producing outstanding people | CL1 | The genius of the place brings out the excellence of the person. | CL1 | Earth divine, Sun a hero. | CL1 |
| 193 | 人人皆知 | The whole world knows them. | CL1 | There can't be a man, woman or child who isn't familiar with them. | CL1 | Everyone knows them and everyone speaks of them. | CL1 |
| 194 | 人之常情 | be natural for men | CL1 | That applies to most of us. | CL1 | ordinary human nature | CL1 |

（续表）

| No. | Source Language | The Yangs | | Hawks | | Bonsall | |
|-----|-----------------|-----------|---|-------|---|---------|---|
| 195 | 如鱼得水 | felt so at home with each other | CL1 | wonderfully at ease in each other's company | CL1 | like fish getting water | LL |
| 196 | 三天打鱼两天晒网 | fisherman who fishes for three days and then suns his net for two | LL | one day fishing and two days to dry the nets | LL | catching fish for three days and drying nets for two days | LL |
| 197 | 山南海北 | beyond mountains and seas | LL+CL1 | somewhere "south of the mountains and north of the sea" | LL | south of the mountain or north of the sea | LL |
| 198 | 山珍海味 | the delicacies you eat | CL1 | delicate food | CL1 | the dainties of the hills and sea | LL |
| 199 | 蛇影杯弓 | a false suspicion | CL1 | hysterical fear | CL1 | The reflection of the serpent is a bow in the cup. | LL |
| 200 | 舍近求远 | ignoring a talent right under our eyes, yet trying to seek what is far away | RL | be always looking round for poetic talent and all the time we have had a poet like you on our very doorstep | RL | Let go that which is near and seek what is distant. | CL1 |
| 201 | 生关死劫 | the gate of birth, the fate of death | LL | the doors of life and death | LL | the gateway of birth, the robbery of death | LL |
| 202 | 生米煮成熟饭 | The rice is already cooked. | LL | The rice is cooked and knows that it can't be uncooked. | LL | The rice has already been cooked. | LL |
| 203 | 声色货利 | music, beauty, riches and lust for gain | LL | the world and its temptations | CL1 | music and women and wealth | LL |
| 204 | 盛宴必散 | Even the grandest feast must have an end. | LL | Even the best party must have an end. | LL | After a sumptuous feast there is sure to be a parting. | LL |
| 205 | 尸居余气 | a living corpse | LL | finished from that hour | CL1 | dwelling idly for the rest of her life | CL1 |
| 206 | 识时达务 | has a good sense | CL1 | get a good sense of what's what in the world | CL1 | knew the times and understood the way of doing business | LL |
| 207 | 书香门第 | cultured family | CL1 | how well-born they are | CL1 | an hereditary literary family | CL1 |
| 208 | 树倒猢狲散 | Tree falls and monkeys scatter. | LL | When the tree falls, the monkey scatter. | LL | When the tree falls the monkeys are scattered. | LL |

| No. | Source Language | The Yangs | | Hawks | | Bonsall | |
|---|---|---|---|---|---|---|---|
| 209 | 水流花落 | much of a wanderer | CL1 | I may wander | CL1 | of a wandering disposition | CL1 |
| 210 | 水落归槽 | confirmation | CL1 | all became crystal clear | CL1 | all clear to her mind | CL1 |
| 211 | 水性杨花 | fickle | CL1 | how easily swayed they are by the idea of wealth | RL | a pliant disposition like the blossom of the willow | LL+CL1 |
| 212 | 顺水行舟 | sail with the stream and do them a good turn | LL | trim your sails to the wind | LL | let the boat float with the stream | LL |
| 213 | 死里逃生 | escapes the jaws of death | LL | been requited | CL1 | the midst from life to death | LL |
| 214 | 搜索枯肠 | cudgeled his brains | CL2 | racking his brains for a pithy opening phrase | CL2 | search hard within himself | CL1 |
| 215 | 随机应变 | know how to cope with it | CL1 | able to meet ruse with ruse-even | CL1 | as the circumstances required | CL1 |
| 216 | 随心所欲 | followed his own bent | CL1 | let sentiment rather than convention dictate the terms of his relationships | RL | invariably followed what his heart desired | CL1 |
| 217 | 汤烧火热 | burning with fever | LL | Her skin was burning to the touch. | CL1 | was boiling hot | LL |
| 218 | 滔天大罪 | crime | CL1 | heinous crime | CL1 | heaven-deceiving great offense | LL |
| 219 | 醍醐灌顶 | as if Buddha had suddenly shown him the light | CL1 | The revelation of the Buddha-truth comes 'like ghee poured upon the head. | LL | filled to the crown of his head with generous wine | LL |
| 220 | 天不怕地不怕 | fear neither Heaven nor Earth | LL | whatever comes into his head with complete disregard for the consequence | CL1 | fear neither Heaven nor Earth | LL |
| 221 | 天花乱坠 | painted such a glowing picture | CL2 | spoken with greater eloquence | CL1 | flowers fell in confusion from the sky | LL |
| 222 | 天下老鸹一般黑 | All crows are black in the world over. | LL | All crows are black. | LL | The crows in the sky are all alike black. | LL |
| 223 | 天真烂漫 | innocent | CL1 | in that age of innocence | CL1 | followed his natural disposition | LL |

| No. | Source Language | The Yangs | | Hawks | | Bonsall | |
|---|---|---|---|---|---|---|---|
| 224 | 铁面无私 | strict and impartial | CL1 | iron impartiality | LL | faces of iron without any favoritism | LL |
| 225 | 铁石心肠 | hard-hearted | CL1 | as cold as this | CL1 | hearts of iron and entrails of stone | LL |
| 226 | 挺胸叠肚 | corpulent | CL1 | their bellies | LL | pot-bellied | LL |
| 227 | 通今博古 | be sufficiently well versed in ancient and modern literature | LL | with all your learning | CL1 | be thoroughly versed in things new and old | LL |
| 228 | 同病相怜 | Fellow-sufferers can sympathize with each other. | CL1 | have enough in common to think of ourselves as fellow-sufferers | CL1 | sharers of having compassion on each other | CL1 |
| 229 | 偷鸡摸狗 | philander | CL1 | sniff after other skirts | CL2 | stealing fowls and groping after dogs | LL |
| 230 | 偷梁换柱 | underhand plan to fob off a different bride on Baoyu | RL | deceitful scheme | CL1 | sealing the beam and changing the pillar | LL |
| 231 | 头晕目眩 | dizzy spell | CL1 | dizzy spell | CL1 | head dizzy and eyes dazed | LL |
| 232 | 投鼠忌器 | smash a jade vase to catch a rat | LL | damage the jade vase while trying to hit the mouse | LL | throwing at rat and avoiding a vase | LL |
| 233 | 兔死狐悲 | in distress and sympathy | CL1 | the fox's sympathy for the hunted hare | LL | The hare dies. The fox is grieved. | LL |
| 234 | 吞声饮泣 | choke back her sobs | LL | just beginning to weep | CL1 | swallow her words and drinking her tears | LL |
| 235 | 万箭攒心 | pierced his heart like ten thousand arrows | LL | pierced his heart like the points of a thousand arrows | LL | Ten thousand arrows are indeed collected in his heart. | LL |
| 236 | 忘恩负义 | let me down for all I was so good to him | CL1 | An ungrateful beggar, that's what he is! | CL1 | forget the favors he has received and is ungrateful for the kindness which has been shown to him | CL1 |
| 237 | 威重令行 | the authority she now wielded | CL1 | secure in her authority, respected and obeyed by all | CL1 | stern with respect to the carrying out her orders | CL1 |
| 238 | 纹风不动 | did not move | CL1 | made no attempt to get up | RL | not the slightest movement | CL1 |

| No. | Source Language | The Yangs | | Hawks | | Bonsall | |
|---|---|---|---|---|---|---|---|
| 239 | 问柳评花 | play about with singsong girls and young actors | RL | questionable amusements | CL1 | interested in girls | CL1 |
| 240 | 无拘无束 | be left to his own devices | CL1 | a somewhat carefree and independent life | CL1 | There was nothing to restrain him. | CL1 |
| 241 | 无可奈何 | could do nothing but wait | CL1 | There was nothing at all he could do but wait. | CL1 | can not help himself | CL1 |
| 242 | 无所不晓 | be well-versed in literature | RL | amazingly well-educated | RL | There is nothing she does not know. | CL1 |
| 243 | 无所不有 | a whole collection of that sort | CL1 | just about everything you could think of | CL1 | There was none which we did not have. | CL1 |
| 244 | 无所不至 | One day they would meet to drink, the next to look at flowers, and soon they included him in gambling parties or visits to the courtesans' quarters. | RL | There were no limits to the depravity of their pleasures. | RL | There is no length to which they did not go. | LL |
| 245 | 无影无踪 | disappear without a trace | CL1 | disappear without trace | CL1 | There is no trace of them. | CL1 |
| 246 | 无缘无故 | I'd done nothing, nothing at all, to deserve such treatment. | CL1 | I'd done absolutely nothing to deserve such treatment. | CL1 | without any reason | CL1 |
| 247 | 物离乡贵 | some local products from far away | CL1 | The farther from home, the more precious the object. | CL1 | Things away from their native place are valuable. | CL1 |
| 248 | 闲云野鹤 | free as a cloud or wild crane | LL | free as a wandering cloud or a wild cane | LL | a wild crane at leisure in the clouds | LL |
| 249 | 心慈面软 | soft-hearted | CL1 | soft-hearted | CL1 | compassionate heart and a mild countenance | LL |
| 250 | 心惊肉跳 | on tenterhooks | CL1 | nervously | CL1 | trembling with fear | CL1 |
| 251 | 心神不宁 | qualms | CL1 | feel very troubled at heart | CL1 | unsettled in mind | CL1 |
| 252 | 心有余而力不足 | I'd be giving oftener. I just haven't the mean. | CL1 | My heart is willing but my purse is lean. | RL | have more than enough in mind but strength is not sufficient | LL |
| 253 | 信口开河 | rattling away so wildly | CL1 | warming to the subject and would doubtless have treated them to… | RL | opens a river | LL |

（续表）

| No. | Source Language | The Yangs | | Hawks | | Bonsall | |
|-----|-----------------|-----------|--|-------|--|---------|--|
| 254 | 兴师动众 | rely on your powerful relatives | RL | fly up in arms and use our relations' influence | RL | raise an army and set the host in motion | LL |
| 255 | 袖手旁观 | just stand watching | LL | stand idly by | LL | stand idly on one side as a spectator | LL |
| 256 | 虚张声势 | make a great show of sending out writs and issuing warrants | LL | make a great display of authority | RL | talk in a big way | LL |
| 257 | 寻根究底 | follow them up | CL1 | get to the bottom of the matter | CL1 | get to the bottom of her story | CL1 |
| 258 | 徇情枉法 | twisted the law to suit his own purpose and passed arbitrary judgment | LL | bending of the law to suit the circumstances | CL1 | acted obsequiously and abused the law | CL1 |
| 259 | 鸦雀无声 | utterly quiet | CL1 | not a bird's cheep was to be heard | LL | speechless | CL1 |
| 260 | 雅俗共赏 | everyone can enjoy | CL1 | Those of us who aren't quite so learned can enjoy them as well. | CL1 | refined and common folk can all enjoy | CL1 |
| 261 | 烟消火灭 | the vanishing like smoke when the fire burns out | LL+CL1 | All in smoke and fire shall pass away. | LL | The smoke clears away and the fire is extinguished. | LL |
| 262 | 言和意顺 | be in complete accord | CL1 | an understanding so intense | CL1 | agreement in speech and in mind | CL1 |
| 263 | 掩耳盗铃 | be fooling people | CL1 | be tomfoolery | CL1 | be stuffing his ears and stealing the bell | LL |
| 264 | 偃旗息鼓 | to pack up and beat a retreat | CL1 | with drums muffled and colors furled | LL | The flags were furled up and the drums were silent. | LL |
| 265 | 扬铃打鼓 | to ring bells, beat drums | LL | to make a great song and dance | CL2 | shake the bells and beat the drums | LL |
| 266 | 羊肠小径 | a narrow zigzag path | CL1 | zig-zag path | CL1 | a little winding path | CL1 |
| 267 | 妖言惑众 | cast spells on people | LL | lead people astray with their silly nonsense | CL1 | perplex people with magical words | LL |
| 268 | 咬牙切齿 | grind her teeth | LL | curse | RL | gnashed her teeth | LL |
| 269 | 一个巴掌拍不响 | You can't clap with one hand. | LL | It takes two to make an argument. | CL1 | A clap with one hand makes no sound. | LL |

| No. | Source Language | The Yangs | | Hawks | | Bonsall | |
|---|---|---|---|---|---|---|---|
| 270 | 衣锦还乡 | returns home in splendor | LL | comes home to rest, in finery arrayed | LL | wearing embroidered clothes, returns to her native district | LL |
| 271 | 一文不值 | next to nothing | CL1 | less than the price | CL1 | cheaply | CL1 |
| 272 | 一朝一夕 | impossible to predict how long the illness may last | CL1 | in an afternoon | LL | in a morning or in an afternoon | LL |
| 273 | 移船就岸 | smooth his way | CL2 | help him aboard | LL | would change course and come to shore | LL |
| 274 | 以毒攻毒 以火攻火 | fighting poison with poison and fire with fire | LL | fighting poison with poison and fire with fire | LL | using one poison to treat another poison, of using fire to treat fire | LL |
| 275 | 倚老卖老 | presuming on her seniority | CL1 | with the presumptuous tyranny of old age | CL1 | relying on her age to treat me with contempt | CL1 |
| 276 | 银样镴枪头 | a lead spearhead that looks like silver | LL | of silver spear the leaden counterfeit | LL | a pewter spear-head that looks like silver | LL |
| 277 | 引风吹火 | borrow wind to fan the fire | LL | help the wind to fan the fire | LL | lead on the wind to blow up a fire | LL |
| 278 | 应运而生 | born at a propitious time | CL1 | produced by the operation of beneficent ethereal influences | CL1 | born in response to destiny | LL |
| 279 | 犹豫不决 | worry him for a while | RL | What am I going to do then? | RL | be undecided | CL1 |
| 280 | 鱼龙混杂 | mixed | CL1 | confusion | CL1 | Fish and dragons are mixed up. | LL |
| 281 | 原封不动 | The seals on them haven't been broken. | LL | The seals on them haven't been broken. | LL | the original seals quite untouched | LL |
| 282 | 远水不解 近渴 | Distant water can't quench a present thirst. | LL | Distant water is no cure for a present thirst. | LL | Distant water can't quench present thirst. | LL |
| 283 | 月满则亏 水满则溢 | The moon waxes only to wane, water brims only to overflow. | LL | The full moon smaller grows, full water over flows. | LL | When the moon is full it wanes. When water is full it overflows | LL |
| 284 | 斩钉截铁 | iron resolution | LL+CL1 | as good as her word | CL1 | most determined | CL1 |
| 285 | 招风惹草 | looking for trouble outside | CL1 | stirs up trouble | CL1 | get himself into trouble | CL1 |

(续表)

| No. | Source Language | The Yangs | | Hawks | | Bonsall | |
|---|---|---|---|---|---|---|---|
| 286 | 知人知面不知心 | You know a man's face but not his heart. | LL | Appearances certainly are descriptive. | CL1 | In knowing a man you know his face but you do not know his heart. | LL |
| 287 | 纸上谈兵 | pretend to be able to write | RL | make anything we have ever done look very amateurish | CL1 | discuss military affairs on paper | LL |
| 288 | 指桑骂槐 | scold the locust while pointing at the mulberry | LL | cursing the oak-tree when they mean the ash | LL | point at the mulberry tree and revile the huai tree | LL |
| 289 | 指手画脚 | animated gestures | LL | arrogant | CL1 | gesticulating | LL |
| 290 | 只许州官放火,不许百姓点灯 | The magistrate who goes in for arson but won't allow common people to light a lamp. | LL | Curfew for the common people, but the Prefect can light a fire. | LL | Only allow a District Magistrate to set a fire alight, but don't allow ordinary people to light a lamp. | LL |
| 291 | 置若罔闻 | as if she had heard nothing | LL | as though she had heard nothing | LL | stood as if he had heard nothing | LL |
| 292 | 致知格物 | recognize the nature of things | CL1 | well-versed in moral philosophy | RL | an understanding of affairs and with the additional merit of pushing knowledge to its limits and enquirering into the nature of things | CL1 |
| 293 | 钟灵毓秀 | Heaven and Earth which endowed them with the finest qualities | CL1 | the intellectual gifts that you were born with | CL1 | have really been endowed by Heaven and Earth with the virtue of extraordinary talents | CL1 |
| 294 | 钟鸣鼎食 | this noble and scholarly clan | CL1 | those stately houses | CL1 | The meals are announced by the sounding of bells. | LL |
| 295 | 助纣为虐 | abetted | CL1 | aided the tyrant in his tyranny | CL1 | help the tyrant in his oppression | CL1 |
| 296 | 抓耳挠腮 | tweak his ears and rubbing his cheeks | LL | scratch his ears with pleasure | LL | scratch his ears and his cheeks | LL |
| 297 | 锱铢较量 | stingy | CL1 | ought to share with one's friends | RL | be as much as petty trifles | LL |
| 298 | 自怨自艾 | kept reiterating: No one else is to blame. But do be good to me. | RL | I blame no one else. | RL | I blame myself that I myself have been mistaken. | RL |

（续表）

| No. | Source Language | The Yangs | | Hawks | | Bonsall | |
|---|---|---|---|---|---|---|---|
| 299 | 自作自受 | bring this on themselves | CL1 | If they will go getting themselves into trouble, they must face the consequences. | CL1 | receive himself the consequence of his own deeds | CL1 |
| 300 | 坐山观虎斗 | sit on a hill to watch tigers fight | LL | sit on the mountain-top and watch the tigers fight | LL | sit on the mountain and watch the tigers fight | LL |

Notes：RL stands for translation on realistic level；CL1 stands for translation on cognitive level；LL stands for translation on linguistic level.

# 附录 4　西方翻译简史表

| 年　　代 | | 国家与代表 | 生　卒　年 | 主要代表作 | 主要观点 |
|---|---|---|---|---|---|
| 前 5300—前 3600 两河流域出现早期文明,发现刻有两种语言的铭文。前 30C 亚述帝国始有正式的文字翻译,前 18C 巴比伦王国汉穆拉比(前 1810—前 1750)法律、政令译成多国文字 | | | | | |
| | 前 250 | 72 犹太学者在古埃及亚历山大城 | | 译《旧约》,又叫七十子希腊文本《圣经》 | (罗马人批量翻译希腊文学) |
| | 前 196 | 古埃及罗塞达石碑(1799 拿破仑军发现) | | 用形象、古埃及、古希腊文字刻同样内容 | |
| | 古罗马 | 安德罗尼柯 Andronicus | 前 284—前 204 | 译荷马诗史《奥德赛》和三大悲剧作家 | |
| | | 涅维乌斯 Naevius | 前 270—前 200? | 译系列悲剧和喜剧 | |
| | | 恩尼乌斯 Enuius | 前 239?—前 169 | 同上 | 文学、《圣经》 |
| | | 西塞罗 Cicero | 前 106—前 43 | 前 52 译论,最优秀的演说家 | 译论开始:意译＋直译 |
| | | 贺拉斯 Heratius | 前 65—前 8 | | 直译,兼意译 |
| | | 昆体良 Quintilianus | 35—95/100 | 演说术原理 | 意译、创作、竞争 |
| | | 哲罗姆 Jerome | 347?—420 | 405 译通俗拉丁文本《圣经》 | 《圣经》直译,文学意译 |
| 译史开始 | | 奥古斯丁 Augustine | 354—430 | | 直译,语言派 |
| | 宗教翻译开始 | 波伊提乌斯 Boethius | 475—525 | 翻译无理论 | 直译;形式对应论 |
| | | 阿尔弗烈德国王 King Alfred | 849—899 | 用英语译《圣经》 | |
| | | 西班牙国王阿尔丰沙 Alfonso | 1221—1284 | 译散文 | 托莱多城译阿语 |
| | | 罗杰.培根 R. Bacon | 1214—1292 | 译《圣经》 | |
| | | 但丁 Dante | 1265—1321 | 译《圣经》 | 文学不可译 |
| | | 威克利夫 Wycliffe | 1330—1384 | 用英语译新约全书 | |
| | | 乔叟 Chaucer | 1343—1400 | 译薄伽丘作品 | |
| | | 马丁路德 Luther | 1483—1536 | 1522 用民众语译《圣经》 | 意译 |
| | | 魏阿特 Wyatt | 1503—1542 | 1557 译十四行诗 | |
| | | 考利 Cowley | 1618—1667 | 译古希腊 Pindar 的作品 | 译者操控 |
| | | 德莱顿 Dryden | 1631—1700 | 译薄伽丘、奥维德、贺拉斯 | 意译、翻译三分法 |
| | | 诺思、弗洛里欧、荷兰德、查普曼、廷代、谢尔登、英特克斯、蒲伯 | | | |
| | | 多雷 Dolet | 1509—1546 | | 翻译五原则 |
| | | 阿米欧 Amyot | 1513—1593 | 译名人传 | |
| | | 厚今派　阿伯兰库 Ablancourt | 1606—1664 | | 意译;美而不忠,古为今用 |

（续表）

| 年　代 | | 国家与代表 | 生　卒　年 | 主要代表作 | 主要观点 |
|---|---|---|---|---|---|
| 译史开始 | 宗教翻译开始 | 厚古派　达西埃夫人 Mme Dacier | 1654—1720 | | 直译 |
| | | 雨果（父亲协助） | 1802—1885 | 译莎士比亚喜剧全集 | |
| | | 夏多布里昂（Chateaubriand） | 1768—1848 | 译《失乐园》 | |
| | | 奈瓦尔 Nerval | 1808—1855 | 译《浮士德》（歌德高度评价） | |
| 近代二战后及现当代 | | 泰特勒　Tyler | 1747—1814 | 1790 论翻译的原则 | 翻译三原则 |
| | | 波斯盖特 Postgate | 1853—1926 | 翻译分类：前瞻（译文和读者），后顾（原作者） | |
| | | 加内特夫人 Garnet | 1861—1946 | 译俄 19 世纪小说五十多部，影响我国读者 | |
| | | 莫德夫妇 Aylmer & Louise Maude | A. 1858—1938 L. 1855—1939 | 1928—37 译托尔斯泰 | |
| | | 韦利 Waley | 1889—1966 | 1916 汉诗选译、1942《西游记》 | |
| | | 菲兹杰拉德、阿诺德、卡莱尔、艾略特、拜伦、雪莱、郎飞罗、纽曼、W. 莫里斯 | | | |
| | | 克罗齐 Croce | 1866—1952 | 美学家和文学评论家 | 翻译是艺术的再创作 |
| | | 本杰明 Benjamin | 1892—1940 | 1923 译者的任务 | 意译，直译，逐行 |
| | | 库恩 F. Kuhn | 1884—1961 | 译四十多部中国古今作品，含：《红楼梦》《金瓶梅》《水浒传》《三国演义》 | |
| | | 维兰德、瓦斯、蒂克、施莱尔马赫、A. W. 施莱格尔、席勒、歌德、荷尔德林、赫尔德、施莱尔马赫、洪堡特、蒙森 | | | |
| | | 庞德 Pound | 1885—1973 | 1914 译汉诗神州集 | |
| | | 高尔基等 | 1868—1936 | 首倡译论，文艺翻译准则（1918—30s 译文学 1500 部） | |
| | | 阿列克谢耶夫 | 1881—1951 | 1931 文学翻译问题 译汉文学 文艺派 | |
| | | 日尔蒙斯基、加切奇拉泽、丘科夫斯基（翻译艺术）等　文艺派 | | | |
| | | 费道罗夫 Fedorov | 1906—1997 | 1927 诗歌翻译问题 1953 翻译理论概要 | 语言派，总论与分论，等值（20 世纪六七十年代进入高潮） |
| | | 卡什金 | 1899—1963 | 1959 文艺翻译理论研究 | 意译，文艺派 |
| | | 雅克布逊 Jakobson | 1892—1982 | 1959 论翻译的语言问题 | 差异对等 |
| | | 卡特福德 Catford | 1917—2009 | 1957 翻译的语言学问题 | 等值，不可译 |
| | | 纽马克 Newmark | 1916—2011 | 1981 翻译方法论 | 等值，源文本中心 |
| | | 奈达 Nida　L 派代表 | 1914—2011 | 1964 翻译科学的探索 | 形式/动态等值 |
| | | 穆南 Mounin | 1910—1993 | 1963 翻译的理论问题 | |
| | | 埃斯卡皮 Escarpi | 1918—2000 | 1958 文学社会学 | 创造性叛逆（1961） |
| | | 姚斯 Jauss | 1921—1997 | ＋ 伊泽尔 Iser | 读者反应论 |
| | | 莱斯（女）Reise | 1923— | 1971 翻译批评：潜势与限制 | 目的论，译本类型 |
| | | 弗米尔 Vermeer | 1930—2010 | | 目的论 |
| | | 霍尔姆斯 Holmes | 1924—1986 | 1972 翻译研究名与实 | 文艺派，综合论 |
| | | 威尔斯 Wilss | 1925—2012 | 1977 翻译科学：问题和方法 | 科学派，等值 |
| | | 斯坦纳 Steiner | 1929— | 1975 通天塔之后　解释派译论 | |
| | | 佐哈尔 Even-Zohar | 1939— | 1995 描写翻译学及其发展 | 文化派，多元系统 |
| | | 图里 Toury | 1942— | 翻译理论探索 | 文化派，多元系统 |

(续表)

| 年　代 | | 国家与代表 | 生　卒　年 | 主要代表作 | 主要观点 |
|---|---|---|---|---|---|
| 近代二战后及现当代 | | 勒菲弗尔 Lefevere | 1946—1996 | 1990＋巴斯奈特翻译、历史与文化 | 文化派,折射,改写 |
| | | 巴斯奈特 Bassnett | 1945— | 1980 翻译研究 | 文化派 |
| | | 铁木钦科 Tymoczko | 1943— | 1999 后殖民语境中的翻译 | 操纵,改写,后殖民 |
| | | 列文 Levine | 1946— | | 译者主体性 |
| | | 赫曼斯 Hermans | 1948— | 1985 文学翻译中的操纵 | 操纵,改写 |
| | | 莫娜·贝克 M. Baker | 1953— | | 语料库 |
| | | 韦努蒂 Venuti | 1953— | 1995 译者的隐身 | 解构派,归化/异化 |

• 人类活动的口译当早就有之,附录中两个表主要指笔译活动。

• 20 世纪 60—70 年代西方的翻译学科建设情况:

1963 英国设翻译奖。

1973 法国成立文学翻译协会,1991 该会创办专刊。

1987 设国家翻译奖。

1973 哥伦比亚大学翻译中心创办《翻译》杂志。

1975 美国阿肯色大学设文学硕士翻译学位。

• 路德的翻译修补七原则:

1. 翻译是为了正确传达源文意思,译者可改变源文语序;

2. 可合理运用语气助词;

3. 可增补必要的连词;

4. 可省略没有译文对等形式的源文用词;

5. 可用词组译单个的词;

6. 可把比喻译为非比喻

7. 必须准确处理源文用词的变异形式。

• 多雷(Dolet)的翻译五原则(Bassnett 1980:58):

1. 译者必须完全理解源文作者的意思;

2. 译者须通晓译出语和译入语的语言;

3. 译者必须避免"词对词"的翻译法;

4. 译者必须使用常见词语的表达形式;

5. 译者须选合适词语以产生适当风格。

• 巴托(Batteux)的"句法调整 12 法":

1. 不要轻易改变调整源文的词序;

2. 保留源文思想内容的先后次序;

3. 应尽量保留源文中的句子长短;

4. 应尽量保留源文所用连接用词；

5. 副词的位置必须置于动词旁边；

6. 对称和排比句式必须予以保留；

7. 不要随便增加或减少源文词语；

8. 要尽量保留源文中的比喻用法；

9. 要尽量将源文中谚语译为谚语；

10. 不必对源文做任何解释性翻译；

11. 译文必须保留源文的语言风格；

12. 调变时以保持原义不变为前提。


• 泰特勒的翻译三原则（Bassnett 1980:67）（被称为西方近代译界第一部较为完善的翻译理论专著）：

1. 译作应完全复写出原作的思想；

2. 译作的风格和手法与原作相同；

3. 译作应具备原作应具有的通顺。

# 附录 5　中国翻译简史表

| 年　代 | | 代　表 | 生　卒　年 | 译　作 | 主　要　观　点 |
|---|---|---|---|---|---|
| | 春秋<br>(前 1C) | 周礼、礼记等有译官；文学 | | 前 528《越人歌》象胥：(东)寄,(南)象,(西)狄鞮,(北)译 | |
| 佛经翻译三阶段 | 汉 三 国<br>(58 佛教<br>入汉) | 张骞(前 164—前 114)的翻译堂<br>邑父；2C 安世高、支谶、支亮、支<br>谦、支曜、安玄、严佛调、康巨、康<br>僧会、竺法护 | | 译佛经(西域高僧安世高于 148<br>年来洛阳译经 35 部 41 卷) | 汉朝设鸿胪寺<br>直译(文质之争)<br>信达美 |
| | | 支谦 | 三国时人 | 30 余年(223—253)译经 88 部<br>244《法句经序》译论开始 | 直译：因循本旨,不加文饰；<br>当令易晓,实宜径达；美言<br>不信,信言不美；以信求美 |
| | 魏晋南<br>北朝隋 | 道安 | 314—385<br>苻坚时代 | 《摩诃般若》(首开翻译术) | 直译：案本而传,五失本,三<br>不易 |
| | | 慧远<br>(道安的弟子) | 334—416 | | 意译：以实去华,务存其本 |
| | | 鸠摩罗什(译界<br>宗匠,兴隋唐佛<br>教) | 344—413 或<br>350—409 | 译佛经近 400 卷。其前为古译,<br>其后为旧译 | 意译：以实出华 |
| | | 无谶 | 385—433 | 译《佛所行赞经》 | |
| | | 真谛 | 499—569 | | 意译 |
| | | 彦琮 | 557—610 | 《辨正论》第一部翻译专论 | 八备说 |
| | 唐 | 玄奘(尊为译圣,<br>其后为"新译") | 600—664(百万<br>人为其送葬) | 大小乘经 76 部,1347 卷。<br>办译场 | 直译＋意译,圆满调和；五<br>不翻；11 分工 |
| | | 义净 | 635—713 | 译经 56 部 230 卷 | 忠实 |
| | | 不空 | 705—774 | 译经 110 部,143 卷(与罗什、真谛、玄奘为译佛四大家) | |
| | | 贾公彦 | 7 世纪<br>(具体不详) | | 译即易 |
| | | 赞宁 | 919—1001 | 佛教史学家 | 两全通达,六例 |
| 宋元 | | | | 跨民族、跨语际翻译；成吉思汗西征 | |
| 明清译<br>小说近<br>千部,两<br>倍于原<br>创民国 | | | | 四夷馆；李翀等《明译天文书》；原洁等《华夷译人语》； | |
| | | 罗明坚 | 与利玛窦同年代 | Michael Ruggieri, 外译《明心宝鉴》 | |
| | | 利玛窦 | 1552—1610 | Matteo Riccia 与罗合编《葡华字典》,几何,地图 | |
| | | 徐光启 | 1562—1633 | ＋利玛窦 译欧几里德《几何原本》,历法<br>＋熊三拔 译《泰西水法》 | |

（续表）

| 年　　代 | 代　　表 | 生 卒 年 | 译　作 | 主 要 观 点 |
|---|---|---|---|---|
| 明清译小说近千部,两倍于原创民国 | 李之藻 | 1565—1633 | ＋利玛窦 译《同文算指》;＋傅汛际《译名理探》 | |
| | 汤若望 | 1592—1666 | Adan Schall von Bell 死于狱中,历法 | |
| | 罗雅谷 | 1593—1638 | Jacques Rho 汉学家,译天主教义、天文历算等 | |
| | 南怀仁 | 1623—1688 | Ferdinand Verbiest,译《穷理学》 | |
| | 金尼阁 | 1577—1629 | Nicolas. Trigault《况义》《伊索寓言》(＋张赓)、《西儒耳目资》,译《五经》为拉丁文 | |
| | 龙华明、邓玉涵、张诚、白晋、毕方济、庞廸我、高一志、安文思、贺清泰、艾儒略、阳玛诺、王君山、卫方济、雷慕沙、马若瑟、殷弘绪、钱明德、王徵、徐念慈、李天经、徐寿、徐建寅 | | | |
| | 马礼逊 | 1782—1834 | Robert Morrison 1810 首译《圣经》 | |
| | 魏象乾 | 1715 ? | 1740《翻清说》 | |
| | 理雅各 | 1815—1897 | Legge James 英译二十多部经典,如《四书五经》 | |
| | 威妥玛 | 1818—1895 | Thomas Francis Wade | |
| | 马建忠 | 1845—1900 | 与严复开清末政治文化新局面 | 善译(1884) |
| | 林纾＋16 位合作者 | 1852—1924 | 共译 183 种,千多万字。意译、创译、编译。1899《巴黎茶花女遗事》＋王寿昌;1901《黑奴吁天录》＋魏易;《块肉余生记》《王子复仇记》《大卫·柯普菲尔德》…… | |
| | 严复 | 1853—1921 | 1897《天演论》《穆勒名学》信、达、雅(1889)《原富》《群学》等 9 部为支谦译论之延续 | |
| | 辜鸿铭 | 1857—1928 | 译《论语》《中庸》《大学》 | |
| | 机构:四译馆、同文馆(1860,于 1902 年并入京师大学堂)、福建船政学堂(1867)、(江南制造总局)翻译馆、外国翻译机构、外国教会、维新派、报馆、官书局、大同译书局。1872《谈瀛小录》(格列佛游记) | | | |
| | 王国维 | 1872—1927 | 译哲学、心理学、伦理学 | 文学翻译理论 |
| | 梁启超 | 1873—1929 | 论译书、译印政治小说序、1902《十五小豪杰》 | 意译 |
| | 鲁迅 | 1881—1936 | 1934—1936 办刊《译文》;1903—1904 译三部科幻小说,《域外小说集》 | 直译,宁信不顺(＋瞿秋白) |
| | 周作人、胡适、吴梼、马君武、曾朴、季羡林 | | | 直译 |
| | 苏曼殊、陈独秀 | 1884—1918 | 1904《惨世界》 | |
| | 鲁迅、瞿秋白、梁实秋、赵景深、周作人、郑振铎、周桂笙、盛怀宣、伍光建、郭沫若、沈雁冰、朱光潜、茅盾、巴金、曹禺、郁达夫、曹靖华、傅东华、阿英等① 。1911—1949 间共译俄罗斯及苏联 1051 种,英 739,法 569,美 548,日 231,德 203,欧洲其他国 176 种。 | | | |
| | 曾虚白 | 1894—1994 | 1929"读者感应" | |
| | 林语堂 | 1895—1976 | 1932"忠、顺、美" | |
| | 陈西滢 | 1896—1970 | 1929"翻译三格";形似、意似、神似 | |
| 解放后 | 董秋斯 | 1899—1969 | 1951"翻译学" | |
| | 傅雷 | 1908—1966 | 1951"神似② " | |

---

① 年代尚不能完全区分开,与解放后有交叉,此处仅作权宜性处理。

② 陈西滢、茅盾、郭沫若、闻一多、林语堂、朱生豪等都赞成傅雷的神似说。

(续表)

| 年　代 | 代　　表 | 生　卒　年 | 译　　作 | 主　要　观　点 |
|---|---|---|---|---|
| 解放后 | 钱锺书 | 1910—1998 | 1963,1979 "化境" | |
| | 刘重德 | 1914—2008 | 1979 "信、达、切" | |
| | 杨宪益 | 1915—2009 | 译《红楼梦》等经典,夫人戴乃迭 Gladys 1919— | |
| | 许渊冲 | 1921— | 1979 "三美";意美、音美、形美 | |
| | 汪榕培 | 1942— | 2002 "传神达意" | |
| | 辜正坤 | 1952— | 1989 "翻译标准多元互补" | |

• 我国四次翻译高潮(罗进德 2004):

1. 东汉至唐宋的佛经翻译;(此后式微)

2. 明末清初时的科技翻译;

3. 鸦战至五四近代译西学;

4. 1949 年后的现当代译学。

• 道安提出"五失本"和"三不易"。

五失本:(有五种情况使源文失去本来的面貌)

1. 不循梵语词序,改从汉语习惯;

2. 改质朴为文采,译文添加修饰;

3. 同语反复再三,译时须加删减;

4. 小结复述前文,汉译时要删减;

5. 另论别事又述前文,译时须删。

三不易(有三种情况不容易处理):

1. 古雅的言辞难以适应当下世俗;

2. 先贤的微言大义难传后世常人;

3. 让凡人传译智者思想实属不易。

• 彦琮的八备:

1. 诚心爱法,志愿益人,不惮久时。

2. 将践觉场,先牢戒足,不染讥恶。

3. 筌晓三藏,义贯两乘,不苦暗滞。

4. 旁涉坟史,工缀典词,不过鲁拙。

5. 襟抱平恕,器重虚融,不好专执。

6. 耽于道术,淡于名利,不欲高炫。

7. 要识梵言,乃闲正译,不坠彼学。

8. 薄阅苍雅,粗谙篆隶,不昧此文。

• 玄奘的"五不翻"(即译音不译义,这与他倡导直译原则吻合):

1. 意义神秘

2. 词语多义

3. 本语所无

4. 顺用旧称

5. 生善所故(以合佛教之需、免语义失真、求特殊效果、达宗教目的、心生敬意,可用音译)

• 玄奘译经的 11 种分工：

译主、证义、证文、度语、笔受、缀文、参译、刊定、润文、梵呗、监护大使

• 赞宁的两全通达和六例：

两全：精通译出语和译入语，熟悉双方文化背景。

六例（译事的六项注意）：

1. 何时意译，何时音译；

2. 经文哪些是胡本，哪些是梵本，两者在语言上有何区别；

3. 哪些佛经从天竺直接传入，哪些先传至西域，然后转译成汉语，哪些在流传过程中掺入了西域语言；

4. 弄清源文的文体是文雅体、通俗体还是半文半白体；

5. 译文是否保持了源本的语言风格；

6. 判断源文的字面意义与深层涵义，切忌主观臆断、胡翻乱译。

# 附录 6　本书主要国外人名汉译对照表

| 英 文 姓 名 | 生 卒 年 | 译 名 | 索 引 页 码 |
|---|---|---|---|
| Abelson，Alan | 1925—2013 | 阿贝尔森 | 304 |
| Ablancourt, Nicolas Perrot de | 1606—1664 | 阿伯兰库 | 32,34,92,370,371 |
| Adab，Beverly | | 阿达布 | |
| Albir | | 阿尔波 | 424 |
| Alfred，King | 849—899 | 阿尔弗烈国王 | |
| Alves，Fabio | 1966— | 阿尔弗斯 | 240,243,423,432 |
| Angelone，Erik | | 安捷隆 | 113,225 |
| Aristotle | 384BC—322 BC | 亚里士多德 | 2,14,396,399 |
| Arppe，Antti | 1946— | 阿尔普 | 244 |
| Austin，John L | 1911—1960 | 奥斯汀 | 3,89,162 |
| Bacon，Roger | 1214—1292 | 罗杰·培根 | 13,16 |
| Baker，Mona | 1953— | 贝克 | 30,163,237,241,256,281,282,351 |
| Bakhtin，Mikhail Mikhailovich | 1895—1975 | 巴赫金 | 50,138,388 |
| Barkhudarov，Stepan | 1894—1983 | 巴尔胡达罗夫 | 27,30,96,114,159,238 |
| Barthes，Roland | 1815—1980 | 巴尔特 | 5,32,36,53,56,71,389 |
| Bartlett，Frederic C. | 1886—1969 | 巴特莱 | 185 |
| Bassnett，Susan | 1947— | 巴斯奈特 | 25,39,40,43－46,63,65,66,68,71,361,370,380,385 |
| Batteux，Charles | 1713—1780 | 巴特 | 381 |
| Baudrillard，Jean | 1929—2007 | 鲍德里亚 | 5 |
| Beaugrande, Robert-Alain de | 1946—2008 | 鲍格兰德 | 143 |
| Beauzée，Nicolas | 1717—1789 | 博泽 | 308 |

（续表）

| 英　文　姓　名 | 生　卒　年 | 译　　名 | 索　引　页　码 |
|---|---|---|---|
| Beeby, Clarence Edward | 1902—1998 | 比拜 | 424 |
| Bell，Roger T. | 1955—2009 | 贝尔 | 10,110,111,118,144, 163,187,355,394 |
| Benjamin，Walter | 1892—1940 | 本雅明 | 53,54 |
| Berman，Antoine | 1942—1991 | 贝尔曼 | 36,71 |
| Bertone，Laura. E. | | 拜厄通 | 112 |
| Bhabha，Homi K. | 1949— | 霍米芭芭 | 66,68,71 |
| Bloom，Harold | 1930— | 布鲁姆 | 36 |
| Boase-Beier，Jean | 1954— | 波斯贝尔 | 110,112 |
| Bourdieu，Pierre | 1930—2002 | 布迪厄 | 5 |
| Brewitt-Taylor, Charles Henry | 1857—1938 | 布雷威特—泰勒 | |
| Brunel，P. | 1917— | 布吕奈尔 | 129 |
| Brunel，Pierre | 1939— | 吕奈尔 | |
| Bruni | | 布鲁尼 | 364 |
| Bühler，Karl Ludwig | 1879—1963 | 布勒 | 60 |
| Bynner，Witter | 1881—1968 | 拜呐 | |
| Campos，Augusto de | 1931— | A.康普斯 | |
| Campos，Haroldo de | 1929—2003 | H.康普斯 | |
| Carpenter | | 卡彭特 | 426 |
| Cassier，Ernst | 1874—1945 | 卡西尔 | 352 |
| Castillet，J. M. | | 伽斯蒂勒 | 88 |
| Catford，John Cunnison | 1917—2009 | 卡特福德 | 26,30,164 |
| Cervantes, Saavedra Miguel de | 1547—1616 | 塞万提斯 | 371,390,391 |
| Chamberlain，Lori | 1957— | 张伯伦 | 52,63,65,66,70,71, 360,397 |
| Chesterman, Andrew Peter Clement | 1946— | 切斯特曼 | 28,30,43,96,423,429 |
| Cheung，Martha P. A. | | 张佩瑶 | 47,202,390,391 |
| Chomsky，Avram Noam | 1928— | 乔姆斯基 | 8, 18, 20, 23, 90, 96, 105,107,158,161,183, 241,255,307,309,353, 395,400,406 |

| 英 文 姓 名 | 生 卒 年 | 译 名 | 索 引 页 码 |
|---|---|---|---|
| Cicero，Marcus Tullius | 106 BC—43 BC | 西塞罗 | 13,16,34,92,97,381 |
| Copeland，Brian Jack | 1950— | 库普兰 | 354 |
| Croft，William | 1956— | 克劳福特 | |
| Cronin，Michael | 1960— | 克娄林 | |
| Cruse，D. Alan | | 克鲁斯 | |
| Dacier，Anne | 1647—1720 | 达西尔 | 364 |
| Danks，Joseph H. | | 丹恩克斯 | 111,118,174,422 |
| Dante，Alighieri | 1265—1321 | 但丁 | 7,13,16 |
| Davis | | 戴维斯 | 337 |
| Deleuze，Gilles | 1925—1995 | 德勒兹 | 5 |
| Delille Jacques | 1738—1813 | 德利勒 | 32 |
| Derrida，Jacques | 1930—2004 | 德里达 | 4—7,32,34,36,53—56,66,67,70,71,76,81,146,167,168,169,362, 363, 368, 378,413,417 |
| Dilthey，Wilhelm | 1833—1911 | 狄尔泰 | 51,166 |
| Dirven，René | 1932— | 德文 | 227,362 |
| Divjak，Johannes | 1937— | 戴瓦克 | 244 |
| Dragsted | | 德拉格斯泰德 | 430 |
| Dryden，John | 1631—1700 | 德莱顿 | 34,83,92,364,378,381—383,386 |
| Eco，Umberto | | 艾柯 | 5,88,389 |
| Edwin，Gentzler | 1951— | 根茨勒 | 20, 22, 23, 41, 45, 49,50,56,96,369 |
| Ehrensberger-Dow，Maureen | 1957— | 伊然斯布格 | |
| Engels，Friedrich | 1820—1895 | 恩格斯 | 103,104,140 |
| Eoyang，Eugene Chen | 1939— | 伊哦仰 | |
| Erasmus，Desiderius | 1466—1536 | 伊拉斯谟 | 16,34,92,95 |
| Ericsson，Edward E. | 1947— | 诶日克森 | |
| Escarpit，Robert | 1918—2000 | 埃斯卡皮 | 59,71,83,369 |
| Eskola，Kaisa | 1933— | 埃斯库拉 | 282 |
| Evans，Robin | 1944—1993 | 埃文斯 | 7,192,354 |
| Even-Zohar，Itamar | 1939— | 佐哈尔 | 27,30,40,41,49,71 |

（续表）

| 英　文　姓　名 | 生　卒　年 | 译　名 | 索　引　页　码 |
|---|---|---|---|
| Fabbro | | 法波罗 | |
| Fairbank，John King | 1907—1991 | 费正清 | 128 |
| Fauconnier，Gilles | 1944— | 法可尼埃 | 185 |
| Fedorov，Andrey Venediktovich | 1906—1997 | 费道罗夫 | 27,30,34,96 |
| Fenollosa，Ernest Francisco | 1853—1908 | 费诺罗莎 | 177 |
| Fernández | | 弗南德兹 | 424 |
| Feuerbach，Ludwig | 1804—1872 | 费尔巴哈 | 103 |
| Fillmore，Charles J. | 1929—2014 | 菲尔墨 | 185 |
| Firth，John Rupert | 1890—1960 | 弗斯 | 19 |
| Fish，Selena Emma Belfield | 1938— | 费什 | 35,112 |
| Foucault，Michel | 1926—1984 | 福柯 | 5,6,32,36,47,53,56,66,71,82,389 |
| Fountain，Stephen B. | 1748—1810 | 方恩庭 | |
| Fox | | 福克斯 | 424 |
| France，P. | 1913—1995 | 弗朗斯 | 397 |
| Frege，Friedrich Ludwig Gottlob | 1848—1925 | 弗雷格 | 246,248 |
| Gadamer，Hans-Georg | 1900—2002 | 伽达默尔 | 4,51,81,146,166—169 |
| Gärdenfors，Björn Peter | 1949— | 伽登福斯 | |
| Garnett，Constance Clara | 1861—1946 | 加内特夫人 | 64 |
| Gavronsky，Serge | | 格弗荣斯基 | 70,361 |
| Gerloff | | 泽德洛夫 | 422 |
| Giles，Herbert Allen | 1845—1935 | 吉尔 | 177,422 |
| Girard，René | 1923—2015 | 吉拉德 | 309 |
| Givon，Thomas | 1936— | 吉旺 | 312 |
| Godard，Barbara | 1942—2010 | 戈达德 | 64 |
| Goethe，Johann Wolfgang von | 1749—1832 | 歌德 | 7,82,92,358,360,362,378,386 |
| Goffin | | 戈芬 | |
| Goldberg，Adele Eva | 1963— | 戈尔德伯格 | |
| Göpferich，Susanne | 1965— | 格普弗利切 | 424 |

| 英 文 姓 名 | 生 卒 年 | 译 名 | 索 引 页 码 |
|---|---|---|---|
| Gorlee, Dinda L. | 1943— | 戈尔莱 | 20 |
| Graham | | 格雷厄姆 | 84,85 |
| Gramsci, Antonio | 1891—1937 | 葛兰西 | 66 |
| Grice, Paul | 1913—1988 | 格莱斯 | 3 |
| Gries, David | 1939— | 格雷斯 | 244 |
| Griffin, James Patrick | 1933— | 格里芬 | 8 |
| Gutt, Ernst-August | | 格尤特 /guːt/ | 109,110,112 |
| Habermas, Jürgen | 1929— | 哈贝马斯 | 9 |
| Hagège, Claude | 1936— | 海然热 | 309 |
| Haiman, John | 1939— | 海曼 | |
| Halicarnasse, Denys de | 前60—前8 | 哈利卡讷斯 | 308 |
| Halliday, Michael Alexander Kirkwood | 1925— | 韩礼德 | 19, 26, 30, 62, 96, 143,163 |
| Halverson, Richard C. | 1916—1995 | 哈尔弗斯 | |
| Halverson, S. L. | | 哈尔弗森 | 225,236,243,244,274, 281,282 |
| Hansen, Gyde | | 汉森 | 109,423 |
| Harris, Zellig Sabbettai | 1909—1992 | 哈里斯 | |
| Hatim, Basil | 1947— | 哈特姆 | 10,25,94,110,355,394 |
| Haupt, M. | 1844—1937 | 豪普特 | 389 |
| Hawkes, David | 1923—2009 | 霍克斯 | 16,253,334,335,337, 339,341,342,344 |
| Hegel, Georg Wilhelm Friedrich | 1770—1831 | 黑格尔 | 17,103,264 |
| Heidegger, Martin | 1889—1976 | 海德格尔 | 4,17,51,81,165,166, 168,353,402 |
| Herder, Johann Gottfried | 1744—1803 | 赫尔德 | 359—361,386 |
| Hermans, Theo | 1948— | 赫曼斯 | 49,50,71 |
| Hickey | | 希基 | 102,110 |
| Holmes, James Stratton | 1924—1986 | 霍尔姆斯 | 26,27,30,41,93,96, 130,288 |
| Horatius/Horace, Flaccus, Quintus | 前65—前8 | 贺拉斯 | 13,16,381 |
| House, Juliane | 1942— | 豪斯 | 30 |

（续表）

| 英 文 姓 名 | 生 卒 年 | 译 名 | 索 引 页 码 |
|---|---|---|---|
| Humboldt，Wilhelm von | 1767—1835 | 洪堡特 | 16，28，46，92，95，121,350 |
| Hugo，Victor | 1802—1885 | 雨果 | 33,369,370 |
| Husserl，Edmund Gustav Albrecht | 1859—1938 | 胡塞尔 | 4,9,164,165,168,169 |
| Hutchins，William John | 1939— | 黑切森 | 226 |
| Hymes，Dell Hathaway | 1927—2009 | 海姆斯 | |
| Infante，Guillermo Cabrera | 1929—2005 | 英芬特 | 64 |
| Iser，Wolfgang | 1922—2007 | 伊泽尔 | 35,71 |
| Ives，Eric | 1931—2012 | 阿尔乌斯 | |
| Jääskeläinen，Riitta | 1938— | 迦斯克莱任 | 420,422 |
| Jacoby，Russell | 1945— | 贾科贝 | 67 |
| Jäger，Gert | 1935— | 亚格 | |
| Jakobsen，Arnt Lykke | 1944— | 杰克布森 | 425,427 |
| Jakobson，Roman | 1896—1982 | 雅克布逊 | 7，20，21，30，54，96，158,365,381 |
| Jameson，Fredric | 1934— | 詹姆森 | 17 |
| Järvikivi | | 嘉威凯维 | 244 |
| Jauss，Hans Robert | 1921— 1997 | 姚斯 | 35,71 |
| Jensen | | 简森 | 427,431 |
| Jerome，Saint | 347—420 | 哲罗姆 | 13,16,379,380 |
| Johnson，Mark | 1949— | 约翰逊 | 2,4,8,9,105,106,183，185,189,192,226,229，232,251,352,374,392，394,398—401,410 |
| Jonasson | | 乔纳森 | 112 |
| Joyce，James | 1882—1941 | 乔伊斯 | 129 |
| Just | | 杰斯特 | 426 |
| Katan，David | | 卡坦 | 40 |
| Keenan，Edward L. | 1935—2015 | 凯南 | 7 |
| King，Evan | | 金 | |
| Kluckhohn,Clyde | | 克勒·科霍恩 | |
| Koller，Werner | 1942— | 库勒 | |

（续表）

| 英 文 姓 名 | 生 卒 年 | 译 名 | 索 引 页 码 |
|---|---|---|---|
| Luther，Martin | 1483—1536 | 马丁·路德 | 14,16,34 |
| Lyotard，Jean-François | 1924—1998 | 利奥塔 | 5,53,71 |
| Madame de La Fayette | 1634—1693 | 法耶特夫人 | 381 |
| Malinowski, Bronislaw Kaspar | 1884—1942 | 马林诺夫斯基 | 46 |
| Man，Paul de | 1919—1983 | 博德曼 | 53,54,56,67,71,80 |
| Mandelblit，Nili | | 曼代尔布里特 | 111 |
| Marsais，Du | 1676—1756 | 杜马舍 | 308 |
| Martin，Ricardo Muñoz | 1948— | 马丁 | 109,110,113,114,129,134,174,197,225,226,232,432 |
| Marx，Karl | 1818—1883 | 马克思 | 67,103,104,127—129,191,196,199,228,398,405 |
| Mason，Ian | 1941— | 梅森 | 10,30,94,110,163,355,394 |
| Mathesius，Vilém | 1882—1945 | 马泰修斯 | 20,21,96 |
| McBeath，Michael K. | | 麦克庇斯 | 111,422 |
| Medherst，Walter Henry | 1796—1857 | 麦都思 | 202 |
| Mees，Inger M. | | 米斯 | |
| Mercer | | 梅赫塞 | 429 |
| Merleau-Ponty，Maurice | 1908—1961 | 梅洛·庞蒂 | 5 |
| Meyer | | 梅厄 | |
| Michaelis，Laura A. | 1964— | 麦克阿利斯 | |
| Moser，Edward William | 1924—1976 | 牟泽 | |
| Mounin，Georges | 1910—1993 | 乔治·穆南 | 21 |
| Munday，Jeremy | 1960— | 蒙戴 | 421 |
| Nash，John | 1928—2015 | 纳什 | 200,258 |
| Neunzig | | 纽恩兹格 | 424 |
| Neubert | | 纽布特 | 111,395 |
| Newmark，Peter | 1916—2011 | 纽马克 | 24,25,30,96,163,187,192,238,239,351,353,358,366,382,395 |

(续表)

| 英 文 姓 名 | 生 卒 年 | 译 名 | 索 引 页 码 |
|---|---|---|---|
| Nida, Eugene A. | 1914—2011 | 奈达 | 10,22 — 24,28 — 30,35,59,71,92,94,96,110,114,143,170,172,186,187,207,227,309,355, 365, 366, 392, 394,423 |
| Nietzsche, Friedrich Wilhelm | 1844—1900 | 尼采 | 5,31,34,372,379,389 |
| Niranjana, Tejaswini | 1958— | 尼南贾纳 | 66—69 |
| Nord, Christiane | 1943— | 诺德 | 61—63,244 |
| Nordquist | | 诺德奎斯特 | 244 |
| O. Wilde | 1854—1900 | 奥·魏尔德 | 218 |
| O'Brien, Sharon | | 奥一布利安 | 113 |
| Oettinger, Anthony Gervin | 1929— | 伊廷格 | |
| Ogden, Charles Kay | 1889—1957 | 奥格登 | 161 |
| Orozco, José Clemente | 1883—1949 | 欧劳兹库 | 424 |
| Panther, Klaus-Uwe | | 庞塞 | 304 |
| Parker | | 派克 | |
| Peden, M. G. | | 佩登 | 368 |
| Peter, King | 1672—1725 | 彼得大帝 | 16,34,92 |
| Phillips, John Bertram | 1906—1982 | 菲利普斯 | 23 |
| Piaget, Jean | 1896—1980 | 皮亚杰 | 9,185 |
| Plato | 427BC—347 BC | 柏拉图 | 14,399,403 |
| Pollard, Alfred William | 1859—1944 | 波拉德 | 384 |
| Pound, Ezra Weston Loomis | 1885—1972 | 庞德 | 177,179 |
| Preein | | 普利因 | |
| Putnam, Hilary Whitehall | 1926— | 普特南 | |
| Pym, Anthony David | 1956— | 皮姆 | |
| Quine, Willard Van Orman | 1908—2000 | 奎因 | 8,160,417 |
| Quintillian | 35—95/100 | 昆体良 | 381 |

（续表）

| 英　文　姓　名 | 生　卒　年 | 译　　名 | 索　引　页　码 |
|---|---|---|---|
| Robinson，Douglas | 1954— | 罗宾逊 | 66，71，111，353，373，374 |
| Rabassa | | 拉巴莎 | 353，354 |
| Rayner，Keith | 1943—2015 | 雷讷 | 427 |
| Reiss，Katharina | 1923— | 莱斯 | 60—62，71，98，114，262，394 |
| Richards，Ivor Armstrong | 1893—1979 | 理查兹 | 19，161，184，350 |
| Ricœur，Paul | 1913—2005 | 利科 | 5，76，88，89 |
| Rieu，Emile Victor | 1887—1972 | 路厄 | 23 |
| Rodríguez，Mario | 1938—2010 | 罗德立格兹 | 424 |
| Romero，Francisco | 1891—1962 | 罗姆洛 | 424 |
| Rorty，Richard | 1932— | 罗蒂 | 8 |
| Rosch，Eleanor H. | 1938— | 罗丝 | 306 |
| Ruiz，Maria Angeles | 1966— | 瑞义兹 | 422，431 |
| Rumelhart，David E. | 1942—2011 | 鲁姆哈特 | 185 |
| Rydning，Antin Fougner | 1965— | 雷德宁 | 431 |
| Ryle，Gilbert | 1900—1976 | 赖尔 | 3 |
| Said，Edward Wadie | 1935—2003 | 赛义德 | 66，71 |
| Sandrock | | 桑德洛克 | 422 |
| Sapir，Edward | 1884—1939 | 萨丕尔 | 39，46，106 |
| Sardinha，Tony Berber | | 萨尔弟尼亚 | 70 |
| Sartre，Jean—Paul | 1905—1980 | 萨特 | 5 |
| Saussure，Ferdinand de | 1957—1913 | 索绪尔 | 5，6，8，17—21，23，28，32，73，76，77，90，95，105，106，158，159，161，163，229，255，307，309，400 |
| Savory，Theodore Horace | 1896—1980 | 萨文利 | 364，365，378 |
| Schäffner，Christina | | 夏富呐 | 25 |
| Schank，Roger Carl | 1946— | 申克 | 304 |
| Schleiermacher，Friedrich Daniel Ernst | 1768—1834 | 施莱尔马赫 | 7，13，16，28，51，52，57，95，166 |

| 英 文 姓 名 | 生 卒 年 | 译 名 | 索 引 页 码 |
|---|---|---|---|
| Schlepp, Wayne | 1931— | 斯利普 | 149,152 |
| Schmidt, Siegfried Johannes | 1940— | 施密特 | 227 |
| Schopenhauer, Arthur | 1788—1860 | 叔本华 | 364,365,367,368 |
| Schou, August Julius Casse | 1903—1984 | A. 休 | |
| Schulte, Rainer | 1939— | 舒尔特 | 290 |
| Seleskovitch, Danica | 1921—2001 | 塞莱丝科维奇 | |
| Sereno, Constantino | 1829—1893 | 赛雷诺 | |
| Setton, R. | | 塞顿 | 112 |
| Shapiro, Norman R. | 1923—1990 | 诺曼·夏皮罗 | 365 |
| Shreve, Gregory M. | 1950— | 斯列夫·格利高里 | |
| Shreve, Marion Dorsey | 1899—1965 | 斯列夫 | 113,225 |
| Simon, Sherry | 1960— | 赛蒙 | 52,63,64,66,67,71 |
| Sjørup, Annette, C. | | 斯尧儒普 | 427 |
| Slobin, Dan Isaac | 1939— | 斯洛宾 | 310 |
| Snell-Hornby, Mary | 1940— | 斯奈尔·霍恩比 | |
| Sperber, Dan | 1942— | 斯珀波 | 109,110 |
| Spitvak, Gayatri Chakravorty | 1942— | 斯皮瓦克 | 34,66—68,71,417 |
| Steiner, Francis George | 1929— | 斯坦纳 | 10,51,52,94,97,99,110, 179, 355, 380, 388,394 |
| St-Pierre, Paul | 1923—2014 | 皮埃尔 | 67 |
| Tabakowska, E. | 1942— | 塔巴库斯卡 | 112 |
| Taber, Charles Russell | 1886—1969 | 塔布 | 10,23,30,94,110,114,143,366,392 |
| Tagore, Rabindranath | 1861—1941 | 泰戈尔 | 75 |
| Tai, James H-Y | 1941— | 戴浩一 | 309 |
| Talmy, Leonard | 1942— | 托尔米 | 304 |
| Taylor, John R. | | 约翰·泰勒 | |
| Thornberg, Robert Brenner | 1920—2015 | 桑伯克 | 304 |

（续表）

| 英 文 姓 名 | 生 卒 年 | 译 名 | 索 引 页 码 |
|---|---|---|---|
| Tirkkonen-Condit，Sonja | 1940— | 特肯纳一孔迪特 | 282 |
| Toury，Gideon | 1942— | 图里 | 27,29,30,40－43,49,81,116,224,287,288,420,423 |
| Trivedi，Harish | 1932— | 特雷维蒂 | 45,66 |
| Trosborg，Anna | | 特洛斯伯格 | 25 |
| Tummers，P. M. J. E. | 1943— | 杜马斯 | 243 |
| Turner，mark | 1954— | 特纳 | 245－247,251,254,256,259,263,266,331 |
| Tymoczko，Maria | 1943— | 铁木钦科 | 48－50,55,66,68,71,194,288,396,417,418 |
| Tytler，Alexander Fraser | 1747—1814 | 泰特勒 | 12,16,34,92 |
| Ungerer，Friedrich | | 温格勒 | 227 |
| Updike，John | 1932—2009 | 约翰·厄普代克 | |
| Valéry，Paul | | 瓦莱利 | 377 |
| Vaugelas，Claude Fabre | 1585—1650 | 瓦格拉斯 | 308 |
| Venuti，Lawrence | 1953— | 韦努蒂 | 49,53,57－59,66,67,69, 71, 92, 198, 222,365,369,381,389,417 |
| Vermeer，Hans J. | 1930—2010 | 弗米尔 | 60－62,71,386,394 |
| Verspoor | | 威尔斯珀 | 227 |
| Wechsler，R. | 1896—1981 | 韦切斯勒 | 365 |
| Whitehead，Alfred North | 1861—1947 | 怀特海 | 8 |
| Williams，Jenny | 1939— | 威廉姆斯 | |
| Wilson，Deirdre | 1941— | 威尔逊 | 109,110,226 |
| Wilss，Wolfram | 1925—2012 | 威尔斯 | 27－30,93,96,110,112,114,351 |
| Wimmer，Natasha | 1973— | 魏玛 | |
| Winter，Werner | 1923—2010 | 魏恩特 | |
| Wittgenstein，Ludwig Josef Johann | 1889—1951 | 维特根斯坦 | 3,8,162,306,366,402,403,404 |
| Wolf | | 沃尔夫 | 106 |
| Yip，Wai-lim | 1937— | 叶维廉 | |

# 附录 7  本书主要英语术语汉译对照表

| 英　语　术　语 | 汉　语　译　名 | 索　引　页　码 |
|---|---|---|
| Abusive Fidelity | 滥用的忠实 | 67 |
| Acceptability | 接受性 | 42，43，62，121，220,222 |
| Accountability Norm | 解释常式 | 29 |
| Acrostic | 离合诗体 | 172 |
| Adequatcy | 充分性 | 42,43,243 |
| Aesthesis | 感觉 | 135,184 |
| Aesthetic Function | 美学功能 | 25 |
| Aesthetics of Reception | 接受美学 | 5,23,35,36,61,71,84,85 |
| Afterlife | 再生 | 33,52,372 |
| Aggression | 侵入 | 52，53，362，379—381 |
| Allograph | 变体写法 | 186 |
| Allophone | 变体 | 139,185,186 |
| American English | 美国英语 | 230,231 |
| An Absent Presence | 缺席性在场 | 56 |
| An Open-cast Mine | 露天矿 | 380 |
| Anthropophagy | 食人风俗 | 70 |
| Appropriation | 挪用 | 57,379,380,417 |
| Author-centred Translating Theory | 作者中心翻译观 | 10 |
| Back-transformation Translation Theory | 逆转换翻译理论 | 23 |
| Back-translation | 回译 | 125,128,409 |
| Background-knowledge Competence | 背景知识能力 | 395 |
| Betrayal | 反叛 | 8,39,46,64,71,83,367,369 |

（续表）

| 英　语　术　语 | 汉　语　译　名 | 索　引　页　码 |
|---|---|---|
| Betweenness of Translation | 翻译间性 | 242 |
| Bicultural Background | 双文化背景 | 40 |
| Black Box | 黑匣子 | 174,432 |
| Blended Space | 融合空间 | 195,245－249,251－255,257－261,263－265,331 |
| Blood Volume and Pressure | 血流量和血压 | 429 |
| Body-mind Dualism | 身－心二元论 | |
| Branch Conceptual Metaphor of Binding | 约束支隐喻 | 382 |
| Branch Conceptual Metaphor of Changing | 变异支隐喻 | 367 |
| Branch Conceptual Metaphor of Conquering | 征服支隐喻 | 379 |
| Branch Conceptual Metaphor of Eating | 饮食支隐喻 | 387 |
| Branch Conceptual Metaphor of Game | 游戏支隐喻 | 366 |
| Branch Conceptual Metaphor of Liberation | 解放支隐喻 | 383 |
| Branch Conceptual Metaphor of Loss | 损耗支隐喻 | 376 |
| Branch Conceptual Metaphor of Marriage | 婚姻支隐喻 | 358 |
| Branch Conceptual Metaphor of Miming | 模仿支隐喻 | 363 |
| Branch Conceptual Metaphor of Opening | 开启支隐喻 | 383 |
| Branch Conceptual Metaphor of Passage | 通道支隐喻 | 356 |
| Brazillian Cannibalism | 巴西的食人文化 | 70 |
| British English | 英国英语 | 230,231 |
| Cannibal | 食人怪 | 70 |
| Cannibalism | 吃人翻译隐喻观 | |
| Cartesian Paradigm | 笛卡尔范式 | 169 |
| Categorization | 范畴化 | 107,112,115,161,180,183,185,186,224,225,227,228,232,235,236,244,246,254,260,330 |
| Category Shift | 范畴转移 | 229 |
| Causal Model | 因果模型 | |
| Chinese Discourse on Translation | 中国翻译话语 | 47 |
| Clarity | 清晰 | 1, 27, 28, 92, 98, 324, 335, 344, 346,385 |

（续表）

| 英　语　术　语 | 汉　语　译　名 | 索　引　页　码 |
|---|---|---|
| Cognitive Construction Grammar | 认知构式语法 | 90,242 |
| Cognitive Model，CM | 认知模型 | 107,115,185,186,191,197,254,304,305,323,326,327 |
| Cognitive Parameter & Dimension | 认知参数与维度 | 108 |
| Cognitive Theory of Conceptual Metaphor | 概念隐喻认知理论 | 349,355 |
| Cognitive Translatology | 认知翻译学 | 113—115,121,134,174,224—226,432 |
| Coherence | 一致性 | 63,173,425 |
| Collusion | 共谋关系 | 48,69 |
| Combination | 结合 | 381 |
| Combined Methods | 综合法 | 243,430,431 |
| Communication Competence | 交际能力 | 424 |
| Communication Norm | 交际常式 | 29 |
| Communicative Translation | 交际翻译 | 25 |
| Comparable Corpus | 可对比语料 | 281 |
| Comparative Model | 比较模型 | |
| Comparison | 比较 | 138 |
| Comparison between Students and Professionals | 学生—专家对比法 | 422 |
| Compensation | 补偿 | 53 |
| Competence | 能力 | 43 |
| Completion | 完善 | 248,251,252,254—256,259,261 |
| Componential Analysis，CA | 义素分析 | 189 |
| Composition | 合成 | 251 |
| Compositionality | 组合论 144 | |
| Composite Structure | 复合结构 | |
| Concept，Conception | 概念 | 245 |
| Conceptual Blending | 概念整合 | 107,111,115,195,196,249,251,264,328,329,330,331,332,336,347 |

（续表）

| 英 语 术 语 | 汉 语 译 名 | 索 引 页 码 |
|---|---|---|
| Conceptual Blending Network，CIN | 概念整合网络 | 247,253,260,265,266 |
| Conceptual Blending Theory | 概念整合理论 | 246 |
| Conceptual Metaphor | 概念隐喻 | 352,353 |
| Conceptual Representation | 概念表征 | 108 |
| Conceptual Theory | 传统观念论 | 290 |
| Conceptualization | 概念化 | 107,115,141,142,169,180,183,186,227, 290, 291,296,330 |
| Concurrent Protocol | 共时法 | 424 |
| Connection | 联结关系 | 54,194 |
| Connectionism | 联通论 | 109 |
| Construal | 识解 | 29,107,115,124,125,139,142,265,267—269,286,288,290—292,408 |
| Construal Relationship | 识解关系 | 142 |
| Constructing Cultures | 建构文化 | |
| Construction | 构式 | 144,224,240 |
| Construction Grammar（CxG） | 构式语法 | 241 |
| Constructivism | 建构论 | 10,185,196 |
| Construe, Construal | 识解 | |
| Contextual Consistency | 语篇的连贯性 | |
| Contiguity | 比邻关系 | 55,194 |
| Continued Life | 再生 | 24,33,48,52,54,56,359,361,368,371,372,388,389 |
| Contrast | 对比 | 138 |
| Contrastive Linguistics | 对比语言学 | 154,242 |
| Controlled Experiment | 控制实验法 | 422 |
| Convergent Evidences | 趋同证据 | 243 |
| Corpus-based Methodologies | 基于语料库的研究方法 | 241 |

（续表）

| 英　语　术　语 | 汉　语　译　名 | 索　引　页　码 |
|---|---|---|
| Correspondence | 对应 | 22 |
| Counterfactual Statements | 违反事实的陈述 | 229 |
| Coupled Pairs | 配偶对 | 42,116 |
| Creative Traitor | 创造性叛逆 | 369 |
| Creative Treason | 创造性叛逆 | 59 |
| Cultural Competence | 文化能力 | 395 |
| Cultural Context | 文化语境 | 22,38－40,42,46,<br>138－140,163,264 |
| Cultural Frames | 文化框架 | 46 |
| Cultural Gap | 文化空缺 | 220 |
| Cultural Image | 文化意象 | 147，149，151，152，<br>190,199－209,211，<br>213，215－217，219<br>－223，232，233，<br>249，258，259，<br>274,275 |
| Cultural Mediator | 文化中介者 | 46 |
| Cultural Other | 文化他者 | 57,59 |
| Cultural Turn | 文化转向 | 27，30，38，40，42，<br>43，45，46，49，57，<br>58，63，72，112，<br>130,395 |
| Dasein | 亲在、此在 | 165 |
| Dead Metaphor | 死隐喻 | 147 |
| Decode | 解码 | 111，131，159，<br>187,223 |
| Deconstructivism | 解构主义 | 7－9,38,53－57，<br>64,66－70,81,88，<br>98,99,156,167，<br>168，173，192，<br>368,413 |
| Deductive Method | 演绎法 | 241,353 |
| Deep Structure | 深层结构 | 18,23,52,162 |
| Default Value | 常规缺省值 | 404,407 |

（续表）

| 英 语 术 语 | 汉 语 译 名 | 索 引 页 码 |
|---|---|---|
| Demand | 需求 | 76 |
| Desconstructionist Criticism | 解构主义批评传统 | 99 |
| Descriptive Translation Studies | 描写翻译学 | 41 |
| Descriptive Translatology | 描写翻译学（同上） | 29 |
| Development of Translation Competence | 翻译能力的发展 | 423 |
| Deverbalization | 脱离译出语外壳 | 159 |
| Dialectical Materialism | 辩证唯物论 | 103—105,134,141,289 |
| Différance | 延异 | 6, 36, 56, 78, 81, 146,167,168,413 |
| Direction of Mental Scanning | 心智扫描方向 | 292 |
| Disciplinary Hybridization | 学科揉合 | 63 |
| Disciplinary Integration | 学科整合 | 422 |
| Disciplinary Nomadism | 学科漫游 | 422 |
| Discourse | 话语 | 5,20,27,47,89 |
| Disembodied Symbolic Logic | 脱离身体经验的符号逻辑 | |
| Dismantle | 拆散 | 370 |
| Distributed Cognition | 分布性认知 | 226 |
| Domesticalizing | 归化 | 57 |
| Domestication | 归化 | 67 |
| Double-scope Network | 双域网络 | 253,256,259 |
| Dualism | 二元论 | 17,55,81,93,100,306 |
| Dynamic Equivalence | 动态对等 | 22, 24, 30, 92, 96,187 |
| Dynamic Usage-based Model | 基于用法的动态加工模型 | |
| EEG | 脑电图 | 427,428,431 |
| Effacement of Difference | 抹去差异 | |
| Ego | 自我 | 47 |
| Egoism | 自我中心 | |
| Elaboration | 精细 | 247,248,251,252,254—256,259,261 |

(续表)

| 英 语 术 语 | 汉 语 译 名 | 索 引 页 码 |
|---|---|---|
| Electroencephalography | 脑电图 | 427,428,431 |
| Embodied Character | 体验性特征 | 245 |
| Embodied Cognition | 体验性认知 | 226 |
| Embodied-Cognitive Translatology | 体认翻译学 | |
| Embodied Conceptualization | 体验性概念化 | 141,169,290 |
| Embodied Construal View | 体验性识解观 | 287,289,290,292, 302,303 |
| Embodied Philosophy | 体验哲学 | 8－10,73,79,101, 105,106,108,161, 169,180,183,186, 191,197,222,226, 289,290,307,400, 401 |
| Embodied Principles | 体验性原则 | |
| Embodied Universalism | 体验普遍性 | 122,326,406 |
| Embodiment | 体现 | 53 |
| Embodiment-based Conceptualization | 基于身体经验的概念化 | 141 |
| Emergent Structure | 新创结构 | 246 － 249,251 － 255,259,385 |
| Empirical Turn | 实证转向 | 72 |
| Empiricism | 经验主义,纯经验论 | |
| Encode | 编码 | 159 |
| End-focus | 尾焦 | 206 |
| End-weight | 尾重 | 206 |
| English Order | 英语令 | 71 |
| Epistemological Turn | 认识论转向 | 2,17,169 |
| Equivalence of Reader's Response | 读者反应对等 | 24,71,92 |
| Equivalent | 等值、对等(词) | |
| Erotic Possession | 性占有欲 | 52 |
| ERP:Event-related Potentials | 事件相关定位 | 109 |
| Ethical Norms | 伦理常式 | 28 |
| Ethnomethodology | 常人方法学 | 404 |
| Event Domain | 事件域 | 311 |

（续表）

| 英 语 术 语 | 汉 语 译 名 | 索 引 页 码 |
|---|---|---|
| Event-domain Cognitive Model，ECM | 事件域认知模型 | 107，191，304，305，323，326，327 |
| Evolution of Translation Competence | 翻译能力进化 | 423 |
| Existensionalism | 存在主义 | 3，4，51，81，156，165，173 |
| Expectancy Norms | 预期常式 | 29 |
| Experiential Realism | 新经验现实论 | |
| Experientialism，Embodied Philosophy | 新经验主义 | |
| Experimental Data，Elicitation Data | 实验性数据 | 243 |
| Expressive | 表达功能 | 24，25 |
| Extensionalism | 外延论 | 11 |
| Eye Tracker | 眼动仪 | 426 |
| Eye Tracking | 眼动跟踪 | |
| Eye-Mind Assumption | 眼睛—心智假设 | 426 |
| Factual Statements | 事实性陈述 | 229 |
| Faithful Traitor | 忠实的叛徒 | 367，369 |
| Family Resemblance | 家族相似性 | 306 |
| Feminism | 女权主义 | 45，63－67，70 |
| Fidelity Rule | 忠实法则 | 62 |
| Figure | 图形 | 283 |
| First-generation Cognitive Science | 第一代认知科学 | 108 |
| Fixation | 注视 | 427 |
| FMRI | 功能性磁共振成像 | 109 |
| Foreignizing | 异化 | 57 |
| Foreignizing Translation Theory | 异化翻译观 | 52，59，92 |
| Formalist Philosophy | 形式主义哲学观 | |
| Free Translation，Paraphrase Translation | 意译法 | 13 |
| Function | 功能 | 61 |
| Functional Equivalence | 功能对等 | 22，24，61，96 |
| Functional Magnetic Resonance Imaging | 功能磁共振成像 | 428 |
| Functionality plus Loyalty | 功能＋忠实 | 62 |
| Galvanic Skin Response | 皮电反应 | 426 |
| General Heumeneutics | 普遍解释学 | 51 |

（续表）

（续表）

| 英　语　术　语 | 汉　语　译　名 | 索　引　页　码 |
|---|---|---|
| Illocutionary Act | 言外行为 | 162 |
| Image Schema | 意象图示 | |
| Image/Imagery | 意象 | 175 |
| Image Schema | 意象图式 | |
| Implicational Hierarchy | 蕴含等级 | 345 |
| Import | 吸收 | 41,53 |
| Impropriety | 挪用 | 380 |
| Incorporation | 合并 | 53 |
| Inductive Method | 归纳法 | 241 |
| Inferential Process | 推理过程 | 110 |
| Information Storage | 信息储存 | 108 |
| Informative | 信息功能 | 24,60 |
| Initial Norms | 初始常式 | 42,43 |
| Initial Trust | 信任 | |
| Input Space | 输入空间 | 246 |
| Integrated Approach | 综合法 | |
| Integrated Theory | 综合论 | |
| Integrative/Holistic Description | 整体描写法 | 109 |
| Integrative Research，Multiple Methodologies，Methodological Integration | 综合法 | |
| Intensionalism | 内涵论 | |
| Intent | 意向 | 61 |
| Intentionality | 意向性 | 4 |
| Interaction | 互动 | 137 |
| Interaction between Cultures | 跨文化互动 | |
| Interlingual Translation | 语际翻译 | 21,158 |
| Intermarriage | 通婚 | 358 |
| Internal Realism | 内部实在论 | |
| International Association for Translation and Interpreting Studies（IATIS） | 国际口笔译学会 | 225 |
| Interpretive Theory | 释意理论 | 159 |
| Intersemiotic Translation | 符际翻译 | 21 |
| Intersubjectivity | 主主互动/主体间性 | 168 |

(续表)

| 英　语　术　语 | 汉　语　译　名 | 索　引　页　码 |
|---|---|---|
| Intertextual Coherence | 语际连贯、互文一致性 | |
| Intralinear Translation | 逐行对译法 | 94 |
| Intralingual Translation | 语内翻译 | 21,158 |
| Intratextual Coherence | 语内连贯 | |
| Intuitionism | 直觉主义 | 10 |
| Invisibility | 隐身 | 58 |
| Irony | 讽喻 | 353,373 |
| Jigsaw Puzzle | 拼板游戏 | 366 |
| Juggling | 变戏法 | 366 |
| Kaleidoscope | 万花筒 | 366 |
| Keystroke Logging,Key Logging | 键盘记录/按键记录 | 109,425 |
| Language Competence | 语言能力 | 423 |
| Language-culture | 语言与文化 | |
| Lexical Gap | 词汇空缺 | 137,230,261,425 |
| Lexicalization | 词汇化 | 330 |
| Lexical-sentence | 词句翻译反应时 | 109 |
| Linguistic Turn | 语言论转向 | 2 |
| Linguistic Worldview | 语言世界观 | 121 |
| Literal/Mechanical/Faithful Translation | 直译法、字面翻译 | |
| Locutionary Act | 言内行为 | 162 |
| Logical Positivism | 逻辑实证主义 | 3 |
| Logos | 逻各斯 | 401 |
| Manipulation School/Group | 操纵学派 | 44,49 |
| Manufacturer | 制造商 | 384,387 |
| Map/Project | 投射 | |
| Material Norms | 材料常式 | 42 |
| Materialism | 唯物论 | 1 |
| Maze | 迷宫 | 366 |
| Meaning Chain | 语义链 | 232 |
| Meaning-oriented | 以语义为取向 | 158 |
| Mediation Space | 媒介空间 | 68 |
| Medio-translatology | 译介学 | 59,74,99,201 |

（续表）

| 英 语 术 语 | 汉 语 译 名 | 索 引 页 码 |
|---|---|---|
| MEG：Magnetoencephalography | 脑磁图 | 428 |
| Memory Structure | 记忆结构 | 108 |
| Mental Equipment | 心智配备 | 111 |
| Mental Model | 心智模型 | 109 |
| Mental Space Theory | 心智空间理论 | 246 |
| Merchant | 商人 | 356,378 |
| Meta-cognitive Mechanism | 元认知机制 | |
| Metacognition | 元认知 | 109 |
| Metalepsis | 再转喻 | 353,368,373 |
| Metalingual | 元语言功能 | 25 |
| Metaphor | 隐喻 | 232,353,371,373 |
| Metaphtonymy | 隐转喻 | 115，255，330，336，374，396，408，418 |
| Metonymic Perspective of Translation | 翻译转喻 | 397,411,419 |
| Metonymics of Translation | 翻译转喻学 | 55,194 |
| Metonymies of Translation | 翻译转喻 | 397,411,419 |
| Metonymy | 转喻 | 353,373 |
| Mirror | 镜像 | 162 |
| Mirror Network | 镜像网络 | 252,253,259,260 |
| Mirroring Reflection | 镜像反射 | 178 |
| Misleading Theory | 误读导论 | |
| Monism | 一元论 | 196 |
| Morpheme | 词素 | 144 |
| Morphology | 词法 | 306 |
| Multiple Blends | 多重融合 | 263 |
| Neuroimaging | 神经成像技术 | 109 |
| Non-objectivism | 非客观主义 | 401 |
| Non-objectivist Philosophy | 非客观主义哲学 | 3,108 |
| Norm | 行为常式 | 28,42,287,288 |
| Norms | 常式、规范 | |
| Objective Construal | 客观描述 | |
| Objectivism | 客观主义 | 401 |
| Objectivist Philosophy | 客观主义哲学 | 2 |

(续表)

| 英 语 术 语 | 汉 语 译 名 | 索 引 页 码 |
|---|---|---|
| Oedipal Triangle | 俄狄浦斯三角关系 | 358,361 |
| Off-line Operation | 下线加工 | |
| On-line Operation | 在线加工 | 188 |
| Ontological Turn | 毕因论转向 | 1,169 |
| Operational Frame | 运作框架 | 108 |
| Operational Norms | 操作常式 | 42 |
| Operative Function | 感染功能 | 60 |
| Organic Continuum | 有机连续体 | 100 |
| Original Meaning | 原义 | 56 |
| Ostensive Method | 直指法 | 160 |
| other, Other, otherness | 他者 | 47 |
| Ouler Diagram | 欧拉图 | 404,410 |
| Over-represent | 过分表征 | 236 |
| Overinterpretation | 过度解释 | 88 |
| PACTE Group | 翻译能力和评价习得过程小组 | 424 |
| Pair | 配对体 | 255 |
| Paradoxical Advantage | 悖论式的优点 | 179 |
| Parallel Corpus | 平行语料库 | 241,243 |
| Paraphrase Translation | 意译 | 129 |
| Parasite | 寄生虫 | 382 |
| Partial Equivalent | 部分对等 | 404,407 |
| Partisan | 偏袒性、倾向性 | 68 |
| Penetrate | 插入 | 52 |
| Perception | 知觉 | 188,196 |
| Perceptualism | 感性论 | 1 |
| Performance | 运用 | 43 |
| Perlocutionary Act | 言后行为 | 162 |
| Perspective | 视角 | 292 |
| PET, Positron Emission Tomograph | 正电子发射断层扫描 | 428 |
| Phatic | 人际功能 | 19,24 |
| Phenomenological Reduction | 现象学还原 | 165 |
| Phenomenology | 现象学 | 164 |

（续表）

| 英 语 术 语 | 汉 语 译 名 | 索 引 页 码 |
|---|---|---|
| Philologist Criticism | 语文学批评传统 | |
| Philosophical Hermeneutics | 哲学解释学 | 51,166 |
| Pictograph | 象形字 | 176,178 |
| Pillage | 掠夺 | 59,379,380 |
| Polyphonic Dialogue | 复调对话 | 388 |
| Polysystem Theory | 多元系统论 | 30,38,40,41,44,46,49 |
| Post-modernist Turn | 后现代转向 | 1 |
| Power Turn | 权力转向 | 49 |
| Prague School | 布拉格学派 | 19 |
| Pre-concept | 前概念 | 181 |
| Pre-linguistic School | 前语言学派 | 11 |
| Preliminary Norms | 预备常式 | 42 |
| Pre-paradigm | 前范式 | 174 |
| Pre-scientific School | 前科学派 | 11 |
| Principle of Categorization | 范畴化原则 | 246,254,260 |
| Principle of Cognitive Reference Point | 认知参照点原则 | 236 |
| Principle of Compositionality | 组合原则、组合论 | |
| Principle of Equivalent Effect | 等效原则 | 23 |
| Principle of Integration | 整合原则 | |
| Principle of Temporal Sequence | 时序原则 | 309 |
| Process Model | 过程模型 | |
| Process Norms | 过程常式 | 29 |
| Product Norms | 产品常式 | 29 |
| Production Norms | 生产常式 | 29 |
| Professional Norms | 职业常式 | 29 |
| Prompting | 提示法 | 430 |
| Prospective | 前瞻性 | 43 |
| Prototype Theory of Category | 原型范畴论 | 282,306 |
| Pseudo-translation | 伪翻译 | 48 |
| PTS | 时间顺序原则 | 323 |
| Pun | 双关语 | 171 |

（续表）

| 英　语　术　语 | 汉　语　译　名 | 索　引　页　码 |
|---|---|---|
| Pure Consciousness | 纯粹意识 | 4,164,165 |
| Pure Language | 纯语言 | 13,54 |
| Pursuit Movement | 追随运动 | 427 |
| Questionnaire | 问卷调查 | 243,426,430 |
| Radical Construction Grammar | 激进构式语法 | 231,405 |
| Radical Translation | 初始翻译 | 160 |
| Rationalism | 理性论 | 1,10 |
| Reaction Time, Response Latencies | 反应时 | 429 |
| Reader-centred Translating Theory | 读者中心翻译观 | 10 |
| Reader-response Criticism | 读者反应批评 | 35 |
| Reassemble | 重组 | 187,370 |
| Receptional Aesthetic | 接受美学 | 5,23,35,36,61,71,84,85 |
| Reductionism | 还原论 | 144 |
| Redundancy | 冗余度 | 269 |
| Referent | 客观外物 | 161 |
| Referentialism | 指称论 | 10，31，156，160，161,165,173 |
| Refraction | 折射 | 369 |
| Refractor | 折射器 | 367,369 |
| Relation Norm | 关系常式 | 29 |
| Relevance Theory | 关联理论 | 110 |
| Represent | 再现 | 47 |
| Representation Level | 表征层次 | 109 |
| Restitution | 补偿 | 53 |
| Retrieval & Processing | 检索与加工 | 108 |
| Retrospective | 后顾性 | 43 |
| Retrospective Protocol | 反省法 | 424,431 |
| Revitalization | 新生 | 33,52 |
| Rewriting | 改写 | 43,393 |
| Rosetta Stone | 罗塞塔碑 | |
| Root Metaphor | 根隐喻 | 355,376 |
| Rules | 规则 | 43 |

（续表）

| 英　语　术　语 | 汉　语　译　名 | 索　引　页　码 |
|---|---|---|
| Saccades | 眼跳 | 427 |
| Salience，Prominence | 突显,焦点 | 276,283 |
| Scale | 级阶 | 229 |
| Schema-Instance | 图式—例示 | 240 |
| Schema Theory | 图式观 | 185 |
| Schema/Scheme | 图示 | |
| Schematic Networks | 图式网络 | 236 |
| Schleiermacher Model | 施莱尔马赫模式 | 13 |
| Science of Translation | 翻译科学,翻译学 | |
| Scientific-humanistic Spectrum | 科学—人文视野 | 226,432 |
| Scope | 辖域 | 107,142,267,268, 270, 271, 278, 286,292 |
| Screen Recording | 屏幕记录 | 426,431 |
| Second Importance | 第二位 | |
| Second-generation Cognitive Science | 第二代认知科学 | 108 |
| Secular Texts | 世俗作品 | 13 |
| Selection | 选择 | 381 |
| Self-confidence | 自信 | 64 |
| Semantic Translation | 语义翻译 | 25 |
| Semantic Triangle | 语义三角 | 161 |
| Semantics | 语义学 | 3,20,74,141,173, 242 |
| Sensation | 感觉 | 188 |
| Sense | 涵义 | 161 |
| Sense Relations | 涵义关系、系统意义间关系 | 164 |
| Sense-oriented Translation | 意义翻译 | 13 |
| Serial Verb Construction, Catenative Construction | 连动构式 | 313 |
| Serial-Parallel Activity | 串联—并联活动 | 431 |
| Sexism | 性别歧视 | 64 |
| Shift | 移译现象 | 42 |

(续表)

| 英 语 术 语 | 汉 语 译 名 | 索 引 页 码 |
|---|---|---|
| Ship of Theseus | 忒修斯之船 | 55,371 |
| Shift Procedure | 转换程序 | 186 |
| Simplex Network Network | 简约网络 | 252,259 |
| Single-scope Network | 单域网络 | 252,253,259,261 |
| Situated Cognition | 情境性认知 | |
| Skopos Theory | 目的论翻译观 | 394 |
| Social Norms | 社会常式 | 28 |
| Socio-translation Studies | 社会翻译学 | 27 |
| Soft Power | 软实力 | 47 |
| Source-oriented | 源文导向 | 43 |
| Sound Image, Acoustic Image | 音响形象 | |
| Source Author | 原作者 | 11,33,74 |
| Source Domain | 始源域 | 251,335,347 |
| Source Text | 原作 | |
| Specificity | 从详,从略 | 292 |
| Speech Act | 言语行为 | 162,239,305 |
| Straightjacket | 紧身衣 | 83 |
| Structural Semantics | 结构主义语义学 | |
| Structuralist Criticism | 结构主义批评传统 | 99 |
| Sub-competence | 次能力 | 395 |
| Subject Competence | 主题能力 | |
| Subjectification | 主观化 | |
| Subjective Construal | 主观描述 | 292 |
| Subjectivity | 主观性 | |
| Subjectless Sentence | 无主句 | 142 |
| Subject-Object-Subject Multiple Interaction Understanding Model (SOS) | 主客主多重互动理解模型 | 9,168 |
| Subsidiary | 辅助性的 | |
| Supply | 供求 | |
| Surface Linguistic Equivalence | 语言表面上的等值性 | 111 |
| Surface Structure | 表层结构 | 23,162 |
| Survival | 复活 | 52 |

（续表）

| 英　语　术　语 | 汉　语　译　名 | 索　引　页　码 |
|---|---|---|
| Symbiosis | 共生关系 | 64 |
| Symbol | 语符 | |
| Symbolic Complex | 象征复合体 | |
| Symbolic Unit | 象征单位 | 90，158，159，236，255，256，393 |
| Synecdoche | 提喻 | 353，373 |
| Syntax | 句法 | |
| Systemic Functional Linguistics | 系统功能语言学 | 19，26，30，163 |
| Target-oriented | 译文导向 | 43 |
| Target Cultural System | 目标文化系统 | 43 |
| Target Domain | 目标域 | 192，251，270，335，392 |
| Technical Norms | 技术常式 | 28 |
| Tense-Aspect | 时体 | 319 |
| Text，discourse | 语篇 | 239 |
| Text Type | 文本类型 | 25,60 |
| Text-centred Translating Theory | 文本中心翻译观 | 10 |
| Textual Competence | 组篇能力 | 395 |
| Textual Norms | 组篇常式 | 42 |
| Theory of Interpretation of Meaning | 解释意义的理论 | 52 |
| Theory of Semantic Transfer | 意义转换论 | |
| Thick Translation | 丰厚翻译 | 47 |
| Thing | 事体 | 398 |
| Think-aloud Protocol | 出声思维法 | 109，422，424，426，431 |
| Third Space | 第三空间 | 68 |
| Transfer Competence | 转换能力 | 111,395 |
| Transformational Generative Grammar（TG） | 转换生成语法 | 23,183 |
| Transformational Generative Linguistics（TG） | 转换生成语言学 | 18,116 |
| Transgression | 侵占 | 380 |
| Translating | 翻译过程 | 108 |
| Translation Competence | 翻译能力 | 420－425，427，429－432 |

（续表）

| 英 语 术 语 | 汉 语 译 名 | 索 引 页 码 |
|---|---|---|
| Translation Linguistics | 翻译入语言学 | |
| Translation Metonymy | 翻译转喻 | 54,397,411,419 |
| Translation Process | 翻译过程 | 108 |
| Translation Process Protocol | 翻译过程法 | 425 |
| Translation Skills | 翻译技巧 | 48, 61, 107, 111, 203,236,261,269, 270,272,286,329 |
| Translation Sociology | 翻译社会学 | 27 |
| Translation Studies | 翻译研究,翻译学 | |
| Translation Universals | 翻译普遍特征 | 256,281 |
| Translatology | 翻译学 | |
| Translator's Invisibility | 译者隐形论 | 365 |
| Translog | 多维收集翻译过程的研究软件 | 241 |
| Translog | 翻译记录软件 | 425 |
| Transluciferations | 移植魔鬼 | 387,388 |
| Transluminations | 传输光明 | 387,388 |
| Transparadisations | 穿越天堂 | 388 |
| Triadic Model | 三元模式 | 53 |
| Triangulation | 三角测量法 | 243,432 |
| Truth | 真实 | 28 |
| Trust | 义务 | 28 |
| UCM, Uncertainty Management | 处理不定性 | 431 |
| Under-represent | 表现不足 | 282 |
| Understanding | 理解 | |
| Unified Meaning | 统一意义 | 19 |
| Unique Cognitive Set | 独特的认知集合 | 111 |
| Unity of the Opposite | 对立统一 | 100 |
| Universal Grammar | 普遍语法 | 18,308 |
| Unlimited Semiosis | 无限衍义 | 88 |
| Usage-based Model with Dynamic Processing | 基于用法的动态加工模型 | |
| Usage-based Model, UBM | 基于用法的模型 | 241,244 |

（续表）

| 英　语　术　语 | 汉　语　译　名 | 索　引　页　码 |
|---|---|---|
| U-Turn | U 型转向 | 72 |
| Value | 价值 | 162 |
| Vantage Point | 视点 | 292 |
| Verbal Reports | 口头报告法 | 109 |
| Verbalization | 词语化 | 159,424 |
| Violence | 暴力 | 380 |
| Visible | 显身 | 58 |
| Vocative | 祈使功能 | 24,25 |
| Whorf-Sapir Hypothesis | 沃尔夫和萨丕尔假设 | 106 |
| Windowing of Attention | 注意窗 | 278,297 |
| Without Seriousness | 不认真性 | 366 |
| Word-for-word Translation | 词对词的译法 | 94 |

# 主要参考文献

## 一、中文著作

### 1. 专著、辞书

艾克利，段宪文，王友怀. 唐诗三百首今译[M]. 西安：三秦出版社，1992.

蔡新乐. 翻译的本体论研究：翻译研究的第三条道路、主体间性与人的元翻译构成[M]. 上海：上海译文出版社，2005.

蔡新乐. 译学新论：从翻译的间性到海德格尔的翻译思想[M]. 北京：人民文学出版社，2010.

陈福康. 中国译学理论史稿（修订本）[M]. 上海：上海外语教育出版社，2000.

陈嘉映. 语言哲学 [M]. 北京：北京大学出版社，2003.

陈平原. 二十世纪中国小说史 第一卷 [M]. 北京：北京大学出版社，1989.

陈望道. 美学概论[M]. 上海：民智书局，1927.

陈寅恪. 冯友兰《中国哲学史》下册审查报告，载冯友兰. 中国哲学史（下）[M]. 北京：商务印书馆，1934.

程志民. 后现代哲学思潮概论[M]. 北京：华夏翰林出版社，2005.

成中英. 前言一："本体美学"的重要启示[A]. 载成中英主编，杨宏声，潘德荣，赖贤宗执行主编. 本体与诠释——美学、文学与艺术[C]. 杭州：浙江大学出版社，2011.

楚至大. 翻译理论与实践[M]. 长沙：湖南人民出版社，2004.

董秋斯. 论翻译理论的建设[C]. 载罗新璋编. 翻译论集[C]. 北京：商务印书馆，2009.

方梦之. 中国译学大辞典[Z]. 上海：上海外语教育出版社，2011.

冯庆华. 论译者的风格[A]. 载谢天振主编. 翻译的理论建构与文化透视[C]. 上海：上海外语教育出版社，2000.

冯庆华. 文体翻译论[C]. 上海：上海外语教育出版社，2002.

葛兆光. 中国思想史（第一卷）[M]. 上海：复旦大学出版社，2007.

桂乾元. 翻译学导论[M]. 上海：上海外语教育出版社，2004.

郭建中. 当代美国翻译理论[M]. 武汉：湖北教育出版社，2000.

郭沫若. 1954. 谈文学翻译工作[A]. 翻译研究论文集(1949—1983)[C]. 北京：外语教学与研究出版社，1984.

郭著章. 翻译名家研究[M]. 武汉：湖北教育出版社，1999.

赫曼斯. 翻译的表征[A]. 谢天振主编. 翻译的理论建构与文化透视[C]. 上海：上海外语教育出版社，2000.

胡风. 胡风全集(第九卷)[M]. 武汉：湖北人民出版社，1999.

胡庚申. 翻译适应选择论[M]. 武汉：湖北教育出版社，2004.

黄华新，陈宗明. 描述语用学[M]. 长春：吉林人民出版社，2005.

黄侃. 1908. 春秋名字解诂补谊[A]. 收录于 黄侃国学文集[C]. 中华书局，2006.

姜治文，文军. 翻译批评论[M]. 重庆：重庆大学出版社，1999.

梁启超. 饮冰室丛著[M]. 北京：商务印书馆，1916.

廖七一. 当代西方翻译理论探索[M]. 南京：译林出版社，2000.

廖七一. 当代西方翻译研究原典选读[M]. 北京：外语教学与研究出版社，2010.

林语堂. 论翻译[A]. 翻译通讯编辑部编. 翻译研究论文集[C]. 北京：外语教学与研究出版社，1984.

刘宓庆. 新编当代翻译理论[M]. 北京：中译出版社，2005/2012.

刘宓庆. 中西翻译思想比较研究[M]. 北京：中国对外翻译出版公司，2005.

刘宓庆. 文化翻译论纲[M]. 武汉：湖北教育出版社，2005.

刘绍龙. 翻译心理学[M]. 武汉：武汉大学出版社，2007.

刘新桂，王国富. 英语成语典故大辞典[Z]. 北京：科学出版社，1994.

刘重德. 文学翻译十讲[M]. 北京：中国对外翻译出版公司，1991.

罗常培. 语言与文化[M]. 北京：北京大学出版社，2010.

罗进德. 为中国第四次翻译高潮贡献精品(翻译理论与实务丛书总序). 萧立明著，新译学论稿[M]. 北京：中国对外翻译出版总公司，2001.

罗新璋. 翻译论集[C]. 北京：商务印书馆，1984.

罗新璋. 我国自成系统的翻译理论[A]. 载罗新璋编. 翻译论集[C]. 北京：商务印书馆，1984.

罗选民. 翻译理论研究综述[A]. 结构·解构·建构——翻译理论研究[C]. 上海：上海外语教育出版社，2009.

逻辑学词典编委会. 逻辑学小辞典[Z]. 长春：吉林人民出版社，1983.

吕俊，侯向群. 翻译学——一个建构主义的视角[M]. 上海：上海外语教育出版社，2006.

张培基等. 英汉翻译教程[M]. 上海：上海外语教育出版社，1997.

吕叔湘. 汉语语法分析问题[M]. 北京：商务印书馆，1979.

马克思. 关于费尔巴哈的提纲[A]. 北京：人民出版社. 1945.

马克思. 1844 年经济学哲学手稿[A]. 马克思恩格斯全集(42)[C]. 北京：人民出版

社，1979.

马克思，恩格斯. 经济学哲学手稿(1844)[A]. 马克思恩格斯全集(第 42 卷)[C]. 北京：
　　人民出版社，1979.

马祖毅. 中国翻译简史——"五四"以前部分(增订版)[M]. 北京：中国对外翻译出版公
　　司，1998.

茅盾. 1934. "媒婆"与"处女"[A]. 载罗新璋编. 翻译论集[C]. 北京：商务印书
　　馆，1984.

门顺德. "传神达意"翻译理论研究[C]. 上海：上海外语教育出版社，2012.

庞学铨. 哲学导论[M]. 杭州：浙江大学出版社，2005.

钱锺书. 管锥编[M]. 北京：生活·读书·新知三联书店，2001.

钱锺书. 林纾的其他翻译作品. 原载 旧文四篇[M]. 上海：上海古籍出版社，1982.

钱锺书. 钱锺书散文[M]. 杭州：浙江文艺出版社，1997.

乔曾锐. 译论:翻译经验与翻译艺术的评论和探讨[M]. 北京：中华工商联合出版
　　社，2000.

斯大林. 斯大林选集(上，下)[M]. 北京：人民出版社，1980.

孙迎春. 张谷若翻译艺术研究[M]. 北京：中国对外翻译出版公司，2004.

谭业升. 认知翻译学探索:创造性翻译的认知路径与认知制约[M]. 上海：上海外语教
　　育出版社，2012.

谭载喜. 翻译学[M]. 武汉：湖北教育出版社，2000.

谭载喜. 西方翻译简史[M]. 北京：商务印书馆，1991.

谭载喜. 新编奈达论翻译[M]. 北京：中国对外翻译出版公司，1999.

屠国元，廖晶. 英汉文化语境中的翻译研究[M]. 合肥：安徽文艺出版社，2004.

王宏. 走进绚丽多彩的翻译世界[M]. 北京：外语教学与研究出版社，2012.

王寅. 认知语法概论[M]. 上海：上海外语教育出版社，2006.

王寅. 认知语言学[M]. 上海：上海外语教育出版社，2007.

王寅. 认知语言学探索[M]. 重庆：重庆出版社，2005.

王寅. 语义理论与语言教学[M]. 上海：上海外语教育出版社，2001.

王寅. 构式语法研究(上卷)[M]. 上海：上海外语教育出版社，2011.

王寅. 论语言符号象似性——对索绪尔任意说的挑战与补充[M]. 北京：新华出版
　　社，1999.

王寅. 英汉语言区别特征研究[M]. 北京：新华出版社，1994.

王寅. 语言哲学研究——21 世纪中国后语言哲学沉思录(上、下)[M]. 北京：北京大学
　　出版社，2014.

王秉钦. 20 世纪中国翻译思想史[M]. 天津：南开大学出版社，2004.

王国维. 1917. 殷周制度论[J]. 参见《观堂集林》卷十《史林二》,中华书局，1959.

王宏印. 文学翻译批评论稿[M]. 上海：上海外语教育出版社，2006.

王克非. 翻译文化史论[M]. 上海：上海外语教育出版社，1997.

王正元. 概念整合理论及其应用研究[M]. 北京：高等教育出版社，2009.

文军. 科学翻译批评导论[M]. 北京：中国对外翻译出版公司，2006.

文军. 中国翻译理论百年回眸[C]. 北京：北京航空航天大学出版社，2007.

文殊. 诗词英译选[M]. 北京：外语教学与研究出版社，1989.

吴钧陶. 唐诗三百首[M]. 长沙：湖南出版社，1997.

成中英. 本体与诠释：美学，文学与艺术（第七辑）[C]. 杭州：浙江大学出版社，2011.

夏平. 导读[A]. Lefevere, André. 翻译，历史与文化论集[C]. 上海：上海外语教育出版社，2010.

萧立明. 新译学论稿[M]. 北京：中国对外翻译出版公司，2001.

谢天振. 当代国外翻译理论导读[M]. 天津：南开大学出版社，2008.

谢天振. 翻译的理论建构与文化透视[C]. 上海：上海外语教育出版社，2000.

谢天振. 译介学[M]. 上海：上海外语教育出版社，1999.

谢天振等. 中西翻译简史[M]. 北京：外语教学与研究出版社，2009.

谢天振，查明建. 中国现代翻译文学史[M]. 上海：上海外语教育出版社，2004.

许钧. 当代法国翻译理论[M]. 武汉：湖北教育出版社，2004.

许钧. 当代英国翻译理论[M]. 武汉：湖北教育出版社，2001.

许钧. 翻译论[M]. 武汉：湖北教育出版社，2003.

许钧等. 文学翻译的理论与实践——翻译对话录[C]. 南京：译林出版社，2001.

许钧等. 文学翻译的理论与实践——翻译对话录（增订本）[M]. 南京：译林出版社，2010.

严复. 天演论·译例言[A]. 中国翻译工作者协会/《翻译通讯》编辑部. 翻译研究论文集（1894—1948）[C]. 北京：外语教学与研究出版社，1984.

颜林海. 翻译认知心理学[M]. 北京：科学出版社，2008.

杨全红. 翻译史另写[M]. 武汉：武汉大学出版社，2010.

杨全红. 谁不想译名惊人？——书名译评经眼录[M]. 北京：国防工业出版社，2011.

杨善华. 当代西方社会学理论[M]. 北京：北京大学出版社，1999.

杨晓荣. 翻译批评导论[M]. 北京：中国对外翻译出版公司，2005.

杨晓荣，边彦耀. 中译外研究[C]. 北京：军事谊文出版社，2006.

杨自俭，刘学云. 翻译新论[M]. 武汉：湖北教育出版社，1994.

杨自俭. 为胡庚申《翻译适应选择论》作序[A]. 胡庚申. 翻译适应选择论[M]. 武汉：湖北教育出版社，2004.

余光中. 1969. 翻译与创作[A]. 载罗新璋编. 翻译论集[C]. 北京：商务印书馆，1984.

张敏. 认知语言学与汉语名词短语[M]. 北京：中国社会科学出版社，1998.

张春荣. 修辞新思维[M]. 台北：万卷楼图书有限公司，2001.

张美芳. 中国英汉翻译教材研究（1949—1998）[M]. 上海：上海外语教育出版社，2001.

张佩瑶. 从早期香港的翻译活动（1842—1900）看翻译与权力的关系[A]. 载谢天振主

编. 翻译的理论建构与文化透视[C]. 上海:上海外语教育出版社,2000.

张汝伦. 现代西方哲学十五讲[M]. 北京:北京大学出版社,2003.

张孝民. 鲁迅作品赏析大辞典[Z]. 成都:四川辞书出版社,1992.

张志伟. 西方哲学十五讲[M].北京:北京大学出版社,2004.

章启群. 意义的本体论——哲学诠释学[M]. 上海:上海译文出版社,2002.

章太炎. 国故论衡[M]. 上海:上海古籍出版社,2011.

赵敦华. 西方哲学简史[M]. 北京:北京大学出版社,2001.

赵彦春. 翻译归结论[M]. 上海:上海外语教育出版社,2005.

中共中央马克思恩格斯列宁斯大林著作编译局,马克思恩格斯选集(第三卷)[M].北京:
　人民出版社,1995.

中国大百科全书总编辑委员会《哲学》编辑委员会. 中国大百科全书.哲学 I/II[T]. 北
　京:中国大百科全书出版社,1987.

周光庆. 中国古典解释学导论[M]. 北京:中华书局,2002.

朱纯深. 翻译:理论,实践与教学[A]. 载谢天振主编. 翻译的理论建构与文化透视[C].
　上海:上海外语教育出版社,2000.

朱纯深. 翻译探微——语言·文本·诗学[M]. 南京:译林出版社,2008.

朱健平. 翻译:跨文化解释——哲学诠释学与接受美学模式[M]. 长沙:湖南人民出版
　社,2007.


**2.译著**

艾科等. 诠释与过度诠释[M]. 王宇根译. 1997. 北京:生活·读书·新知三联书
　店,1997.

巴尔胡达罗夫.语言与翻译[M]. 蔡毅,虞杰,段京华编译. 1985. 北京:中国对外翻译出
　版公司.

保罗·利科尔. 解释学与人文科学[M]. 陶远华等译. 石家庄:河北人民出版社,1987.

布吕奈尔等. 什么是比较文学[M]. 葛雷,张连奎译. 北京:北京大学出版社,1989.

傅雷.高老头 [M]. 重译本序. 上海:平明出版社,1951.

汉斯-格奥尔格·伽达默尔. 诠释学 I/II:真理与方法[M]. 洪汉鼎译. 北京:商务印书
　馆,2010.

黑格尔. 1807. 精神现象学(上,下)[M].贺麟,王玖兴译. 北京:商务印书馆,1979.

黑格尔. 哲学史讲演录——第四卷[M]. 贺麟,王太庆译. 北京:商务印书馆,1978.

W. V. O. 蒯因. 语词和对象[M]. 陈启伟等译. 北京:中国人民大学出版社,2010.

理查德·罗蒂. 哲学和自然之镜[M]. 李幼蒸译. 北京:商务印书馆,2009.

罗贝尔·埃斯卡皮. 文学社会学[M]. 于沛选编. 杭州:浙江人民出版社,1987.

马克思,恩格斯. 共产党宣言(汉译纪念版)[M]. 陈望道等译.北京:中华书局,2011.

塞万提斯. 堂吉诃德[M]. 杨绛译. 北京:人民文学出版社,1987.

费尔迪南·德·索绪尔. 普通语言学教程[M]. 高名凯译. 北京：商务印书馆，1980.

维特根斯坦. 逻辑哲学论[M]. 贺绍甲译. 北京：商务印书馆，1996.

韦努蒂. 译者的隐形：翻译史论[M]. 张景华等译. 北京：外语教学与研究出版
　　社，2009.

亚里士多德. 诗学[M]. 陈中梅译注. 1996. 北京：商务印书馆.

亚里士多德. 形而上学[M]. 吴寿彭译. 1996. 北京：商务印书馆.

亚里士多德. 修辞术·亚历山大修辞学·论诗[M]. 颜一，崔延强译. 2003. 北京：中国
　　人民大学出版社.

亚里士多德. 亚里士多德逻辑论文集：工具论[M]. 李匡武译. 1984. 广州：广东人民出
　　版社.

### 3.论文

薄振杰. 论翻译理论与翻译教学的桥接方案 ——以"化境"分析与认知翻译分析的隐显
　　互映为例[J]. 外语教学，2015(3).

曹惇. 比较研究和翻译[J]. 中国翻译，1984(2).

陈吉荣，王筱. 概念整合理论视角下七空间翻译模式[J]. 西北工业大学学报(社会科学
　　版)，2013(2).

陈科芳. 基于语用推理机制的翻译过程框架[J]. 中国翻译，2010(3).

陈小慰. 语用与翻译中言语资源的得体利用[J]. 中国翻译，2008(6).

董史良. 翻译的思维问题[J]. 中国翻译，1988(3).

高方，余华. "尊重原著应该是翻译的底线"——作家余华访谈录[J]. 中国翻译，2014
　　(3).

辜正坤. 翻译标准多元互补论[J]. 中国翻译，1989(1).（后收录于杨自俭，刘学云主编.
　　翻译新论 1983—1992. 武汉：湖北教育出版社，1994.）

顾延龄. 马致远《天净沙》英译赏析[J]. 外国语(上海外国语大学学报)，1993(2).

郭建中. 韦努蒂访谈录[J]. 中国翻译，2008(3).

郭沫若. 致李石岑[N]. 时事新报·学灯，1921-1-15.

何刚强. 英语"教书匠"何以断层？载《文汇报》2003 年 9 月 11 日.

胡庚申. 翻译适应选择论初探. 国际译联第三届亚洲翻译家论坛宣读论文. 香港大
　　学，2001.

胡庚申. 生态翻译学解读[J]. 中国翻译，2008(6).

黄国文. 从《天净沙·秋思》的英译文看"形式对等"的重要性[J]. 中国翻译 2003(2).

黄国文. 功能语言学分析对翻译研究的启示——《清明》英译文的经验功能分析[J]. 外
　　语与外语教学，2002(5).

季国清. 语言的本质在"遥远的目光"中澄明——语言哲学的新视野[J]. 外语学刊(黑龙
　　江大学学报)，1998(3).

蒋素华. 关于翻译过程的研究[J]. 外语教学与研究，1998(3).

蒋骁华，宋志平，孟凡君. 生态翻译学理论的新探索——首届国际生态翻译学研讨会综述[J]. 中国翻译，2011(1).

劳陇. 丢掉幻想联系实践——揭破"翻译(科)学"的迷梦[J]. 中国翻译，1996(2).

李德超. TAPs 翻译过程研究二十年：回顾与展望[J]. 中国翻译，2005(1).

李德超. 论 TAPs 翻译研究的前景与局限[J]. 外语教学与研究，2004(5).

郦青，杨晓波. 古代文化典籍核心概念翻译的修辞选择——以"六书"名称英译为例[J]. 当代修辞学，2014(3).

梁启超. 十五小豪杰[N]. 新民晚报. 1902(2):100;1902(6):83-84.

廖七一. MTI 中的翻译理论教学[J]. 中国翻译，2011(3).

廖七一. 五四文学翻译对"信"的重构[J]. 中国翻译，2008(4).

林巍. "非常道"与"非常名"——关于不可言和不可译的翻译[J].中国翻译，2011(3).

林克难. 翻译研究：从规范走向描写[J]. 中国翻译，2001(6).

林克难. 解读"norm"[J]. 中国翻译，2006(1).

刘白玉. 对十二生肖汉英翻译的思考[J]. 中国翻译，2010(4).

刘华文. "名"的建构和解构：翻译名学辨[J]. 中国翻译，2007(6).

刘军平.女性主义翻译理论研究的中西话语[J]. 中国翻译，2004(4).

刘绍龙. 论双语翻译的认知心理研究——对"翻译过程模式"的反思和修正[J]. 中国翻译，2007(1).

刘师培. 近儒学术统系论[J]. 载 1907 年《国粹学报》第 33 期.

刘师培. 近代汉学变迁论[J]. 载 1907 年《国粹学报》第 31 期.

刘亚猛. 修辞是翻译思想的观念母体 [J]. 当代修辞学，2014(3).

卢卫中. 转喻的理解与翻译[J]. 中国翻译，2011(2).

鲁迅. "硬译"与"文学的阶级性"[J].《萌芽月刊》1930 年第 1 卷第 3 期.

陆俭明. 当代语言学理论与汉语教学[J]. 世界汉语教学，2009(3).

米歇尔·梅耶. 修辞学的重大定义[J]. 史忠义译. 当代修辞学，2014(3).

莫娜·贝克尔. 翻译研究中的语言学模式与方法[J]. 李尚杰译. 外语研究，2005(3).

穆雷. 也论翻译研究之用[J]. 中国翻译，2012(2).

潘文国. 中国译论与中国话语[J]. 外语教学理论与实践，2012(1).

潘文国. 当代西方的翻译学研究——兼谈"翻译学"的学科性问题[J]. 中国翻译，2002(3).

潘文国. 翻译过程研究的重要成果——序郑冰寒《英译汉过程中选择行为的实证研究》[J]. 山东外语教学，2012(2).

潘文国. 佛经翻译史三题——读陈寅恪《金明馆丛稿》札记[J]. 外语与翻译，2015(1).

潘文国. 构建中国学派翻译理论：是否必要？有无可能？[J]. 燕山大学学报(哲学社会科学版)，2013(4).

潘文国. 译入与译出——谈中国译者从事汉籍英译的意义[J]. 中国翻译，2004(2).

潘文国. 译学研究的哲学思考[J]. 中国外语，2009(5).

彭发胜.《天下月刊》与中国现代文学的英译[J]. 中国翻译，2011(2).

祁芝红. 基于概念整合理论的翻译课程模式研究[J]. 安徽工业大学学报(社会科学版)，
　2012(1).

钱冠连. 向世界贡献出原本没有的东西——外语研究创新略论[J]. 外语与外语教学，
　2000(1).

钱冠连. 以学派意识看汉语研究[J]. 汉语学报，2004(2).

钱冠连. 以学派意识看外语研究——学派问题上的心理障碍[J]. 中国外语，2007(1).

钱冠连. 语言哲学翻译论——兼论工具性语言扩展式[J]. 中国翻译，2003(5).

钱理群. 鲁迅:远行以后(1949—2001)(之四)[J]. 文艺争鸣，2002(4).

邱懋如. 可译性及零翻译[J]. 中国翻译，2001(1).

任文. 试论口译过程中译员的"中立性"问题[J]. 中国翻译，2011(6).

沈家煊. R. W. Langacker 的"认知语法"[J]. 国外语言学，1994(1).

沈家煊. 语言的主观性和主观化[J]. 外语教学与研究，2001(4).

舒奇志. 文化意象的互文性与文化意象翻译[J]. 外语与外语教学，2007(8).

孙致礼. 翻译与叛逆[J]. 中国翻译，2001(4).

孙迎春. 易·归妹:翻译目的研究[A]. 载连真然，孔令翠主编. 译苑新谭第五辑
　[C]，2015.

谭载喜. 翻译比喻衍生的译学思索[J]. 中国翻译，2006(2).

谭载喜. 翻译比喻中西探幽[J]. 外国语(上海外国语大学学报)，2006(4).

谭载喜. 奈达论翻译的性质[J]. 中国翻译，1983(9).

谭载喜. 试论翻译学[J]. 外国语(上海外国语大学学报)，1988(3).

谭载喜. 语篇与翻译:论三大关系[J]. 外语与外语教学，2002(7).

屠国元，李静. 距离合法性视角下译者当译之本的知情选择与情感同构[J]. 中国翻译，
　2009(4).

屠国元，朱献珑. 译者主体性:阐释学的阐释[J]. 中国翻译，2003(6).

汪榕培. 迎接中国外语科研创新的春天——在"中国外语教授沙龙"开幕式上的讲话
　[J]. 外语与外语教学，2001(10).

王斌. 概念整合与翻译[J]. 中国翻译，2001(3).

王斌. 解构与整合的比较研究[J]. 中国翻译，2006(1).

王辉. 天朝话语与乔治三世致乾隆皇帝书的清宫译文[J]. 中国翻译，2009(1).

王宁. 生态文学与生态翻译学:解构与建构[J]. 中国翻译，2011(2).

王寅. 解读语言形成的认知过程——七论语言的体验性:详解基于体验的认知过程[J].
　四川外语学院学报，2006 (6).

王寅. 认知语言学的"体验性概念化"对翻译主客观性的解释力——一项基于古诗《枫桥
　夜泊》40 篇英语译文的研究[J]. 外语教学与研究，2008(3).

王寅. 认知语言学的翻译观[J]. 中国翻译，2005(5).

王寅. 认知语言学的哲学基础：体验哲学[J]. 外语教学与研究，2002(2).

王寅. 认知语言学之我见[J]. 解放军外国语学院学报，2004(5).

王寅. 语义外在论与语义内在论——认知语言学与 TG 语法在内在论上的分歧[J]. 外国语(上海外国语大学学报)，2002(5).

王寅. 中西语义理论对比的再思考[J]. 外语与外语教学，2002(5).

王寅. "现实—认知—语言"三因素间的反映与对应滤减现象[J]. 四川外语学院学报，1998(3).

王寅. 后现代哲学视野下的语言学前沿——体验人本观与认知语言学[J]. 外国语(上海外国语大学学报)，2012(6).

王寅. 滤减象似性与语言符号象似性[J]. 外语学刊，1999(2).

王寅. 认知翻译学与识解机制[J]. 语言教育，2013(1).

王寅. 认知翻译研究[J]. 中国翻译，2012(4).

王寅. 中西语义理论的对比与翻译理论的建设[J]. 中国翻译，2000(3).

王寅. 主客主多重互动理解[J]. 哲学动态，2009(10).

王东风. 翻译文学的文化地位与译者的文化态度[J]. 中国翻译，2000(4).

王东风. 反思"通顺"——从诗学的角度再论"通顺"[J]. 中国翻译，2005(6).

王东风. 功能语言学与后解构主义时代的翻译研究[J]. 中国翻译，2007(3).

王东风. 解构"忠实"——翻译神话的终结[J]. 中国翻译，2004(6).

王东风. 理论与实践的关系是互动的[J]. 上海科技翻译，2003(1).

王东风. 形式的复活：从诗学的角度反思文学翻译[J]. 中国翻译，2010(1).

王东风. 一只看不见的手——论意识形态对翻译实践的操纵[J]. 中国翻译，2003(5).

王宏志. 律劳卑与无比：人名翻译与近代中英外交纷争[J]. 中国翻译，2013(5).

王克非. 汉字与日本近代翻译——日本翻译研究述评之一[J]. 外语教学与研究，1991(4).

王克非,胡显耀. 基于语料库的翻译汉语词汇特征研究[J]. 中国翻译，2008(6).

王克非. 若干汉字译名的衍生及其研究——日本翻译研究述评之二[J]. 外语教学与研究，1992(2).

王克非. 双语平行语料库在翻译教学上的用途[J]. 外语电化教学，2004(6).

王克非. 语料库翻译学——新研究范式[J]. 中国外语，2006(3).

王天翼,王寅. 从"意义用法论"到"基于用法的模型"[J]. 外语教学，2010(6).

王天翼,王寅. 认知语言学对西方哲学的贡献[J]. 浙江大学学报(人文社会科学版)，2015(4).

王文斌. 论汉英形状量词"一物多量"的认知缘由及意象图式的不定性[J]. 外语教学，2009(2).

王艳滨.《翻译的认知探索》评介[J]. 外语教学与研究，2013(3).

王佐良. 词义·文体·翻译[J]. 读书，1979(5).

魏建功. 新史料与旧心理[J],北京大学研究所国学门月刊,1926(2).

项凝霜. 基于概念整合理论的翻译过程探索[J]. 牡丹江师范学院学报(哲学社会科学版),2011(3).

谢天振. 国内翻译界在翻译研究和翻译理论认识上的误区[J]. 中国翻译,2001(4).

谢天振. 论译学观念现代化[J]. 中国翻译,2004(1).

谢天振. 作者本意和本文本意——解释学理论与翻译研究[J]. 外国语(上海外国语大学学报),2000(3).

许钧. "创造性叛逆"和翻译主体性的确立[J]. 中国翻译,2003(1).

许明. 口译认知过程中"deverbalization"的认知诠释[J]. 中国翻译,2010(3).

许嘉璐. 翻译是社会、文化进步的加油器——在中国译协第五届全国理事会会议开幕式上的书面讲话[J]. 中国翻译,2005(1).

许渊冲. 再谈中国学派的文学翻译理论[J]. 中国翻译,2012(4).

阎佩衡. 译事的语言学外层结构问题——走在由"得法"经"得体"而"得宜"的路上[J]. 中国翻译,2015(4).

杨柳,衡浏桦.《道德经》的诗学特色与翻译[J]. 中国翻译,2011(6).

杨梅,白楠. 国内语料库翻译研究现状调查——基于国内学术期刊的数据分析(1993—2009)[J]. 中国翻译,2010(6).

杨俊峰. 从古典诗歌中的意象翻译看意象图式理论的阐释空间[J]. 外语与外语教学,2011(4).

杨晓荣. 二元对立与第三种状态——对翻译标准问题的哲学思考[J]. 外国语(上海外国语大学学报),1999(3).

杨自俭. 我国译学建设的形势与任务[J]. 中国翻译,2002(1).

袁周敏,金梅. 概念整合理论对诗歌意象的阐释[J]. 外国语言文学,2008(4).

张经浩. 从《白菜与皇帝》谈起[J]. 中国翻译,2011(5).

张美芳,黄国文. 语篇语言学与翻译研究[J]. 中国翻译,2002(3).

张美芳. 文本类型理论及其对翻译研究的启示[J]. 中国翻译,2009(5).

张美芳. 语言的评价意义与译者的价值取向[J]. 外语与外语教学,2002 (7).

张佩瑶. 钱钟书对翻译概念的阐释及其对翻译研究的启示[J]. 中国翻译,2009(5).

张佩瑶. 重读传统译论——目的与课题[J]. 中国翻译,2008(6).

张其帆. 汉英同传中删减与增译现象的案例分析[J]. 中国翻译,2011(6).

张世禄. 文字上之古代社会观[J]. 载 1923 年《国学丛刊》一卷二期.

张泽乾. 翻译过程的理性探索[J]. 外语研究,1988(4).

郑浩. 翻译策略之第五空间概念整合[J]. 四川职业技术学院学报,2008(4).

仲伟合,方开瑞. 翻译就是征服——尼采的翻译哲学[J]. 中国翻译,2001(1).

仲伟合,王斌华. 口译研究方法论——口译研究的学科理论建构之二[J]. 中国翻译,2010(6).

仲伟合. 巴比塔隐蔽的一面——通过同声传译揭开认知、智力和感知的面纱[J]. 中国翻译, 2009(3).

朱纯深, 张峻峰. "不折腾"的不翻译:零翻译, 陌生化与话语解释权[J]. 中国翻译, 2011(1).

朱志瑜. 中国传统翻译思想:"神化说"(前期)[J]. 中国翻译, 2001(2).

# 二、外文著作

## 1. 专著

Alves, F. 2003. *Triangulating Translation : Perspectives in Process Oriented Research* [C]. Amsterdam: John Benjamins.

Austin, J. 1962. *How to Do Things with Words* (The William James Lectures delivered at Harvard University in 1955)[M]. OUP.

Baker, M. 1998. *Routledge Encyclopedia of Translation Studies* [M]. London: Routledge.

Bassnett, S. & Bush, P. (eds.). 2006. *The Translator as Writer* [C]. London: Continuum.

Bassnett, S. (ed.). 2003. *Studying British Cultures : An Introduction* (*2nd Edition*)[C]. London: Routledge.

Bassnett, S. & Lefevere, A. (eds.). 1990. *Translation, History and Culture* [C]. London: Pinter Publishers.

Bassnett, S. 1980. *Translation Studies* [M]. London: Methuen.

Bassnett, S. & Trivedi, H. S. (eds.). 1999. *Post-colonial Translation : Theory and Practice* [C]. London: Routledge.

Bassnett, Susan & Lefevere, André. 文化构建:文学翻译论集[C]. 上海:上海外语教育出版社, 2001.

Bassnett, Susan. 文本类型与权力关系[A]. Anna Trosborg. 文本类型与翻译[C]. 上海:上海外语教育出版社, 2012.

Beaugrande, R. D. 1978. *Factors in a Theory of Poetic Translating* [M]. Assen: Van Gorcam.

Bell, R. T. 1991. *Translation and Translating : Theory and Practice* [M]. London: Longman.

Bertone, L. E. 2006. *The Hidden Side of Babel : Unveiling Cognition, Intelligence and Sense through Simutaneous Interpretation* [M]. Buenos Aires: Ebolucion.

Bhabha, H. K. 1994. *The Location of Culture* [M]. London: Routledge.

Boase-Beier, Jean. 翻译文体学研究[M]. 上海:上海外语教育出版社, 2011.

Brewitt-Taylor, C. H. 1925. *The Romance of Three Kingdoms*. Shanghai: Kelly & Walsh.

Campos, H. 1986. The Rule of Anthropophagy: Europe under the Sign ofDevoration. trans. by Wolff, M. T. *Latin American Liberary Review*, 14(27).

Campos, H. 1981. 参见谢天振 2008:532.

Catford, J. C. 1965. *A Linguistic Theory of Translation* [M]. OUP.

Chesterman, A. 1997. *Memes of Translation: the Spread of Ideas in Translation Theory* [M]. Amsterdam: John Benjamins.

Cheyfitz, E. 1991. *The Poetic of Imperialism: Translation and Colonization from "The Tempest" to "Tarzan"*[M]. New York & Oxford: OUP.

Copeland, R. 1991. *Rhetoric, Hermeneutics and Translation in the Middle Ages: Academic Traditions and Vernacular Texts* [M]. Cambridge: CUP.

Croft, W. & Cruse, D. A. 2004. *Cognitive Linguistics*. CUP.

Croft, W. 2001. *Radical Construction Grammar: Syntactical Theory in Typological Perspective*[M]. Oxford: OUP.

Cronin, Michael. 电影中的翻译[M]. 上海:上海外语教育出版社,2011.

Cronin, M. 1996. *Translating Ireland: Translation, Languages, Cultures*[M]. Cork: Cork University Press.

Davis, Kathleen. 解构主义与翻译[M].上海:上海外语教育出版社,2004.

Derrida, J. 1967. *De la Grammatologie* [M]. Spivak, G. C. trans. 1976. *Of Grammatology*[M]. Baltimore: The John Hopkins University Press.

Dirven, R. & Verspoor, M. 1998. *Cognitive Exploration of Language and Linguistics* [M]. Amsterdam: John Benjamins.

Dollerup, Key. 翻译研究基础[M]. 上海:上海外语教育出版社,2007.

Dryden, J. 1685. Preface to *Sylvae: Or the Second Part of Poetical Miscellanies* [A]. Reprinted in Schulte et al. 1992.

Ehrensberger-Dow & Perrin, D. 2009. Capturing Translation Process to Access Metalinguistic Awareness[J]. *Across Languages and Cultures*, (10.2).

Eoyang, Eugene Chen. 1993. *The Transparent Eye: Reflections on Translation, Chinese Literature, and Comparative Poetics*[M]. Honolulu: University of Hawaii Press.

Ericsson, K. A. & Simon, H. A. 1984. *Protocol Analysis: Verbal Reports as Data*[M]. Cambridge, MA.: MIT Press.

Fauconnie, G. 1997. *Mappings in Thought and Language*[M]. CUP.

Fauconnier, G. 1985. *Mental Spaces: Aspects of Meaning Construction in Natural Language*[M]. Cambridge, MA and London: MIT Press/Bradford.

Fauconnier, G. & Turner, M. 1994. Conceptual Projection and Middle Space. *UCSD*

*Cognitive Linguistic Science Technical Report* 9401.

Fauconnier, G. & Turner, M. 2002. *The Way We Think: Conceptual Blending and the Mind's Hidden Complexitie*[M]. New York: Basic Books.

Flotow, Luise von. 翻译与性别：女性主义时代的翻译[M]. 上海：上海外语教育出版社，2004.

Gentzler, E. 1993. *Contemporary Translation Theories*[M]. London: Routledge.

Gile, D. 1995. *Basic Concepts and Models for Interpreter and Translator Training* [M]. Amsterdam: John Benjamins.

Goffin, R. 1971. "Pour une formation universitaire 'sui generis' du traducteur: Réflexions sur certain aspects méthodologiques et sur la recherche scientifique dans le domaine de la traduction", Meta 16.

Gutt, Ernst-august. 翻译的语用特征:关联理论的一些观察[A]. 载 Hickey, Leo. 语用学与翻译[C]. 上海：上海外语教育出版社，2001.

Gutt, Ernst-august. 翻译与关联——认知与语境 [M]. 上海：上海外语教育出版社，2004.

Hatim, Basil & Mason, Ian. 语篇与译者[M]. 上海：上海外语教育出版社，2001.

Hatim, Basil & Munday, Jeremy. 高级译学原典读本[M]. 上海：上海外语教育出版社，2010.

Hatim, Basil. 跨文化交际：翻译理论与对比篇章语言学[M]. 上海：上海外语教育出版社，2001.

Hermans, Theo. 系统中的翻译：描写和系统理论解说[M]. 上海：上海外语教育出版社，2004.

Hickey, Leo. 语用学与翻译[C]. 上海：上海外语教育出版社，2001.

Holme, Randal. 认知语言学和语言教学[M]. 北京：外语教学与研究出版社，2011.

Jacoby, R. 1995. Marginal Returns: The Trouble with Post-Colonial Theory. *Lingua Franca*, 5(6).

Katan, David. 文化翻译——笔译口译及中介入门[M]. 上海：上海外语教育出版社，2004.

Lefevere, André. 翻译、改写以及对文学名声的制控[M]. 上海：上海外语教育出版社，2004.

Lefevere, André. 翻译、历史与文化论集[C]. 上海：上海外语教育出版社，2004.

Mundy, Jeremy. 翻译研究入门：理论与应用[M]. 上海：上海外语教育出版社，2010.

Newmark, Peter. 翻译教程[M]. 上海：上海外语教育出版社，2001.

Newmark, Peter. 翻译问题探讨[M]. 上海：上海外语教育出版社，2001.

Nida, Eugene A. & Taber, Charles R.. 翻译理论与实践[M]. 上海：上海外语教育出版社，2004.

Nida，Eugene A.．翻译科学探索［M］．上海：上海外语教育出版社，2004．

Nida，Eugene A.．语言文化与翻译［M］．呼和浩特：内蒙古大学出版社，1998．

Nida，Eugene A.．语言与文化——翻译中的语境［M］．上海：上海外语教育出版社，2001．

Nida．翻译的功能类型学［A］．Trosborg，Anna．文本类型与翻译［C］．上海：上海外语教育出版社，2012．

Nord，Christiane．目的性行为——析功能翻译理论［M］．上海：上海外语教育出版社，2001．

Schäffner，Christina & Adab，Beverly．翻译能力的培养［M］．上海：上海外语教育出版社，2012．

Schäffner，Christina．政治文本的翻译策略［A］．Trosborg，Anna．文本类型与翻译［C］．上海：上海外语教育出版社，2012．

Snell-hornby，Mary．翻译研究——综合法［M］．上海：上海外语教育出版社，2001．

Steiner，George．通天塔之后——语言与翻译面面观［M］．上海：上海外语教育出版社，2001．

Toury，Gideon．上海：上海外语教育出版社，2001．

Trosborg，Anna．文本类型与翻译［C］．上海：上海外语教育出版社，2012．

Tymoczko，Maria．后殖民语境中的翻译——爱尔兰早期文学英译［M］．上海：上海外语教育出版社，2004．

Willims，Jenny & 2002/2004．路线图——翻译研究方法入门［M］．上海：上海外语教育出版社，2004．

Wilss，Wolfram．翻译学——问题与方法［M］．上海：上海外语教育出版社，2001．

Yang，Xianyi and Gladys Yang．（trans.）2008．*A Dream of Red Mansions*［M］．Beijing：Foreign Language Press．

方梦之．《高级译学原典读本》导读．为 Hatim & Munday 的"Translation：An Advanced Resource Book"所作．上海：上海外语教育出版社，2010．

纽柏特．语言、语言和翻译的能力［A］．Schäffner，Christina & Adab，Beverly．翻译能力培养［C］．上海：上海外语教育出版社，2012．

张佩瑶．中国翻译话语英译选集（上）：从早期到佛典翻译［M］．上海：上海外语教育出版社，2010．


**2. 论文**

Angelone，E. & Shreve，G. M. 2011. Uncertainty Management，Metacognitive Bundling in Problem-Solving and Translation Quality［A］. In O'Brien，S.（ed.）. *Cognitive Exploration of Translation*［C］. London：Continuum International Publishing Group.

Angelone，E. 2010. Uncertainty，Uncertainty Management and Metacognition Problem

Solving in the Translation Task [A]. In Shreve, G. M. & Angelone, E. (eds.). *Translation and Cognition*[C]. Amsterdam: John Benjamins.

Anthologist's Reflections on the Complexities of Translating China[A]. In Luo, Xuanmin & He Yuanjian (eds.). *Translating China*[C]. Toronto: Multilingual Matters.

Appiah, K. A. 2000. Thick Translation [A]. In Venuti, L. (ed.). *The Translation Studies Reader*[C]. London: Routledge.

Arppe, A. & Järvikivi, J. 2007. Every Method Counts: Combining Corpus-based and Experimental Evidence in the Study of Synonymy[J]. *Corpus Linguistics and Linguistic Theory*, 3(2).

Baker, M. 1993. Corpus Linguistics and Translation Studies: Implications andApplications [A]. In Baker, M. Francis, G. & Tognini-Bonelli, E. (eds.). *Text and Technology*: *In Honor of John Sinclair*[C]. Amsterdam: John Benjamins.

Bassnett, S. 1998a. Still Trapped in the Labyrinth: Further Reflections on Translation and Theatre[A]. In Bassnett S. & Lefevere, A. (eds.). *Constructing Cultures*: *Essays on Literary Translation* [C]. Clevedon: Multilingual Matters Limited.

Bassnett, S. 1998b. The Translation Turn in Cultural Studies[A]. In Bassnett S. & Lefevere, A. (eds.). *Constructing Cultures*: *Essays on Literary Translation* [C]. Clevedon: Multilingual Matters Limited.

Bassnett, S. & Lefevere, A. 1993. General Editors' Preface. In Gentzler, E. (ed.). *Conteporary Translation Theories*[M]. London:Routledge.

Bassnett, S. 1978. Translating Spatial Poetry: An Examination of Theatre Texts in Performance[A]. In Holmes, J. , Lambert, J. & Raymond, B. (eds.). *Literature and Translation*[C]. Louvain: ACCO.

Bassnett, S. 1992. Writing in No Man's Land: Questions of Gender and Translation[A]. In Coulthard, M. (ed.). *Studies in Translation* [C]. Special Issue of *Ilha do desterro* 28.

Benjamin, W. 1923. The Task of the Translator: Introduction to a Baudelaire Translation [A]. Trans. by Harry Zohn. 1968. In Venuti, L. (ed.). 2000. *The Translation Studies Reader*[C]. London: Routledge.

Bhabha, H. K. 1985. Signs Taken for Wonders: Questions of Ambivalence and Authority under a Tree outside Delhi,May, 1817[J]. *Critical Inquiry*, 12.

Boase-Beier, J. 2004. Bringing Together Science and Poetry: Translating the Bystander in German Poetry After the Holocaust[J]. *Comparative Critical Studies*, 2(1).

Bruni, L. 1624—26. On the Correct Way to Translate[A]. Translated by James Hankins, and reprinted in Robinson, 1997.

Chamberlain, L. 1988. Gender and the Metaphorics of Translation[A]. In Venuti, L (ed.).

2000. *The Translation Studies Reader*[C]. London: Routledge.

Chesterman, A. 2000. Teaching Strategies for Emancipatory Translation[A]. In Schäffner, C. & Adab, B. (eds.). *Developing Translation Competence*[C]. Amsterdam: John Benjamins.

Chesterman, A. 1991. Translational Norms and Correct Translation[A]. In Van Leuven-Zwart, K. & Naaijkens, T. (eds.). 1991. *Translation Studies: the State of the Art*. Amsterdam: Rodopi.

Cheung, Martha P. A. 2009. Representation, Intervention and Mediation: A Translation

Danks, J. H., Shreve, G. M., Fountain, S. B., & Mcbeath, M. K. (eds.). 1997. *Cognitive*

Divjak, D. & Gries, S. 2008. The Clusters in the Mind? Converging Evidence from Near Synonymy in Russian[J]. *The Mental Lexicon*, (3—2).

Dragsted, B. 2010. Coordination of Reading and Writing Processes in Translation: An Eye on Uncharted Territory[A]. In Shreve, G. M. & Angelone, E. (eds.). *Translation and Cognition*[C]. Amsterdam: John Benjamins.

Eskola, S. 2004. Untypical Frequencies in Translated Language: A Corpus-based Study on a Literary Corpus of Translated and Non-translatedFinnish[A]. In Mauranen, A. & Kujamäki, P. (eds.). *Translation Universals. Do They Exist?* [C]. Amsterdam: John Benjamins.

Evans, R. 1998. Metaphor of Translation[A]. In Baker, M & Saldanha, G. (eds.). *Routledge Encyclopedia of Translation Studies*[C]. London: Routledge.

Even-Zohar, I. 1978. Papers in Historical Poetics[A]. In Hrushovski, B. & Even-Zohar, I. (eds.). *Papers on Poetics and Semiotics* 8[C]. Tel Aviv: University Publishing Projects.

Fabbro, F., Gran, L., Basso, G. & Bava, A. 1990. Cerebral Lateralization in Simultaneous Interpretation[J]. *Brain and Language*, 39(1).

Fauconnier, G. 1996. Blending as a Central Process of Grammar[A]. In Goldberg, A. (ed.). *Conceptual Structure, Discourse, and Language*[C]. Stanford: Center for the Study of Language and Information.

FitzGerald, E. 1859. Letter to E. B. Cowell[A]. In Robinson, D. (ed.). 1997. *Western Translation Theory from Herodotus to Nietzsche* [C]. Manchester: St, Jerome Publishing.

FitzGerald, E. 1878. Letter to J. R. Lowell[A]. In Robinson, D. (ed.). 1997. *Western Translation Theory from Herodotus to Nietzsche* [C]. Manchester: St, Jerome Publishing.

France, P. 2005. The Rhetoric of Translation[J]. *Modern Language Review* 100.

Frege, G. 1892. On Sense and Nominatum[A]. In Greach. P. & Black, M. (eds.). *Translation from the Philosophical Writings of Gottlob Frege* [C]. Oxford: Basil Blackwell.

Gerloff, P. 1986. Second Language Learners' Reports on Interpretive Process[A]. In House, J. & Blum-Kulka, S. (eds.). *Interlingual and Intercultural Communication. Discourse and Cognition in Translation and Second Language Acquisition Studies*[C]. Tübingen: Gunter Narr.

Goethe, J. 1824. Extract from the Schriften zur Literatur(Writings on Literature)[A]. Translated and reprinted in Lefevere 1992.

Gorlée, D. L. 1994. *Semiotics and the Problem of Translation : With Special Reference to the Semiotics of Charles S. Peirce*[M]. Amsterdam-Atlanta, GA: Rodopi.

Gorlée, D. L. 1986. Translation Theory and the Semiotics of Games and Dicisions[A]. In Wolin, L. & Lindquist, H. (eds.). *Translation Studies in Scandinavia : Proceedings from the Scandinavian Symposium on Translation Theory(SSOTT) II Lund* 14 — 15 *June* 1985[C]. Lund: CWK Gleerup.

Göpferich, S. , Jakobsen, A. L. & Mees, J. (eds.). 2008. *Looking at Eyes : Eye-tracking Studies of Reading and Translation Processing. Copenhagen Studies in Language* (36) [C]. Copenhagen: Samfundslitteratur.

Göpferich, S. 2009. Towards a Model of Translation Competence and Its Acquisition: The Longitudinal Study TransComp[A]. In Göpferich, S. , Jakobsen, A. L. & Mees, I. M. (eds.). *Behind the Mind. Copenhagen Studies in Language* (37)[C]. Copenhagen: Samfundslitteratur.

Gärdenfors, P. 1999. Some Tenets of Cognitive Semantics [A]. In Allwood J. & Gärdenfors, P. (eds.). *Cognitive Semantics Meaning and Cognition*[C]. Amsterdam: John Benjamins.

Gries, S. Th. , Beate, H. & Doris, S. 2005. Converging Evidence: Bringing Together Experimental and Corpus Data on the Association of Verbs and Constructions [J]. *Cognitive Linguistics* , 16(4).

Halverson, S. L. 2010. Cognitive Translation Studies: Developments in Theory and Method [A]. In Shreve, G. M. & Angelone, E. *Translation and Cognition*[C]. Amsterdam: John Benjamins.

Halverson, S. L. 2003. The Cognitive Basis of Translation Universals[J]. *Target* , 15(2).

Hansen, G. (ed.). 1999. *Probing the Process in Translation : Methods and Results*[C]. Copenhagen: Sammfundslitteratur.

Hansen, G. 2010. Integrative Description for TranslationProcess[A]. In Shreve, G. M. & Angelone, E. (eds.). *Translation and Cognition*[C]. Amsterdam: John Benjamins.

Hatim，B. & Mason，I. 1997. *The Translator as Communicator* [M]. London & New York：Routledge.

Hatim，B. 2001. *Teaching and Researching Translation* [M]. Edinburgh Gate：Pearson Education Limited.

Hermens，T. (ed). 1985. *The Manipulation of Literature：Studies in Literary Translation* [C]. London and Sydney：Croom Helm Ltd.

Holmes，J. 1972. *The Name and Nature of Translation Studies* [M]. Amsterdam：Translation Studies Section，Department of General Studies. 后作为一篇题为 The Name and Nature of Translation Studies[A] 的论文收录在 Venuti，L. (ed.). 1973. *The Translation Studies Reader*[C]. New York and London：Routledge.

Holmes，J. 1994. *Translated！Papers on Literary and Translation Studies* [M]. Amsterdam：Rodopi.

House，J. 1997. *Translation Quality Assessment：A Model Revisited* [M]. Tübingen：Gunter Narr.

House，J. 2002. Universality versus Culture Specificity in Translation[A]. InRiccardi，A. (ed.). *Translation Studies：Perspectives on an Emerging Discipline*[C]. CUP.

Iser，W. 1978. *The Act of Reading：A Theory of Aesthetic Response* [M]. London：Routledge & Kegan Paul.

Iser，W. 1995. Translatability：Varibles of Interpretation[J]. *The European English Messenger*，4(1).

Jacobsen，E. 1958. *Translation，A Traditional Craft*[M]. Copenhagen：Nordisk Forlag.

Jakobsen，A. L. & Jensen K. T. H. 2008. Eye Movement Behaviour across Four Different Types of Reading Task [A]. In Jokobsen，A. L. & Mees，I. M. (eds.). *Looking at Eyes：Eye-Tracking Studies of Reading and Translation Processing*[C]. Copenhagen：Samfundslitteratur.

Jakobsen，A. L. & Schou. 1999. Translog Documentation Version 1. 0[A]. In Hansen，G. (ed.). *Probing the Process in Translation：Methods and Results. Copenhagen Studies in Language*(24)[C]. Copenhagen：Samfundslitteratur.

Jakobsen，A. L. 2002. Translation Drafting by Professional Translators and by Translation Students[A]. In Hasan，G. (ed.). *Empirical Translation Studies*[C]. Copenhagen：Samfundslitteratur.

Jakobson，R. 1959. On Linguistic Aspects of Translation [A]. In Brower，R. 1959. *On Translation* [C]. New York：OUP.

Jakobson，R. 1956. "Two Aspects of Language and Two Types of Aphasic Disturbances" [A]. In Jakobson，R. (ed.). 1971. *Selected Writings Volume II*[C]. The Hague：Mouton.

Jensen, K. T. H. 2011. Distribution of Attention between Source Text and Target Text duringTranslation[A]. In O'Brien, S. (ed.). *Cognitive Exploration of Translation* [C]. London: Continuum International Publishing Group.

Johnson, M. 1987. *The Body in the Mind: The Bodily basis of Meaning, Imagination, and Reason*[M]. Chicago: The University of Chicago Press.

Jonasson, K. 1998. Degree of Text Awareness in Professional vs. Non-Professional Translators'[A]. In Beylard-Ozzeroff, A. , Králová, J. &. Moser-Mercer, B. (eds.). *Translators' Strategies and Creativity*[C]. Amsterdam: Benjamins.

Jääskeläinen, R. 2000. Focus on Methodology in Think-aloud Studies on Translating[A]. In Tirkkonen-Condit, S. &. Jääskeläinen, R. (eds.). *Tapping and Mapping the Process of Translation and Interpreting*[C]. Amsterdam: John Benjamins.

Jääskeläinen, R. 1989. Translation Assignment in Professional vs Non-professional Translation: a Think-aloud Protocol Study[A]. In Séguinot, C. (ed.). *The Translation Process*[C]. Toronto: H. G. Publications.

Just, M. J. &.Carpenter, P. A. 1980. A Theory of Reading: From Eye Fixation to Comprehension[J]. *Psychological Review*, (87).

Kelly, L. G. 1979. *The True Interpreter: A History of Translation Theory and Practice in the West*[M]. Oxford: Blackwell.

Krings, H. P. 1986. Translation Problems and Translation Strategies of Advanced German Learners of French (L2)[A]. In House, J. &. Blum-Kulka, S. (eds.). *Interlingual and Intercultural Communication. Discourse and Cognition in Translation and Second Language Acquisition Studies*[C]. Tübingen: Gunter Narr.

Kroeber, A. L. &.Kluckhohn, C. 1952. Cultures: A Critical Review of Concepts and Definitions[J]. *Peabody Museum Papers*, Vol. 47, No 1. Cambridge, Mass: Harvard University.

Kurz, I. 1994. A Look into the"Black Box": EEG Probability Mapping during Mental Simultaneous Interpreting[A]. In Snell-Hornby, M. , Pöchhacker, F. &. Kaindl, K. (eds.). *Translation Studies: An Interdiscipline*[C]. Amsterdam: John Benjamins.

Lachaud, C. M. 2011. EEG, EYE and KEY: Three Simultaneous Streams of Data for Investigating the Cognitive Mechanisms and Translation [A]. In O'Brien, S. (ed.). *Cognitive Exploration of Translation* [C]. London: Continuum International Publishing Group.

Lakoff, G. &. Johnson, M. 1980. *Metaphors We Live By*[M]. Chicago: The University of Chicago Press.

Lakoff, G. &. Johnson, M. 1999. *Philosophy in the Flesh — The Embodied Mind and its Challenge to Western Thought*[M]. New York: Basic Books.

Lakoff, G. 1979. The Contemporary Theory of Metaphor[A]. In Ortony A. *Metaphor and Thought*[C]. CUP.

Lakoff, G. 1987. *Women, Fire, and Dangerous Things: What Categories Reveal about the Mind*[M]. Chicago: University of Chicago Press.

Langacker, R. 1987. *Foundations of Cognitive Grammar: Theoretical Prerequisites, Vol. I* [M]. Stanford, California: Stanford University Press.

Langacker, R. 2000. *Grammar and Conceptualization*[M]. Berlin: Mouton de Gruyter.

Langacker, R, W. 1991. *Foundations of Cognitive Grammar vol. II: Descriptive Application*[M]. Stanford, California: Stanford University Press.

Leech, G. 1974. *Semantics*[M]. London: Peguin Books.

Lefevere, A. 1982. Mother Courage's Cucumbers: Text, System and Refraction in a Theory of Literature[A]. In Venuti, L. (ed.). *Translation Studies Reader* [C]. London: Routledge.

Levy, J. 1967. Translation as a Decision Making Process[A]. *To Honour Roman Jakobson: Essays on the Occasion of His Senventieth Birthday (Volume II)* [C]. The Hague: Mouton

Lloyd, D. 1982. Translator as Refractor: Towards a Re-reading of James ClarenceMangan as Translator[A]. In Lefevere, A. & Jackson, K. D. (eds.). *The Art and Science of Translation, Disposition* 7[C].

Lörscher, W. 1986. Linguistic Aspects of Translation Processes: Towards an Analysis of Translation Performance [A]. In House, J. & Blum-Kulka, S. (eds.). *Interlingual and Intercultural Communication. Discourse and Cognition in Translation and Second Language Acquisition Studies*[C]. Tübingen: Gunter Narr.

Lörscher, W. 1991. *Translation Performance, Translation Process and Translation Strategies: A Psycholinguistic Investigation*[M]. Tübingen: Gunter Narr.

Mandelblit, N. 1997. *Grammatical Blending: Creative and Schematic Aspects in Sentence Processing and Translation* [D]. PhD Dissertation. University of California, San Diego.

Mandelblit, N. 1995. The Cognitive View of Metaphor and Its Implications for Translation Theory[J]. *Translation and Meaning*, PART 3. Maastricht: Universitaire Press.

Man, Paul de. 1986. Walter Benjamins's "The Task of the Translator"[A]. In Man, Paul de. *The Resistance to Theory*[C]. Minneapolis: University of Minnesota Press.

Martinet, A. 2009. *A Functional View of Language*[M]. Oxford: Clarendon.

Martin, R. M. 2010. On Paradigms and CognitiveTranslatology[A]. In Shreve, G. M. & Angelone, E. *Translation and Cognition*[C]. Amsterdam: John Benjamins.

Mees, I., Alves, F. & Göpferich, S. (eds.). 2009. *Methodology, Technology and Innovation in Translation Process Research: A Tribute to Arnt Lykke Jakobsen.*

*Copenhagen Studies in Language*(38)[C]. Copenhagen: Samfundslitteratur.

Moser-Mercer, B. 2000. Simultaneous Interpreting: Cognitive Potential andLimitations [J]. *Interpreting*, 5(2).

Nida, E. 1960. *Message and Mission : The Communication of the Christian Faith*[M]. New York: Harper & Brothers.

Nida, E. 1946. *The Bible Translating : An Analysis of Principles and Procedures with Special Reference to Aboriginal Languagess*[M]. New York: American Bible Society.

Niranjana, T. 1992. *Siting Translation : History, Post-Structuralism and Post-Colonial Context*[M]. Berkeley: University of California Press.

Nord, C. 1991. *Text Analysis in Translation : Theory, Methodology and Didactic Application of a Model of Translation-Oriented Text Analysis* [M]. Amsterdam: Rodopi.

Nordquist, D. 2004. Comparing Elicited Data and Corpora [A]. In Achard, M. & Kemmer, Z. (eds.). *Language, Culture and Mind* [C]. Stanford, CA: CSLI Publications.

O'Brien, S. (ed.). 2011. *Cognitive Exploration of Translation* [C]. London: Continuum International Publishing Group.

O'Brien, S. 2006. Eye Tracking and Translation Memory Matches [J]. *Perspectives: Studies in Translatology* , 14(3).

O'Brien, S. 2009. Eye Tracking in Translation Process Research: Methodological Challenges and Solutions [A]. In Mees, I. , Alves, F. & Göpferich, S. (eds.). *Methodology, Technology and Innovation in Translation Process Research : A Tribute to Arnt Lykke Jakobsen. Copenhagen Studies in Language* ( 38 ) [C]. Copenhagen: Samfundslitteratur.

O'Brien, S. 2008. Processing Fuzzy Matches in Translation Memory Tools : an Eye-tracking Analysis[A]. In Göpferich, S. , Jakobsen, A. L. & Mees, J. (eds. ). *Looking at Eyes : Eye-tracking Studies of Reading and Translation Processing. Copenhagen Studies in Language* (36)[C]. Copenhagen: Samfundslitteratur.

Oettinger, F. 1963. Review of *Die Übersetzung Naturwissenschaftlicher und Technischer Literatur : Sprachliche Maßstäbe und Methoden zur Bestimmung ihrer Wessenszüge und Probleme*[J]. *Language*, 39(2).

Orozco, M. 2000. *Instruments de Medida de la Adquisición de la Competencecia Traductora* (*Instruments for Measuring the Acquisition of Translation Competence*)[D]. PhD. Thesis. Barcelona: FTI-Universidad Autónoma de Barcelona.

Parker, S. 1986. Changing Norms of the Target System: Turkish Translations of Greek Classics in Historical Perspective[A]. In *Studies in Greek Linguistics—Proceedings of th*

$7^{th}$ *Linguistics Conference* [C]. Thessaloniki: The Aristotalian University of Thessaloniki.

Plotinus. *The Enneads* [M]. Translated by Stephen MacKenna. London: Faber and Faber, 1956 Edition.

*Processes in Translation and Interpreting*: *AppliedPshchology(Vol. 3) Individual*,

Pym, A. 2009. Using Process Studies in Translator Training: Self-discovery Through Lousy Experiments [A]. (cf. O'Brien 2011: 107)

Quine, R. 1974. *The Linguist and the English Language* [M]. London: Edward Arnold.

Rabassa, G. 1992. No Two Snowflakes Are Alike: Translation as Metaphor [A]. In Biguenet J. & Schulte, R. (eds.). *The Craft of Translation* [C]. Chicage: University of Chicago Press.

Rayner, K. & Sereno, S. 1994. Eye Movements in Reading [A]. In Gernsbacher, M. A. (ed.). Handbook of Psycholinguistics [C]. San Diego: Academic Press Inc.

Reiss, K. 1971. *Möglichkeiten und Grenzen der Übersetzungskritic* [M]. Rhodes, E. F. (trans.). 2000. *Translation Criticism: The Potentials and Limitations* [M]. Manchester, UK.: St. Jerome Publishing & American Bible Society.

Reiss K. & Vermeer, L. 1984. *Grundlegung einer allgeneinen Translationstheorie* [M]. Tübingen: Niemeyer.

Richards, I. A. 1929. *Practical Criticism: A Study of Literary Judgment* [M]. New York: Harcourt Brace.

Richards, I. A. 1953. Toward a Theory of Translating [A]. In Wright, A. F. (ed.). *Studies in Chinese Thought* [C]. Chicago: University of Chicago Press.

Robinson, D. 1997a. *Translation and Empire: Post-colonial Theories Explained* [M]. Manchester: St, Jerome Publishing.

Robinson, D. 1997b. *Western Translation Theory from Herodotus to Nietzsche* [M]. Manchester: St. Jerome Publishing, 1997.

Robinson, D. 1991. *The Translator's Turn* [M]. Baltimore: The Johns Hopkins University Press.

Robinson, D. 2001. *Who Translates? Translator Subjectivities Beyond Reason* [M]. Albany, NY: State University of New York Press.

Ruiz, C. , Paredes, N. , Macizo, P. & Bajo, M. T. 2007. Activation of Lexical and Syntactic Target Language Properties in Translation [J]. *Acta Psychologica*.

Rydning, A. F. & Lachaud, C. M. 2010. The Reformulation Challenge in Translation: Context Reduces Polysemy during Comprehension, but Multiplies Creativity during Production [A]. In Shreve, G. M. & Angelone, E. (eds.). *Translation and Cognition* [C]. Amsterdam: John Benjamins.

Ryle, G. 1931. Systematically Misleading Expressions [J]. In *Proceedings of the*

*Aristotelian Society*. The Aristotelian Society.

Ryle, G. 1949. *The Concept of Mind*[M]. London: Hutchinson's University Library.

Said, E. 1978. *Orientalism*[M]. New York: Random House.

Sapir, E. 1912. Language and Environment[J]. *American Anthropologist*, (14).

Savory, T. 1957. *The Art of Translation* [M]. London: Cape.

Sbell-Hornby, M. 2006. *The Turns of Translation Studies: New Paradigms or Shifting Viewpoints*[M]. Amsterdam: John Benjamins.

Schulte, R. &-Biguenet, J. 1992. *Theories of Translation :An Anthology of Essays from Dryden to Derrida*[M]. Chicago: The University of Chicago Press.

Schulte, R. 1987. Translation Theory: A Challenge for the Future[J]. *Translation Review*, 23.

Seleskovitch, D. &- Lederer, M. 1984. *Interpréter pour traduire* [M]. Paris: Didier Érudition.

Setton, R. 1999. *Stimultaneous Interpretation: A Cognitive Pragmatic Analysis* [M]. Amsterdam: Benjamins.

Shreve, G. M. & Angelone, E. (eds.). 2010. *Translation and Cognition* [C]. Amsterdam: John Benjamins.

Shreve, G. M. 1997. Cognition and the Evolution of Translation Competence[A]. In Danks, J. H., Shreve, G. M., Fountain, S. B. &- Mcbeath, M. K. (eds.). *Cognitive Process in Translation and Interpreting*[C]. London: Sage Publications.

Shreve, G. M., Lacruz, I. &- Angelone, E. 2010. Cognitive Effort, Syntactic Disruption, and Visual Interference in a Single Translation Task[A]. In Shreve, G. M. &- Angelone, E. (eds.). *Translation and Cognition*[C]. Amsterdam: John Benjamins.

Shuttleworth, M. &- Cowie, M. 1997/2004. *Dictionary of Translation Studies*(翻译学词典)[M]. 上海:上海外语教育出版社.

Simon, S. 1996. *Gender in Translation : Cultural Identity and the Politics of Translation* [M]. London: Routledge.

Simon, S. 2002. Germaine de Staël and Gayatri Spivak: Culture Brokers[A]. In Tymoczko, M. &- Gentzler, E. (eds.). 2002. *Translation and Power*[C]. Boston: University of Massachusetts Press.

Simon, S. &- St-Pierre,Paul. (eds.). 2000. *Changing the Terms : Translating in the Post-colonial Era*[C]. Ottawa: University of Ottawa Press.

Sjørup, A. 2011. Cognitive Effort in Metaphor Translation: An Eye-tracking Study [A]. In O'Brien, S. (ed.). *Cognitive Exploration of Translation* [C]. London: Continuum International Publishing Group.

Slobin, D. I. 1985. The Child as Linguistic Icon-maker[A]. In Haiman, J. (ed.), *Iconicity in Syntax*[C]. Amsterdam: John Benjamins.

Slobin, D. I. 1981. The Origins of Grammatical Encoding of Events[A]. In Deutsch, W. (ed.). *The Child's Construction of Language*[C]. London: Academic Press.

*Social, and Community*[C]. London: SAGE Publications.

Sperber, D. & Wilson, D. 1986. *Relevance: Communication and Cognition*[M]. Oxford: Blackwell.

Spivak, G. C. 2012. *In Other Words: Essays in Cultural Politics* [M]. London: Routledge.

Spivak, G. C. 1993. The Politics of Translation [A]. In Spivak, G. C. (ed.). 1993. *Outside in the Teaching Machine*[C]. London: Routledge.

Tabakowska, E. 1993. *Cognitive Linguistics and Poetics of Translation* [M]. Tübingen: Narr.

Taylor, J. 2002. *Cognitive Grammar*[M]. OUP.

Taylor, J. 1989. *Linguistic Categorization — Prototypes in Linguistic Theory* [M]. OUP.

Tirkkonen-Condit, S. & Jääskeläinen, R. (eds.). 2000. *Tapping and Mapping the Processes of Translation and Interpreting*[C]. Amsterdam: John Benjamins.

Tirkonnen-Condit, S. 2005. Do Unique Items make themselves Scarce in Translated. Finnish? [A]. In Károly, K. & Fóris, A. (eds.). *New Trends in Translation Studies: In Honor of Kinga Klaudy*[C]. Budapest: Akadèminal Kiadó.

Tirkonnen-Condit, S. 2004. Unique Items-Over-or Underrepresented in Translated Language? Paper presented at the 3$^{rd}$ International EST Congress, Copenhagen, Denmark, 30 August—1 September, 2001. In Mauranen, A. & Kujamäki, P. (eds.). *Translation Universals. Do They Exist?* [C]. Amsterdam: John Benjamins.

Toury, G. 1995. A Bilingual Speaker Becomes a Translator: a Tentative Development Model[A]. In Toury, G. (ed.). *Descriptive Translation Studies and Beyond* [C]. Amsterdam: John Benjamins.

Toury, G. 1988. A Handful of Paragraphs on "Translation" and "Norms"[A]. In Schäffner, C. (ed.). *Translation and Norms*[C]. Clevedon: Multilingual Matters.

Toury, G. 1980. *In Search of a Theory of Translation* [M]. Tel Aviv: The Porter Institute for Poets and Semiotics, Tel Aviv University.

Tummers, J., Heylen, K. & Geeraerts, D. 2005. Usage-based Approaches in Cognitive Linguistics: A Technical State of the Art[J]. *Corpus Linguistics and Linguistic Theory*, (1—2).

Tymoczko, M. & Gentzler, E. 2002. *Translation ang Power*[M]. Boston: University of Massachusetts Press.

Ungerer & Schmid. 1996. *An Introduction to Cognitive Linguistics* [M]. London:

Longman.

Updike,J. 2005. *Bitter Bamboo*(*Two Novels from China*)[M]. The New Yorker Books, May 9 Issue.

Van Hoek, K. 1995. Conceptual Reference Points: A Cognitive Grammar Account of Pronominal Anaphora Constraints[J]. *Language*, (71).

Venuti, L. (ed.). 2000. *The Translation Studies Reader*[C]. London: Routledge.

Venuti, L. 1992. Introduction [A]. In Venuti, L. (ed.). *Rethinking Translation : Discourse, Subjectivity and Ideology*[C]. New York: Routledge.

Venuti, L. 1998. *The Scandals of Translation : Towards an Ethics of Difference*[M]. New York: Routledge.

Vermeer H.J. 1996. *A Skopos Theory of Translation* (*Some Arguments for and Against*) [M]. Berlin: Heidelberge.

Vermeer, H. J. 1989. Skopos and Commission in Translational Action[A]. In Chesterman, A. (ed.). *Readings in Translation Theory*[C]. Helsinki: Oy Finn Lectura Ab.

Vinay, J. P. & Darbelnet, J. 1958/1995. *Comparative Stylisitics of French and English : A Methodology of Translation* [M]. Translated by Sager, J. C. & Hamel, M. J. Amsterdam: John Benjamins.

Wilson, M. 2002. Six Views on EmbodiedCognition [J]. *Psychonomic Bulletin and Review*, (9−4).

Wilss, W. 1996. *Knowledge and Skills in Translator Behaviour*[M]. Amsterdam: John Benjamins.

Winter, W. 1964. Impossibilities of Translation[A]. In Arrowsmith, W, & Shattuck, R. (eds.). *The Craft and Context of Translation : A Symposium*[C]. Texas : Austin.

Wolf, M. 2007. The Location of the"Translation Field": Negotiating Borderlines between Pierre Bourdieu and Homi Bhabha[A]. In Wolf, M. & Fukari, A. (eds.). *Constructing a Sociology of Translation* [C]. Amsterdam: John Benjamins.

# 跋

## 一

黑格尔所提出的"否定之否定"辩证原则,较为适切地反映了学术发展史的基本事实,在各个领域,包括自然科学和社会科学,伴随一个新理论的将是另一新理论。长江后浪推前浪,时代辈有新论出,人类就是在这种推陈出新的理论思辨中不断前行至今。概言之,没有包打天下的理论。那种欧洲古典主义美学理想中的"至真、至善、至美"和德国浪漫主义所憧憬的"至纯",到头来只能是一种理想而已,犹如一枕黄粱美梦,五彩的肥皂泡一碰即破。

本书所论述的体认翻译学,将"认知科学+CL"与"翻译学"结合起来,既吸收了基于三个中心(作者中心、文本中心、读者中心)建立起来的传统译论中的合理成分,也反思了它们的不足,且批评了激进后现代译论之极端观点,拟将其修补为"体认观"。我们尝试将CL的基本原理和分析方法(包括:体认观、范畴化、互动、映射、意象图式、识解、隐转喻、突显、概念整合、事件域认知模型、像似性等)具体地运用于翻译学,提出了一些新方法,算是点滴新思路吧。但用维特根斯坦(Wittgenstein 1953)观点来说,每类事物不存在"唯一不变的普遍本质",只存在"家族相似性(Family Resemblance)",因此,本书充其量也只能是译论研究链条上的一个环节而已,不存在绝对统一的,可指导一切的译论,它只能是译论家族中又增添的一个小伙伴。正如纽马克(Newmark 1988/2001:xii)所指出的:

> There are no absolutes in translation, everything is conditional, any principle(e. g. accuracy) may be in opposition to another(e. g. economy) or at least there may be tension between them. [翻译中没有绝对性可言,每种译法都是有条件的。任何原则(如:精确)可能与另一原则(如:经济)相对立,或至少说它们中存在张力。]

威廉姆斯和切斯特曼(Williams & Chesterman 2002/2004:48)也说过:

Note that this use of the term "model" does *not* mean "ideal". (注意：术语"模型"的这一用法并不意味着"完美无缺"。)

他们还将 not 用斜体，以示强调。又如铁木钦科(Tymoczko 1999：114)所指出的：

... in fact, translation is always a mode of discovery and understanding, it becomes clear again why there can never be a single right way of translating a work or any final perfect translation：despite resistance to the unfamiliar, there is no end to the process of learning and comprehending. (事实上，翻译总是一种发现和理解的模式，显而易见，为何永远不会有翻译某作品的唯一正确之法，也没有任何最终的完善译本。尽管人们对生疏有抵制心理，但是学习和理解的过程是永无止境的。)

因此，体认翻译学虽未做"重新发明轮子"一类的无用功(Williams & Chesterman 2002/2004：3)，但本身必有若干不足，有朝一日也必将为其他新理论所替代，这是历史规律，任何人都无法与之抗衡，因为在全世界语言中不存在什么普遍语法，也没有什么放之四海皆准的绝对真理，我们对世界的认识永远处于"盲人摸象、窥斑见豹"的转喻性(部分代整体)行程之中。正如功能语言学家马丁内(Martinet 1962：2)所言：

每一种语言都按照自己特有的形式来组织与它相对应的经验材料；

每一种语言和另一种语言的词汇意义和功能的分布情况各不相同。

这就是说，只要在不同语言之间进行翻译活动，总归要丢失些信息，一定会有不尽如人意的地方。而正是翻译活动过程中信息的失落、变形、增添、扩伸(谢天振 1999：1)，使得谢天振发现了翻译活动这种现象在跨文化交际中的价值和意义，从而创建了"译介学"。我们完全同意他的观点，从事翻译活动更为靠谱的方法或许是：不同译者都有自己的基本方法，对待不同类型的翻译也当采用不同的认知策略，因地而宜，因时而变，这才是可行之法，远非什么"普遍语法"所能解释得了的，更不存在某一译论就能统一指挥的命题。

人殊人言在所难免，各种学说竞相出台，互有争论，实属正常，"百花齐放，百家争鸣"才是学术魅力之所在。争论不影响学人们对理论的探索和学术的追求，我们总可以换个地方摸摸"象"嘛！从另外一个角度来看看"豹"的不同斑点，总会有不同的收获！让自己从井底蝌蚪成长为井底之蛙，再期盼有朝一日，跳出狭小的井，融入到广阔的蓝天之中，以能扩大自己的局部认识，不断基于相对真理向前迈进。

学者的历史使命就是创造新知识，推动社会进步，译论研究也是如此，当将其与民族和世界的文化发展战略联系起来，与实现立中华于民族之林的梦想联系起来，每一辈学人都当不辱一个时代的使命。杨振宁（1957 年获诺贝尔奖时是中国国籍）曾说过：他最大的贡献不是得到诺贝尔奖，而是帮助中国人克服自己不如人的心理（参见许渊冲 2012）。这就是我们常说的，要立志气，扬国威，转变思想，克服自卑，提高立民族之林的信心刘宓庆（2005a）在《新编当代翻译理论》的封面上赫然写着这样一段话，这不仅让我感到兴奋，我想每个人中国人读后都会有一种震撼。

> 不管你喜欢不喜欢，中国的理论——哲学的、史学的、文学的、心理学的、地质学的、社会学的，当然还有翻译学的——必将伴随地球在太空中旋转的隆隆呼啸，伴随被启明星唤醒的东方大地的搏动，伴随旭日普照下亚洲腹地的蒸腾，风行于世；中国的理论已经从公元 1500 年以来的沉睡中苏醒。我敢断言，世界上没有任何力量能阻挡中国理论的发展，就算美国、日本和西方其他角落里所有的"屠龙卫士"加在一起，也只不过是一窝自不量力的蚍蜉，妄图感动拔地而起的参天大树。

好大的气势，大有"扬我中华民族文明"之气概。我们读后既为之兴奋不已，也深感一种我们欲做些什么的责任和义务。本小册子比起刘先生的远大抱负差之甚远，充其量只能是有所触动，为情而作！

陈寅恪（1934）早就指出：

> 其真能于思想上自成体系，有所创获者，必须一方面吸收输入外来之学说，一方面不忘本来民族之地位。

为能实现刘先生的远大抱负，陈先生提出的继承与发展，努力将国外理论本土化的策略，当算一条切实可行之路。

## 二

国内有人曾怀疑过翻译理论对实践有何意义，甚至发出它对于翻译实践没什么用的感叹，还有人认为只要拿来源文会翻译就行了，学不学理论无关紧要。

这个问题不仅存在于翻译界，在其他领域也有类似的困惑。其实只要稍

作思考,就很容易找到答案。革命导师恩格斯(《马克斯恩格斯选集》第三卷第467页)早就指出:

> 一个民族想要站在科学的最高峰,就一刻不能没有理论思维。

斯大林(1979上卷:199—200)也指出:

> 离开革命实践的理论是空洞的理论,而不以革命理论为指导的实践是盲目的实践。

因此,理论与实践的相结合十分紧要,我国一直将其奉为教育方针。

至于"只要会翻译"这一要求也太低了,仅停留在本科层面,即使在这个阶段也还要有基本的英汉对比理论作指导,更不用说在研究生和教学层面了。为何不少人在汉英互译时,译文时常会出现"英不英,中不中"的现象,就是因为在理论层面上缺乏对汉英两语言的深刻认识。

中学老师在讲政论文写作时反复强调的两大要素是"论点"和"论据","理论出论点,语料作论据"已为学界所基本接受。而且我们还进一步认为,仅应用国外理论,换用汉语的例子,这种研究模式在今天看来也值得商榷。我们为何仅为老外忙乎,替他人作嫁衣裳。难怪乎我国的语言学界(也包括其他学界)在理论上常付阙如,一直没能形成有我特色的学派。

谈到理论创新,笔者在此推荐两篇论文。钱冠连曾于2004年和2007年分别在《汉语学报》(第二期)和《中国外语》(第一期)上以《以学派意识看汉语研究》和《以学派意识看外语研究》为名发表二文,可谓语重心长,一语中的。他严肃地指出如下一个事实:汉语界和外语界缺乏学派意识,或学派态势不明朗。汉语界学者常陶醉于个案的新分析,偶尔套用一下国外理论,如此下去我国语言学界何以能立于世界民族之林?为何不能向理论方向做一点深入思考呢?又何以具备向国外同行学派挑战的能力呢?他的前一篇论文被《中国学术年鉴·人文社会科学版2004》大篇幅转载;后来其核心段落"提倡形成语言学的中国学派"又被教育部蓝皮书即《中国高校哲学社会科学发展报告2005》引用,并强调指出:核心段落里的思想"很值得重视,可作为语言学界发展方向的一种向导"。这样的重视不是偶然的。

他还认为我国外语界从主流上来看,仍以介绍性和阐释性的"二传手"为主打产品,理论上的创造虽有涉足,但仍不是我国研究的主流,当然更不消说有学派一事了。他于2002年还从语言哲学的角度分析了学派与学派意识的问题,进一步从理论高度剖析了这一现象。就此看来,我国的语言研究无论是汉语界还是外语界,都存在"缺少我国学派"的现象,这是一个不争的事实。

即使有"流"有"派",恐怕在主体上也是随着西方在"流",跟着西方在"派"。这当然不是在否定同行们的研究和贡献,更无意自贬,但缺乏自己的原创性理论,终究是我们的一块大心病。

改革开放以来,我国学者大力倡导英汉对比研究,不仅在具体语言现象和用法上从各个层次(包括语音、词汇、词法、句法、语义、语用、语篇等)进行了深入比较,发表和出版了不少论文和专著,其中也涉及相关国外语言学理论的运用问题,还有学者对比研究了国外与国内的有关语言理论,但也未能明显建立起我国自己的学派。部分汉语界同行常持如下看法:外语界总跟在国外学者后面跑,人云亦云,拾人牙慧,并无什么创新,且所炒作的理论空洞,不能解决汉语的实际问题。这恐怕是一种偏见。首先外语界学者所从事的是教育部规定的"外国语言学"学科方向,不做"国外的",不学人家的,难道还有该学科存在的必要吗?且在此名目的规范下我们不得不追踪外国学者的理论,潜心钻研他们写作的论著,弄懂他们的观点和论述,这是由该学科的性质所决定的,岂有他者?

当然了,外语界确有部分学者认为能把国外学者的理论弄清楚,这本身就很不容易了(这也道出了部分实情)。这些年来,特别是21世纪以来,我们还是十分高兴地看到了一批既有继承又有创新的成果,闪烁着不少创新的火花,为国人树立了从"二道贩子"过渡到"独立原创、中国智造"的榜样。倘若我们花得时间,费得心思,细致阅读这些论著,定会受到很大启发。此时若再以"拾人牙慧"来一概而论21世纪的外语界研究成果,确实就有点不公了。

钱先生在文中还指出:一个民族的某一学术领域里根本没有学派是非常不妙的情形。没有学派,就没有该学科的国际地位;没有国际地位,就从根本上取消了我们的国际交流话语权。学界没有创造出来的理论,比已经创造出来的理论永远多得多;没有说出来的话,比说出来了的话永远多得多。中国汉语界和外语界的聪明人那么多,怎么大多数人常把聪明不用在创新上?个人的最高学术成就是创造出一个学派,一个国家学术上最兴旺的标志是流派纷呈。我国汉语界和外语界完全可以为中华民族的语言研究作出自己独特的贡献,争取国际舞台上的话语权。

翻译研究也是这样,必须要有理论指导,而且还要敢于说出别人未说之言,创立自己的新理论。纽马克(Newmark 1988:8)指出:译者在作出选择时,自觉或不自觉遵循着某种理论。谢天振(2001)指出:仅从实用主义的角度看待翻译理论是一个误区,且认为翻译理论不仅具有实用性,还有认识实践的功能,能帮助人们理性地认识翻译实践中的规律。他还以我国20世纪

70 年代的一篇重要论文《实践是检验真理的唯一标准》为例论证了理论的重要性。该文作者未曾做过管理企业、乡镇、城市或国家的工作,但它在批判"两个凡是",开创我国改革开放新局面的过程中却发挥了重大作用,这足以可见理论的认识作用对于观念转变、历史进步具有不可估量的潜在能量。

杨晓蓉、边彦耀(2006)在所编辑的《中译外研究》的编者序中说:理论对于实践的指导作用,可以是直接的,也可以是间接的,可以是"立竿见影"的,也可以是长远的、内在的。除此之外,理论还可以揭示事物的本质,使我们可以更深入地理解它,从更多的角度去认识和解释翻译的种种现象。朱纯深(谢天振 2000:53)认为:良好充分的力量培训可以培养一种态度,能使我们站在一个更高的立足点上,有助于在翻译实践与批评中树立一种见多识广的包容意识。他(2008:12)又说:

> 实践的成功与否,就取决于实践者对各种理论在质与量上掌握和了解的程度,以及因此所达到的"兼听则明"的境界高下。

廖七一(2011)认为,翻译的理论素质不仅对翻译实践能力有宏观指导作用,而且是翻译能力的有机组成部分,后者是前者的具体表现。潘文国(2013)在题为《构建中国学派翻译理论:是否必要? 有无可能?》的论文中指出:

> 实践需要有理论指导,当代的翻译实践,特别是当代中外翻译的实践要求理论界提供新的指导。……但是在这各家争鸣的时代,却听不到中国学者的声音……。

钱冠连(2003)在《语言哲学翻译论——兼论工具性语言扩展式》一文中率先提出"语言哲学可视为翻译理论的源头之一",不仅开拓出一条将语言哲学与翻译理论建构的新途径,而且强调了理论建设的重要性。他在文中指出:

> (我可)回答译学界常有的诘难:要求所有的翻译理论都必须能帮助翻译的实际操作,不仅是对翻译的苛求,而且也是对翻译理论价值的贬低。翻译理论的价值之一在于,向人们提供了一个基础,去讨论更多的其他人文学科的智慧。比如,诠释学(Hermeneutics)就可以拿到翻译里讨论。

我们对这个问题的认识很清楚,"思想的巨人,行动的矮子"固然令人起疑;但"行动的巨人,思想的矮子"也许更令人困惑。当下,"要不要理论"的争论已有数十年的历史,现已基本解决,似乎答案已趋于一致,回答是"要",而且"还要下大功夫!"在这一点上不存在仁者智者的问题。但什么是理论,要什么理论,尚需继续探讨。是技巧性的,还是更高层次的;是国外的,还是国内的;是一家之言,还是融汇贯通;是纯粹理论思辨的,还是紧贴实践的,这或许是个公婆之争。但有一条,我认为大家或许都可接受:洋为中用,立足本土,中西合体,争创有针对性的新理论,尝试在世界学术舞台上发出中国学者的声音,以期能使中国学者能引起国际学坛的关注,乃至学习!

波斯贝尔(Boase-Beier 2006:2)曾指出:

> ... theoretical approaches to translation are theories of what we know, not just of what we do.(翻译的理论方法是关于我们须知道什么的理论,而不是我们应做什么的理论。)

翻译理论是我们必须知道的知识,它是译者素质和能力的一个不可或缺的组成部分,尽管它不一定立即对实践产生明显的效益,但作为一个研究翻译学的人员或教师来说,这是一个"基本素质",对于从事该方向的导师来说,这真的是一个"必须"(MUST)。

试想一下,我们在中、小学,甚至在大学所学习和背诵的那些功课和知识,与自己当下工作不相关的具体信息或许已忘得差不多了,但这段教育对于每个人来说刻骨铭心,终生难忘,它是必走之路,成才之道。"基础教育"中的"基础"二字即为此义,它已融化在了我们的精神世界之中,成为立身之本,是素质的一个重要组成部分。

我们认为,若能凭借先进理论的指导,在理论层面上进行深刻思辨,提高我们掌握居高临下的洞察能力,有意识地沿着理论轨道思考问题、实践翻译,可让自己的工作变得更具意义。例如,若对翻译文化派缺少必要的认识,就不能清晰地认清自己在文学翻译中的地位和角色,也就不能很好地为原作和译作定位,又如何完美地处理好具体的翻译实践呢?若不能很好地理解文体学与翻译学之间的辩证关系,就不能针对不同题材的源文择用不同的翻译策略,采用不同的语言表达风格,以能实现不同的翻译目的。

本书所论述的体认翻译学更多地属于理论层面的思考,是沿着三四十年来译学分别经历了"后现代派、文化派、生态派"之后出现"认知派"转向的思路行进的,因为前三者都离不开人类大脑这个"黑匣子"(Black Box)的运作机制。特别是当前译界已将重点转向"翻译过程",这就更需要从认知角度来深入揭示各种心智机制在翻译过程中是如何运作的。因此,研究翻译过程就必然要关涉译者认知加工的程序和方式。笔者在本书中分别运用了 CL 中十数种认知方式来重新解读过往的翻译理论和实践活动,这为解析翻译过程又提供了一个新途径。此类研究一方面可以拓宽 CL 和体认语言学的研究范围和视野,另一方面也可推动翻译学的理论不断更新。

三

谢天振教授(1999:335)在他写完《译介学》后十分谦逊地写道:

……我总想对稿子再斟酌一下,再作些补充,再作些修改,所以也就更不想把稿子交出去了。说实话,即使时至今日,我仍然不大想交稿,仍然觉得有许多内容可补充,可写。

这也道出了笔者的感受。我虽对 CL 比较熟悉,但并非行走于翻译学专业,因此写这样一本书要面对很多挑战,唯恐话说不到点子上,有很多知识需要补。我在阅读已有翻译理论与实践的书籍基础上,又全部购买了上海外语教育出版社于 21 世纪引进的"国外翻译研究丛书",一一读来,收益良多,思路更加清晰。说来将 CL 理论与翻译研究相结合的想法已有十五年了,其间写了点这方面的文章,但本书在 5 年前才动手构思,在发表的十几篇认知翻译研究文章的基础上才于 2015 年 8 月完成初稿,且取名为《体认翻译学初探》,此后一直揿在手中,未敢轻易出手,这便是本书原初冠以"初探"的缘由。时至 2017 年 1 月初在广西民族大学遇到老友谢天振教授,才不揣冒昧地提出请他审稿和作序的要求,他爽快地应允了我的请求,这使我十分高兴。他认为该书已自成体系,从哲学入手论述翻译史,且在体验哲学和 CL 的理论框架中顺理成章地提出"体认翻译学",尝试运用 CL 所倡导的十数种认知方式来重新解读翻译现象,建构了具有一定系统性的学科,很具新意,为此他建议去掉"初探"二字。有他的支持、鼓励和把关,使我增添了不少信心,在此向谢教授表示衷心的感谢!

四川外国语大学的领导和同事为我提供了如此惬意的科研环境,免去很多后顾之忧,北京大学出版社也给予大力支持,我的弟子们帮我反复校稿、整理附录,且提出很多修改建议,在此一并致谢!

笔　者<br>初稿作于横山小寓 2015.6<br>修改于安居小苑 2019.6